内なる力が目覚める！

癒しのマスター・キー

アラン・コーエン 著

赤司桂子 訳

The Master Keys of Healing

by Alan Cohen

ナチュラルスピリット

THE MASTER KEYS OF HEALING
by Alan Cohen

Japanese translation published by arrangement with
Alan Cohen Publications,Inc.
through The English Agency(Japan)Ltd.

その純粋なる意図をもって
私やその他大勢の人生に癒しと祝福をもたらしてくれた
ヒルダとブルーノのために

目次

パート2　癒しのプロセスを知る

パート3　癒されたヒーラーになる

日本の読者の皆さまへ

ナチュラルスピリット社が本書『内なる力が目覚める！　癒しのマスター・キー』を、日本で出版してくださることを大変嬉しく思います。私は日本の方たちをとても愛しています。日本の文化についても心から尊敬していて、そこからたくさんのことを学びました。

世界中で多くの人々が今、癒しを必要としています。単に身体的な癒しに留まらず、マインドやハート、スピリットに働きかける、より根本的な癒しが求められています。多くの人たちが恐れの中で、孤独や混乱を感じているでしょう。日本の生徒たちとの交流を通して、重たい気持ちを抱え、ストレスや疎外感を感じながら生活している方が数多くいらっしゃると知りました。また一方では、苦難を乗り越える力の強さとスピリチュアリティに根づいた日本人の魂の深さも学びました。『癒しのマスター・キー』が特に日本の皆さんにぴったりだと感じる理由はそこにあります。日本は何度も困難に立ち向かい、それらを乗り越えて、より強く成長してきました。素晴らしい技術力と成熟したスピリチュアリティを併せもつ日本の文化は、この惑星で最も進化した文化のひとつだと思います。あなたたちはすでにお互いを助け合う方法を知っていて、だからこそ、他国にとってはお手本であり、希望です。

本書は癒しの真の源へと踏み込んでいます。単に病気の症状を扱うだけではなく、正しい思考をもつことで生命力につながることや、癒しのエネルギーを生み出している中核についても説明したいと思います。生命力とは全宇宙を司《つかさど》っている力です。あなたはこの深い叡智を受け取って、行動を起こす準備が充分にできています。自分に対しても、愛する家族や友人、あるいはこの国に対しても、あなたが切に求める癒しのツールを、この本の頁をめくることによって、見つけられるでしょう。

あらゆる人生の分野においてのガイドブックとして、本書を手に取っていただいたことを、心から感謝します。あなたが心身共に健康で、経済的に満たされ、仕事や人間関係においても幸せであると意図し、私の祈りをあなたに送ります。あなたは強く、完全で、そしてパワーに満ちたスピリチュアルな存在です。真の自分を思い出す大いなる旅にこれから共に出発し、使命を果たし、想像できる限りの最も素晴らしい人生を生きましょう。

溢れる祝福と共に
アラン・コーエン

本書において、日本の読者の方たちの参考になるように、いくつかのキーワードとなる言葉や書籍についてご説明します。

ヒーラーとは、人を生きやすく助ける者です。従来は医師や看護師、他の医療のプロたちを指す言葉ですが、本書では、レイキなどのエネルギーワーカーたち、マッサージや指圧などのセラピスト、鍼や漢方薬、カイロプラクティック、自然療法やホメオパシーなどの治療や医学に従事する、すなわち、痛みを除去し、健康を維持するための訓練を受けた人たち全員を意味します。心理学者もまたヒーラーであり、教師や親もヒーラーとなり得ます。結局のところ、仕事だけでなく、日々のやりとりにおいて、癒しの原理やスキルを使う全ての人がヒーラーです。友人の混乱した気持ちを静めてあげるのでさえ、癒しの奉仕です。つまりは、私たちは全員がヒーラーなのです。

神という言葉は、英語圏でも多くの人が理解に苦しみます。本書では、神を生きとし生けるものを司る生命力と同等であるとしました。生命力とは、その働きかけにより、私たちに、活力や健康、幸福をもたらすエネルギーです。神は人ではありませんが、私たちと分離した存在でもありません。私たちを生かし、私たちを通じて神自身を表現させるパワーです。それは命そのものであり、全ての癒しの源です。神という言葉の代わりに、「宇宙」や「大いなる存在」など自分にしっくりくる言葉にどうぞ置き換えて理解してください。言葉より、エネルギーや体験のほうが重要です。

アファメーションとは、真実についての言葉であり、あなたがそれを考えたり、語ったりするとパワーを得られるものです。正しい思考が表現されたもので、私たちを中立にし、バランスを保ち、偽りのアイデア（自分を哀れで不幸せだとし、病的にし続けるようなアイデア）を正してくれます。アファメーションはそれを語る人の気持ちを高め、新しい、もっと健全でポジティブな方向性へと目を向けさせます。私たちがアファメーションを考え、語り、書く時、気持ちも高まります。以下は、私の気に入っているアファメーションです。

「私の内なるスピリットは、自身の真実について聞くのが大好きです」

『奇跡のコース』（ヘレン・シャックマン、ウィリアム・セットフォード著、ナチュラルスピリット刊）は、私たちにスピリチュアルな目覚めを促す自己学習について書かれた書籍です。奇跡や癒しについての原理を説明するテキスト、学習者の人生にその原理を活かし実践していくための、三六五日分のワークブックと教師のためのマニュアル（教師のためのマニュアルは、コースのテーマに関連した様々な疑問に対してシンプルな言葉で答えられています）によって構成されています。『奇跡のコース』には主に、ゆるしや（自らを傷つけるものからの）解放、そして、自らが霊的な存在として、完全であり、神性をもつ自分に目覚める必要性が書かれており、愛を遮る幻想を癒すために、人間関係がいかに重要かにも触れています。このコースは身体、人間関係、経済に限らず人生の多くの分野に癒しを与えると同時に、人々が深い内なる平和を見出すことに貢献し、その結果、数えきれないほど多くの人々からの体験が報告されています。『奇跡のコース』は私たちの人生の向上と変容のための大変パワフルなツールです。

はじめに

自己啓発のイベントに参加した際、知人のステファンに会いました。彼は徐々に身体が衰弱する珍しい病気を患っていて、七年もの間、多くの医者のもとを訪《たず》ね、終わりのない検査を繰り返し、一日にたくさんの薬を服用し、あらゆる治療を試してきました。しかしなんら効果を生まず、彼の体重は落ち続けました。最後の望みであった強い薬を使った治療も失敗に終わり、医者はついに彼に余命少ないことを告げたのです。

その瞬間、彼はもう医者に頼るのはやめようと思いました。そして代わりに自分自身の力でなんとかしようと思いました。「私は癒されている」と、彼は何度も何度もアファメーションを繰り返しました。六週間の集中的な内観とアファメーションの結果、ステファンの気分は回復し始め、徐々に薬による治療を手放しました。そしてついに、完璧な健康体へと快復し、このうえなく素晴らしい気持ちになれたのです。今、彼は輝いて、人生を丸ごと生きています。自宅で働き、妻と子供たちと共に価値ある多くの時間を過ごしています。彼はまさに「歩く奇跡」です。

ステファンの件は、治療の例外として起こったのでしょうか。それとも、私たちの常識を超えたところで、癒しとは誰にでも起こり得るものだと、彼は証明してくれたのでしょうか。気持ちよく生きるためには、努力が必要なのでしょうか。健康を維持するため、あるいは病から回復するために、途方もない金額を支払って、何か外側のものに頼らなくてはならないのでしょうか。それとも、癒しとは、私たちがずっと教えられてきたよりもっとシンプルで、より気軽で、もっと身近で、お金もかからず、手に入るものでしょうか。

昔から多くの冒険小説では、主人公は危険を避け、目的地への道を見つけるための特別なヒントを与えられます。たとえば『オズの魔法使い』のドロシーは、つむじ風によって農場の家から遠くの世界へと飛ばされて、グリンダという良い魔女に出会いましたが、グリンダは、黄色いレンガの道を進むようにと指示します。その道は彼女を故郷のカンザスに帰してくれる魔法使いに通じる道でした。インディ・ジョーンズは郵便受けの中に、日に焼けて黄色くなったぼろぼろの日記を見つけましたが、そこには聖杯への地図が描かれていました。『イリュージョン』では、旅人のリチャード・バックが身分を隠したスピリチュアルマスターに出会い、『救世主のハンドブック』という小さな知恵本を与えられます。ラム・ダスが書いたインドへの旅路の素晴らしいノンフィクション『ビー・ヒア・ナウ—心の扉をひらく本』においては、ある神秘主義者が彼をヒマラヤ山脈への壮大な旅へと連れ出し、彼の人生を変容させていくグルに紹介します。

そして、今あなたが手にしているこの本には、あなたがこれから自分自身を、そして他人を癒すために必要なあらゆる叡智が書かれています。あなたが求めていた幸福へのロードマップです。ページをめくるごとに露《あら》わになってくる真実を行使すれば、あなたの人生は変化し、他人の人生も向上させることができるでしょう。本書記載の原理は、私が発見したものでもなく、新しいものでもありません。原理とは宇宙という反物に織り込まれた紋章のようなものです。私はただ自然の法則に従って、それらの原理がうまく作用していると証明したにすぎません。なぜなら、原理は石のように絶対で確実なものなのですから、あなたにも同じように作用してくれるでしょう。

癒しのマスター・キーは、隠されているのではなく、秘密のものでもなく、また奥義的なものでもありません。しかし、多くの人は気をそらされ、別の場所を見続けていたために、マスター・キーの存在そのものを神秘的に感じられるでしょう。これらのマスター・キーが教えてくれる原理は、人間が最初に病気になった時から、偉大な予言者や聖人、スピリチュアルなマスターたちによって、ずっと叫ばれ続けていたものです。しかし、より高次の真実を受け入れることにオープンな人たちのみが、その恩恵を受け取れます。もしあなたが今この本を手に取っているのなら、あなたにはもう準備ができているはずです。でも、あなたはこの本を脇に置きたいと思うかもしれません。なぜなら、ここに書かれている原理はあまりにも単純で、あなたが長年信じてきたことを覆すように思えるからです。しかし、あなたはまたこの本に戻ってくるでしょう。タイミングが熟した時にきっと。癒しを得るために自分でカリキュラムは組めません。あなたはただ癒しを求める時に癒されようと思うだけでよいのです。

この世界では、癒しの源泉である自身の内側以外にも、数えきれないほど多くの場所に、癒しとなるものを見つけられます。医者、薬、食事療法、治療グループなどもそれらの一つです。それら全てももちろん役に立ってくれるでしょう。多くの優秀な医師や治療法は、私たちをゴール近くまでは連れていってくれるでしょう。私は、医者や治療を避けたほうがよいと言っているわけではありません。彼らも健康へと導くため働きかけてくれます。ですが、私はあなた自身が全ての癒しの源泉へとつながることをおすすめしたいのです。治療のために、必ずしも外へ出かける必要はなく、自分の内側に入っていく必要があるのです。外側にあるものから助けを受け取れず、全く、いいえ一時的にでも安心できずうんざりしてしまう時、混乱して、ストレスがますます溜まっていく時、あなたは「これは一体いつ終わるのだろう」と自分に問いかけるでしょう。

それはここで終わります。あなた自身と共に今、終わります。この瞬間に、あなたが必要としてきた全ての幸福にアクセスできるようになります。誰を介す必要もありません。万能薬を購入する必要もなく、どこか外国に行く必要もなく、内側にあるパワーに自分への癒しの許可を出すだけでよいのです。本書は、あなたの身体と心、スピリットに、本質的に満たされた真の健康をもたらし持続させ、皆が嘆いている不健康な状態からあなたを回復させることをサポートします。私はあなたに、心身共に最善の状態であるのは、本来、神から授与された当然の権利だと知ってもらいたいと思っています。あなたが親しみと愛、ギフトに満ちた人間関係を長く楽しむことを願い、物質的に必要なもの全てを供給してくれる豊かな宇宙に生きることを願っています。また、困難から自由になり、恩寵の中で生きてほしいと思っています。

本書がこの世界における病気の終焉に向かって役立つように、私は意図します。そんな使命は大胆すぎて聞こえるかもしれません。しかし、多くの観念が今までずっと信じられてきたにもかかわらず、あっという間に崩れ去った事実を思い出してみてください。ライト兄弟の初飛行と月面到着の間に要した期間はたったの六十五年です。動き続ける進化の歴史の中では、微々たる年数です。一九〇三年に誰かが人類が月面を歩く時代がもうすぐ来るだろうと言ったならば、間違いなく正気ではないと思われたでしょう。事実として受け入れるか、ファンタジーとして見限るか、私たちは気をつけなくてはなりません。それら二つは頻繁に入れ替わるのですから。

私たちはこれから可能性だけが広がる世界へと足を踏み入れます。そして、それはファンタジーでは終わらず、現実になるでしょう。私たちはこれから身体と人生を復活させるために、マインドを変化させます。いまだかつてない素晴らしい冒険であり、二つとない真の冒険です。船の帆は上がりました。風は追い風です。さあ、出航です。

パート1　新しい目で世界を見る

本当のあなた

私が今まで生きてきた人生は真の私を覆っていたマスクにすぎなかった。
その出来事は私を抹消するために起こったのではなく、
私を露わにするために起こったのだ。
――イーエン・A・ガードナー

大学時代に図書館で、遺体から取り出された化学物質の残留物の展示を見たことがあります。それはちょうど手のひらに収まるほどの細かい粉でした。かたわらに、炭素、カリウム、リンなどの成分が含まれているとの説明がありました。さらに、その説明書きには、生前、その人が経験した心臓の鼓動、肺の活動量、セックスなどのおおよその回数や数値も書かれていました。これを見て、人一人の命がこんなに短く要約されることに私は驚きました。そして、私の人生においても、脈打ち、呼吸をし、愛を確かめ合うことは、身体に喜びを与えてくれるためにとても大切なのだと改めて思うと同時に、別の側面にもはっと気づかされたのです。

その気づきからある疑問が浮かび、私は考え始めました。その疑問は、きっと皆が最終的に行き着く領域だと思うのですが、こんな感じです。身体よりも何か別のものが、私の中にはあるのだろうか。人生とは物理的な体験ではなく、もっと重要な何かなのだろうか。この身体ができることとできないことによって、私は制限されているのだろうか。パーソナリティや幼少期のトラウマ、性別、体重や誕生星座などによって私という人間は決められているのだろうか。私の中には、自分が認識しているよりも偉大な自分が居るのだろうか。私の一部は地球の枠を超えて生きているのだろうか。自分が何者であるかを知れば、人生がもっと良くなるだろうか。一体私は誰なのだろうか。

選択によってアイデンティティは決まる

エミル・ラタルバンドは六十九歳のオランダ人です。彼は最近になって自分の法的な年齢を四十九歳に変えてほしいと裁判所に訴えを起こしました。実年齢よりも二十歳ほど若々しい気持ちでいるし、医学的なテストも身体上は彼が四十代の男性と同等だと主張したのです。現在、法廷はトランスジェンダー［生まれもった性別と心の性が一致しないことから、反対の性で生きようとする人］に対して、性別の変更を法的に許可しようとしていますが、年齢は法的に変えられないのでしょうか？　この本を書いている今もなお、ラタルバンドの訴えは、オランダ当局により審査中です。どんな結果になるかはわかりませんが、この件は、身体年齢や別の身体的特徴による自分自身の定義づけについて、疑問を投げかけています。皮肉なことに、生きてきた年数にこだわればこだわるほど、私たちはその年齢の一般的な特徴を受け入れます。ですが、もしあなたが仕事や結婚相談所に提出する履歴書に自分が感じる年齢を書き、それが実際の年齢よりも若い場合、あなたは本当に嘘をついているのでしょうか。

あるいは、むしろ、もっと深い真実を語っているとは言えないでしょうか。たとえば反対に、自分が感じている年齢や医学的なテストで出された年齢が実際よりも高かった場合、そう書いたとしたら、嘘の度合いは低くなるのでしょうか。私は少なくとも、ラタルバンドの主張は概《おおむ》ね間違ってはいないと思います。きっと彼は、人間がこれまで窮屈に条件づけられてきた年齢というものから、私たちの多くが自由になる先駆けとして頑張ってくれているのでしょう。

あなたの内側には、思い込まされてきたアイデンティティをはるかに超えるあなた自身が存在します。今こそ、内側に眠る素晴らしいあなた自身を揺り起こし、解放させる時です。私のコーチングのクライアントであるマンディの話をしましょう。彼女は内気な若い女性です。飾り気のない服を着て、化粧もせず、デートもせず、独りでいることが多い女性です。彼女はよく言われるところの、内向的な女性でした。数年前、マンディは人形作りに興味を覚えました。そして、とても情熱をもち、精巧な人形劇を立ち上げ、色彩豊かな人形たちが巧みに活躍する本格的なショーを広めたのです。現在、マンディは学校やコミュニティのイベントで、定期的にそのショーを行っています。マンディのショーを観《み》に行って、私は心から驚きました。生き生きとしたプログラムで、ドラマチックであり、楽しくもあり、それはエンターテイメントとしてとても質が高いものでした。人形がジョークを言い、歌い、時には言い返します。マンディの人形には、彼女の普段の生活を感じさせるところは一切ありませんでした。彼女の抑え込まれていた創造力や自己表現の全てが人形を通して流れ出ているのです。そして、それは結果として他人へ喜びをもたらし、実際に彼女自身もかなりの生計をそこから得ることになりました。さて、マンディは、本当はどんな人なのでしょう？　彼女は内気で内向的な人？　それとも華麗なエンターテイナー？　両方だとも言えるでしょう。彼女はエンターテイナーとしての自分を前に出す時も、ちゃんとそれに見合う結果を生んでいるのです。

ずいぶん昔のことですが、私はラム・ダスという立派なスピリチュアルガイドに出会い、彼を自分の師として尊敬し、夢中になりました。彼からの深い学びは私の人生を変容させ、私にとって、彼は神の言葉の預言者でした。スターを見つめるような目をして、私はラム・ダスの行くところについて回り、彼から学べることは全て得ようとし、彼のことを必死で真似ようとしました。彼は私にそうなるようにとは一切言いませんでしたが、私は彼の熱烈なファンだったのです。

数十年後、私は自分でも人に教えるようになり、自分自身にも仕事にも自信をもてるようになっていました。その頃、本当に運命的に、ラム・ダスがマウイ島に住む私の家からほんの数マイル離れた場所に引っ越してきました。私たちは友人になり、私は最も尊敬している彼と素晴らしい時間を過ごし始めたのです。

しばらくして今度は、ラム・ダスがプログラムを一緒にやろうと言ってくれました。畏《おそ》れ多さと光栄な気持ちが入り混じった気持ちが続いた後、最後には不安な気持ちが私の心に居座りました。彼と一緒にやって私は自分が保てるのだろうか。彼に対しての憧れがにじみ出て、私のプレゼンテーションはうまくいかないのではないだろうか。緊張してしまって、何かばかなことを言ったりしたりしないだろうか。私は三十年前のスターを見つめる目をした熱烈な彼のファンに急に戻ってしまったのです。

過去の自分と格闘した後、私は二つの異なる自分のどちらかを選ぶ時が、今来たのだと気がつきました。一つは、憧れの目をしたファンである若かりし自分、もう一つは、成熟した教師としての自分です。両方でいることはできません。どちらかでしかいられないのです。しばらく内観をして、かつてそうであった自分ではなく、今そうである自分を選ぼうと決めました。自信に満ちたリーダーでいるほうが、物欲しげなファンでいるよりもはるかに内側から力を与えてくれます。私はより力強いアイデンティティを通して、プレゼンテーションを続けました。そして、プログラムはとても成功したのです。それ以来、ラム・ダスは何度も何度も私と一緒にプログラムを開催してくれました。そしてどれも全て成功し、とても楽しいものになりました。

どの瞬間にも、あなたも自分がなりたいと思う自分を選択しています。そして、どれを選ぶかで生み出される結果も変わってくるのです。自分をどんな人だと信じ、どのようにそれを感じるかによって、あなたがなし得る成功が決まります。あなたが信じることと成功の間には、パワフルなつながりがあるのです。母親が赤ちゃんの上に倒れたドレッサーを持ちあげたり、腕や足が折れていたにもかかわらずサッカー選手が試合を全《まっと》うしたり、生きる理由にひらめいた人が急に死の床からもち直したり、通常なら到底無理だと思えるニュースが繰り返されています。心のもちようが、身体を刺激し、マインドによって何が起こるかが決まります。あなたがもし自身の内側に健康な自分を見出すのなら、外側のあなたも健康へと共に動き出すでしょう。

法的な年齢を変えようとしていた先のエミル・ラタルバンドの例で言うと、彼は堂々とこう言いました。「私は若々しい神だ」と。彼のこの宣言は、あなたにも私にも同様に言えます。身体がどのように変わっていったとしても、私たちは皆年齢に関係なく、神を生き生きと体現しています。自分は神だと主張するのは、傲慢ではありません。神のイメージで、神に似せて私たちは創造されたと認めることは、むしろ究極の謙虚さを示しています。文献によると、キリストは人々に「あなたは自分が神だと言われたことはないのですか」と聞いています。キリストは自分は神の子であると言ったために十字架にかけられたのです。もしあなたが同じことを言うならば、同じように偏狭な見方の人たちからは退けられるかもしれません。しかし、神から飛び火した火の粉があなたの内側に、あなた自身として宿っているという事実は消えません。光輝く炎は年齢を知らず、病気にもならなければ、死んでしまうこともないのです。あなたが、いつか消耗するコイルが発する儚《はかな》い灯りではなく、永遠なる神の火を内側に見出し、それをアイデンティティとすれば、あなたは本来の使命を生きることができます。

J・D・サリンジャーは「未熟な人間には目的のために見事に死にたいと思う特徴があるが、成熟した人間には目的のために謙虚に生きようとする特徴がある」と言っています。人生の目的は、私たちの最も深い本質の真実は神性であると覚えておくことで、そして互いにそれを思い出すように助け合っていくことです。私たちは完全であり、どこも欠けてはいません。罪などなく、純真です。見捨てられておらず、愛されています。私たちは化学物質の一握りの粉よりもはるかに、はるかにそれ以上の存在です。

この章で授けられるマスター・キー

1. あなたは肉体や物理的な世界を超えた存在であり、あなたのスピリチュアルの本質は五感を超えるものです。

2. あなたは年齢によって決められ、制限されることはありません。あなたの精神や感情、スピリチュアルな体験のほうが、真のあなたをよりしっかりと象徴しています。

3. あなたは外側の世界に自分のあるイメージを見せているかもしれませんが、内側に居るあなたのほうがより重要です。

4. 自分を通して神が表現されていると言うのは、少しも傲慢ではありません。むしろ、神は自分を通して表現することはないと言うほうがより傲慢です。神は全てであり、あなたも神なのです。

5. 自分自身を壊れていたり、何か欠けていたり、限界がある存在だと決めるのは間違いです。いつ何時もあなたは完全であり、豊かで、あなたに限界はありません。

ペントハウスとスラム街

豊かさと不足は私たちの人生に同時に存在している。
まるでパラレルワールドのように。
どちらの秘密の庭園に向かうか、
それをいつも私たちは無意識に選択しているのだ。
——サラ・バン・ブラナック

『薔薇の眠り』というとても面白い映画で、デミー・ムーアは二つの人生を同時に生きる女性を演じています。ある現実では、マーティという名の優秀なキャリアウーマンで、マンハッタンで様々なビジネスをこなしています。そしてもう一つの現実では、二人の小さな子供を育てる未亡人で、マリーという名の母親です。彼女はフランスの田舎にある素敵なシャトーで、自身の傷ついた心と向き合いながら暮らしています。マーティがニューヨークで眠りについたとたんに、彼女はフランスにいることに気がつきます。反対に、フランスでの一日の後、マリーが目を閉じたとたんに、彼女のアメリカでの生活の続きが始まるのです。二つの人生は、彼女がその人生の中にいる時は、等しく現実味を伴います。そして、どちらが真の自分であるのかを見極めようと、彼女が混乱してしまうまでに、二つの人生は彼女を深く巻き込み、またどちらも濃厚になっていきます。最終的に、彼女は一つの人生を夢として手放し、もう一つの人生を現実として選択します。

このようなパラレルワールドの概念は、しばしばフィクションとして紹介されますが、多くの人々が思っているより、はるかにその概念は真実です。それは、実は癒しの根本的な鍵とも言えます。この章では、目標がすでに達成している状態であるもう一つの現実に目覚めることで、癒しや成功を生む自分の内なる力について掘り下げてみましょう。

実際の世の中でも、びっくりするほど異なる二つの現実が横並びに存在しています。たとえば、私はインドのとても豪華な高層マンションの写真を見たことがあります。そのきらめくタワーマンションにはそれぞれの部屋のデッキにプールが備えられていて、上空からは一階から屋上まで突き出たデッキにあるプールが段々に層をなして見えました。換気用のファンは、まるでカジノのカードをシャッフルするように回っていました。マンションの下の自然豊かな庭のまんなかに、二つのテニスコートと共用の大きなプールがありました。きっと超富裕層だけがこのような贅沢な場所に住めるのでしょう。一方でフェンスの向こう側は、吹きさらしのスラム街であり、小さな荒れ果てた小屋が曲がりくねりひび割れた泥だらけの道を境にして、ごちゃごちゃとひしめき合っています。間には草一本生えてはいません。この二つの対照的なライフスタイルに大変驚かされました。

ちょうどこれら二つの全く異なる現実が横並びに存在しているように、同じ宇宙に、数えきれない数の現実が同時に存在しているのです。キリストは「私の父の王国には、豪邸がたくさんあります」と言っています。それは、マインドが想像できるだけの、いいえそれ以上の王国が意識の中にあることを意味しています。宇宙は、最高の豊かさであれ、どん底の貧しさであれ、天国のような夢であれ、地獄のような悪夢であれ、素晴らしいものも恐ろしいものも全て具現化します。病気はある一つの現実を象徴し、活気に満ちた健康はそれとは別のもう一つの現実を象徴しています。いつも私たちは、どちらの王国に住まうのかを選択し続けているのです。

こんなはずじゃない

私たちが、確固たる実体があると教えられてきた世界は、実はそうではありません。しっかりとして見えて、実は形のないものです。事実よりも神話に近く、皇帝が身に着ける飾りのないシンプルな下着よりもフェイクの羽根で飾った豪華なワードローブに近いでしょう。真実に見えるものは、よく真実と真逆のものだったりします。黒が白に見えて、白が黒に見える写真のネガのようなものです。私たちの前を日々通りすぎていく世界は一貫しておらず、信頼を得るに及ばず、また根本的に正気とは思えないものです。『奇跡のコース』は私たちにこう言っています。「この現実世界で私たちが信じているものの中には、ただの一つも真実はない」と。

この現実社会では成功さえすれば幸せになれるとあなたは教えられてきたでしょう。しかし実際には成功の域に至っている多くの人たちでさえ、惨めな気持ちでいます。美しさや才能、名声、富、そして権力が私たちを幸せにしてくれるのなら、なぜロビン・ウィリアムズのような人が自らの命を絶つのでしょうか。彼は善良なハートと世界中が愛してやまない才能をもっていたというのに……。なぜ、いくつもの主演を重ねて数百万ドルの収入を得ている愛らしいA級女優が、少額の万引きで逮捕されたりするのでしょうか。なぜ、アメリカの大統領でありながら、執務室の女性と親密な関係になり、輝かしいキャリアを台無しにしたりするのでしょうか。私たちが理解しているつもりになっているこの世界は意味をなしていません。ごまかしのショーのようであり、矛盾で謎解きをさせるように私たちを惑わすようなもので、結局は満足が得られないものです。

たとえ癒しや内なる平和を見つけたくとも、周囲の人がこぞってあなたに見なさいと言っている場所を探す限り、それは見つからないでしょう。目に見える世界は私たちにほんの少しのリアリティしか見せてくれません。しかもそれはとても歪められており、たとえるなら、アミューズメントパークによくある、身体を歪めて映し出すあの鏡のようなものです。本当の姿には似ても似つかないイメージを映し出します。あなたが追い求めるようにと教えられてきた価値観もまた、あなたを真実へ導いてくれるものではありません。答えを外側に探すより、むしろ内側に目を向けなくてはならないのです。

今日、あなたはどこに行きたいですか？

飛行機に乗った時、私はよく通路を歩いて、乗客たちが目の前のスクリーンを見ている姿を観察します。乗客はそれぞれの席で、それぞれの異なる映画を観て熱中しています。飛行機の中でなくとも、大きな映画館に行けば、同時期に上映されているいくつもの映画の中から一つを選んでチケットを買えます。ドラマや恋愛もの、コメディ、ミュージカル、SF、ミステリー、子供向けのファンタジー、冒険もの、ドキュメンタリー、探偵もの、ホラー、戦争ものなどから選択できるのです。いったん自分が選択したシアターに入ったら、あなたは、二、三時間はその話が創り上げたリアリティの中に踏み入っていくことになります。あなたが観ているものが単なる幻想であり、単に何もないスクリーンに、光と影が創り出したものだったとしても、映画は体験を生み出し、そこで味わう感情もまたリアルです。笑ったり、泣いたり、ひらめいたり、怖くなったり、怒りを感じたり、また退屈も感じるでしょう。そしてその間、壁一枚隔《へだ》てた隣のシアターにいる観客は全く異なる体験をしているのです。まもなくライトが点いて、映画は消えます。そして、あなたは自分の現実の生活に戻っていきますが、その現実の生活もまた精巧にできた映画のように「リアル」なものなのです。

莫大な同時多発のリアリティを説明してくれているのがインターネットです。二十億近いウェブサイトが今ネット上に存在していて、あなたは少しのキーに触れるだけで、人間が体験できる全域に入ることができます。部屋から出ることなく、ショッピングや政治、教育、健康、スポーツ、ゲーム、デート、セックス、嫌悪など想像力が創り出す全ての体験に没頭できます。インターネットは同時に存在する世界を創り出したうえで、そこに住むことができるとマインドの力を教えてくれます。素晴らしい発明です。

もしあなたがウェブサイト上で味気ない世界に降り立ってしまったと思ったなら、すぐに他のウェブサイトへ移ればよいのです。時間やエネルギーをそこで浪費しなくてよいのです。そこから動かなければ、あなたは自分が嫌だと思う思考やエネルギーや感情にどんどん巻き込まれてしまうでしょう。そのサイトが気に入らなければ、自分の好みのサイトに切り替えて、そこでの体験を満喫すればよいのです。マイクロソフトは昔こんなキャッチフレーズを言っていましたね。「今日はどこへ行きたいですか?」と。実は、このキャッチフレーズは皆が知っているよりも、もっとはるかに真実に近いところにあるのかもしれません。

癒しには、その「今日はどこに行きたいか」が重要になります。それはあなたがテレビのチャンネルを、自分を落ち込ませ、がっかりさせるような暴力的で病んだ映画から、自分の魂を高揚させるような映画へと切り換えるのと同じくらいシンプルな道理です。とはいえ、私たちには思い癖があり、自分を実りのないチャンネルに留まらせようと無意識に選択しようとします。ですから、チャンネルの切り換えはもちろん「言うは易《やす》し」で、実際に行うのは簡単ではないでしょう。本書の後半の章では、そんな癖からどのようにして自由になり、より意識的に、新しい選択をしていくかについて、学んでいきます。しかし、この時点では、次のことを理解しておきましょう。自分から選択したい体験へとフォーカスしようとしなければ、病んだ現実から活力に満ちた現実への移行はできません。これは大切なことです。

癒しに向かう現実の選択肢に気づくために

一人の人間の内側にさえも、複数の現実が同時に存在します。そして、それを示している一番の証拠は、「多重人格障害」です。この疾患をもつ人たちの中には、ある人格における身体的な病気として見られるものが、もう一つの別の人格においては、その慢性的な病気であるはずの証拠が全く見られない場合があります。たとえば、一つの人格は柑橘系にひどいアレルギーをもち、オレンジを食べた時に蕁麻疹が出ます。一方で、別の人格ではバスケット一杯のオレンジを食してもなんら症状が出ません。一つの人格では糖尿病で規則的なインスリンの注射を要するのに、病気ではない人格になった時、同じインスリンの摂取によって命を落とす場合もあります。一つの人格では全く見られない癌が、もう一つの人格では見られることもあります。心理学者たちは最近になって、これらのような症状をより適切な名前で呼ぶようにしました。人格よりもアイデンティティが問題となる疾患であることを示す「解離性同一性障害」という呼び方です。いずれにしても、これらの衝撃的な現象を通して、ある重要な疑問が生じます。それは、「もし、今とは異なる、すでに健康である自分自身にアクセスできたら、私は癒されることができるのだろうか」というものです。

この疑問に答えるために、形而上学の師であるバシャールのもとにやってきた女性の例をここで話しましょう。女性はバシャールのもとにやってきて、彼に言いました。彼女はずっと長い間喫煙の習慣があり、それをやめたいと願っていました。たくさんの方法を試したものの、いつもまた元通りになってしまいました。「他に何か別の効果的な、私にできる方法はあるでしょうか」と彼女はバシャールに聞きました。

バシャールは、彼女がアクセスできるいくつかの異なるアイデンティティが彼女の内側にあると説明しました。そして、それが喫煙をやめるかどうか、そしてどのようにしてやめられるかを左右することを説明しました。彼女の内側には、今までもずっと喫煙していて、これからもそうし続ける人格がいました。そしてまた、今までずっと喫煙していても、ある程度の努力をすればやめることができる人格もいました。しかし、最も重要なのは、彼女の内側に今まで決して喫煙の経験がない第三の人格もいるということでした。「もしあなたがその第三の人格を特定し、アクセスできるならば」とバシャールは彼女に説明しました。そうできれば、彼女はより楽な方法で、その習慣をやめることができるでしょう。第三の人格になれれば、今まで全くなかった習慣をやめるのは、さほど難しくはありません。喫煙の体験がない人間が、どうやったらタバコを手に持ちたいと思うでしょうか。

ドイツ人のヒーラーであるブルーノ・グルーニングは、深刻な長期依存症に苦しむ多くの人たちを、彼らに症状の解消に直接取り組ませずに、治癒することができました。医師の診断によると、彼らは喫煙やアルコール、依存性の高いドラッグなどへの興味自体を不意に失い、一晩でそれらの摂取をやめました。そして、そのままもとに戻ることはなかったそうです。これによって、依存症解消のプロセスが、長期の治療が要され、痛みを伴うものばかりではないと証明されました。全く異なる現実に、自分からアクセスし踏み出せば、そこでそのまま変われるとわかったのです。

病気を含めた苦痛ある現実から逃げ出したいと切に思うなら、最初のステップとして、体験している今の現実が、あなたが選択できる唯一の現実ではないと理解しましょう。そして第二のステップでは、どの現実に自分が住まうか、それを決める選択権はあなた自身がもっていることを知りましょう。そして第三のステップでは、目の前の現実ではなく、あなたにとってより好ましい現実にどっぷりと浸かるのです。どこから逃げ出したいかではなく、どこに行きたいかにフォーカスしましょう。あなたが自分にとって味気ない世界について語り、不満を言い、嫌な部分にフォーカスするほどに、そしてその世界の言いなりになるほどに、その現実はあなたにつきまとってくるでしょう。あなたがより望ましいと思う体験へと目を向け、同じ現実を語る人たちと共にいて、意識的に、肯定する言葉や思考を使うようにすればするほど、あなたのもとにその現実が近づいてくるでしょう。つまりは、あなたがフォーカスしたものから、より多くを常に受け取るのです。今この時あなたを楽しませる思考は、後々やってくる体験の試写会のようなものなのです。

ビートルズが偉大な作品を生み出した方法

一九六六年、ビートルズはもうすでに歴史的エンターテイナーとなっていましたが、彼らはコンサートツアーにうんざりしていました。彼らの音楽を聴きに来るのではなく、黄色い声をあげる聴衆の前での歌の披露に疲れていたのです。私もアトランタシティで、ビートルズのコンサートに行った時、この異常さを体験しました。ビートルズの歌詞の一語たりとも聴くことができず、本当にがっかりしたのを覚えています。ビートルズがステージに立っている間、私が聴き続けたのは一万五千人の十代の女の子たちの金切り声と興奮で泣いている声でした。ビートルズのような創造性豊かなバントにとって、こんな気の遠くなるようなことを毎夜毎夜繰り返してどんなにストレスだったか、私でも容易に想像できます。

その結果、この素晴らしい四人はコンサートツアーに少し距離を置いて、革新的な音楽のレコーディングを始めようと決めました。ポール・マッカートニーがちょっと変わった、でも素敵なアイデアを思いつきました。「古いビートルズを手放して、完全に真新しい、もう一つの自分たちを見つけよう。古い自分たちから完全に切り離した新しい自分たちのふりをして、フレッシュに始めよう」ビートルズは、新しいパーソナリティを取り入れました。まるで時間旅行が起こるフィクションの世界のような感覚で。そうしてできあがったアルバムが「サージェント・ペパーズ・ロンリー・ハーツ・クラブバンド」です。そのアルバムは、彼らの想像力の奥底からつかみ取ってきたような歌とイメージに溢れていました。通常は十時間ほどのレコーディングの時間を、七百時間も費やし、いまだかつて聴いたこともないようなサウンドを最先端のテクノロジーを使って魔法のように生み出し、かつてのイメージを一新しました。その結果、既存のポピュラーミュージックの方向性を変え、それまでの音楽が決して成し得なかった方法で文化に影響を与え、多くの人々が最も素晴らしいアルバムと評価するものになりました。アルバムがリリースされたその歴史的な夏は、「サージェント・ペパーズ」を繰り返し聴いたこと以外、何をしていたか、私はほとんど覚えていません。

四人がビートルズのアイデンティティを手放したところから、この歴史的アルバムは浮かび上がってきました。これからどんな自分になれるのかではなく、これまでの自分にこだわり続けているとしたら、あなたの内側には自分が夢見たことさえない可能性がまだ眠っています。病気を抱えている人の内側には、健康体の自分がいて、表に出ていきたいと切望しているでしょうし、経済的な問題を抱えている人の内側には、充分に豊かな自分がいて、充分に豊かになる権利があると主張したいと待っているでしょう。今の社会にしっくり合わないと思っている人の内側には、世界を変える使命をもった自分がいて、より良い場所へと大衆を導こうとしているでしょう。もしあなたが自分を外側からのアイデンティティに固定してしまうのなら、内なる自分は、外の世界へと出ていけはしません。全ての魂は、素晴らしさへ向かう偉大な種を抱いています。その種に水を注いだ者たちだけが、その尊い実りを手にして楽しめ、その実りは本人に対してだけでなく、多くの人たちへと分け与えられるのです。

より高い場所へ

あなたはマンハッタンとフランスの両方で、同時に生きることはできません。あなたはいつもどちらかの場所にいます。デミー・ムーアが演じた主人公がそうなってしまったように、二つの世界にまたがり続けようとすると、混乱をきたしてしまうでしょう。ずっと病的な世界にフォーカスし続けると、あなたも病的におかしくなってしまうでしょう。とても多くの人々が痛みある幻想を見続けてしまい、目覚められなくなっています。精神病院にいる多くの人々が、正気に戻れずにいます。スピリチュアルな旅路を行くためには、常識から非常識へのシフトが必要とされます。それは、ずっと教え込まれてきたことから、実はすでに知っていたことへ、他人が選択してきた目的地から、あなた自身が選択する目的地へのシフトです。「お前はばらばらだ」と主張してくる世界に対して、すでに完全である自分を主張する勇気が必要とされるでしょう。

時折、より可能性を示し、正気に満ちたリアリティを垣間見せてくれて、その高いヴィジョンを他人と分かち合ってくれる人に会います。そんな人たちは私たちを地獄から救い出そうしてくれるガイドです。今まで不健全な人々や状況ばかり見てきた私たちが、健全な見本となる人や状況に目を向け始めるのなら、今から、この世界ははるかに健全な場所になっていくはずです。そのために、彼らはガイドのように、より高い場所に先に行き着き、後ろから登ってこようとする人たちへ救いの手を伸ばしてくれているのです。これは、ヒーラーのあるべき姿であり、あなたが目指すところでもあるでしょう。

最終的に、私たちは皆、谷を抜ける道を見つけ、頂上へとたどり着きます。それまでどのくらい歩くのか、どのくらい痛みに耐えるのかは、私たちそれぞれにかかってきます。物理的に行きたい場所に到達する前に、気持ちやイメージが先にそこに行き着けば、時間を短縮でき、自分の一部がすでにそこに到達していることを信頼できれば、ぽんと飛躍させてくれるでしょう。そこに向かって進む代わりに、癒されることであちらから近づいてくるのです。一番はっきりしていることは、あなたはすでに完全であるという真実です。完全なものは決して壊れることはなく、壊れているものは、決して完全にはなれません。二つのリアリティは決して交わることはないのです。ばらばらであるか、一つであるか、そのどちらかでしかありません。一つを受け入れれば、もう一つを否定します。キリストはこう言っています。「今日のこの日をどちらに与えるか選択しなさい」と。つまりは「あなたが住みたい現実を決めなさい」という意味です。

癒しとは、映画館の壁の向こう側のあなたです。あなたはドアを開けて向こう側に行くことができます。スラム街とペントハウスの間の距離は、全くありません。健康、富、そして幸せは、幸運な人たちのために用意された贅沢ではありません。意図した結果であって、環境の結果ではないのです。そして、今から健康や富、幸福へとアクセスを始められます。世界に制限を見出して、これが現実だと偽るのはやめましょう。もっと広大な居場所があなたを待っています。

The Master Keys

この章で授けられるマスター・キー

1. 宇宙には多くの異なる現実が混在しています。あなたは自分の意識が引き寄せる現実に住んでおり、他人も彼らのマインドと一致する現実に住んでいます。

2. 同時に異なる二つの現実を経験することはできません。いつも、あなたはどちらに住まうのかを選択し続けています。

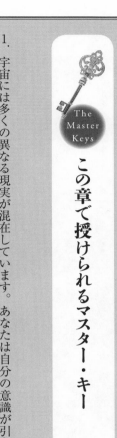

3. 今まであなたが、実体があってしっかりしていると教えられてきた世界は、そうでありません。世界が真実だと信じているものの多くは偽りであり、それ故、多くの人々が苦しんでいます。癒しと成功を成し得るためには、現実と幻想を見分けなくてはなりません。

4. 全てあなたの好む現実へとフォーカスし、反対に好まない現実へは一切フォーカスしないようにすれば、自分が体験したい現実を選択できます。

5. あなたが望まない習慣を手放し、癒したいのなら、自分の内側に、その悪い習慣をすでに手放し癒された自分、あるいは、その習慣に全く手を染めたことのない自分を見出し、なりきってみましょう。

6. 医師からの診断結果や予後診断に関係なく、それよりも早く、楽な方法で癒されるのは可能であり、時には、飛躍的に癒されることもあります。

7. 癒しやあらゆる人生の向上は、偶然に起こるものではありません。それらはあなたの選択の結果として起こります。最初は意識的に選択するにしても、段々とあなたの潜在意識に染み込み、最後に目に見える結果を生みます。

ロープを解く

私が思っていたことの全てから
この世界を自由にします。
――『奇跡のコース』

タウニーは、赤ちゃんの頃に捕獲されてアメリカのサーカスに連れてこられた雌のアフリカ象です。タウニーが到着すると、飼育員は地面に杭を打って、彼女をロープでつなぎました。幼いタウニーはロープを引っ張りましたが、杭は地面にしっかりと食い込んでいて、抜けませんでした。しばらくすると、彼女はこの杭から自由にはなれないと悟りました。そして、ロープが描く円内しか動けないことをただ受け入れたのです。

やがてタウニーは大きくなり、もっと強くなりました。ロープを引っ張り杭を抜いて、自由になれるくらいに強くなりました。しかし彼女は自由になろうとはしませんでした。なぜなら、ずいぶん前に、抜けない杭を心にも打ち込んでしまっていたからです。タウニーは自分にその力があるのにもかかわらず、長い年月とらわれの身でいました。なぜなら彼女が自分の力にも足かせをしたからです。環境が彼女に制限を与えたのではありません。彼女の思い込み*によって、彼女自身が制限されてしまったと言えるでしょう。

ちょうどタウニーと同じように、私たちも多くの幻想から生まれる思い込みによって抑圧され、とらわれ続けています。子供の頃、私たちは病気や健康について、真実ではない「事実」を限りなく多く教わりました。教わったアイデアは世代から世代へと受け継がれ、権威ある人々や多くの人の賛同を得て世界中で強調され、まるで石に刻まれたように、固い正しさになってしまっています。その様子は、シグムンド・フロイトの娘であるアンナ・フロイトの「誤りが集結するようになると、それは真実並みの強さをもつ」という言葉そのものです。

しかし、あなたが今まで教えられてきたことに自分から疑問を投げかけ、積極的にそれを変えようとし始めれば、それらは崩れ去ります。たとえば、家系的に悩まされてきたある特定の病気があり、ある年齢まで生きたら死ぬに決まっている、などと教えられてきたかもしれません。病気になった臓器を治すとは、身体からそれを引っ張り出すことである、病気や手術から回復するには長い時間がかかる、あるいは回復は不可能である、などと、子供時代に埋め込まれたプログラミングが、大人になったあなたに心理的なトラウマを与えているかもしれません。すぐそこに潜んでいる予想もしない病気から常に自分を守らなくてはならない、苦しまないためには医師のアドバイスに従わなくてはならない、残りの人生は薬や治療法に頼り続けなくてならないと教えられてきたかもしれません。

これらの考え方や行動の中には効果的なものもあるでしょう。ですが、教えの多くは、その思い込みを強くするあまり、今や自分の身体に健康的なポテンシャルがどのくらいあるのかさえ、はっきりと理解できないようにさせています。かつて当然だと固く信じられてきたものは、時代と共に変わってきました。たとえば、アメリカが初めて一国となった時代、平均寿命は三十六歳でしたが、今や多くの人たちが八十代や九十代まで生きるようになりました。また、百歳以上生きる人たちの比率も年々上がっています。ジョージ・ワシントンは風邪の治療に医師を訪れた際、四十パーセントの血液を身体から抜いてほしいと依頼して、亡くなりました［瀉血療法という血液を排出させることで病がよくなると信じられることから生まれた誤った治療法が中世から十八世紀末頃にかけて行われていた］。私が幼い頃、私を含む多くの友人は病院に連れていかれ、扁桃腺を切除されましたが、今や多くの医師が扁桃腺は免疫システムにおいて、とても重要な役割を果たしているとし、完全なまま残すべきだと言っています。一方で、ある友人は、ヘルニアの手術の数日後にゴルフを楽しみ、七十歳になった今もスキーに熱中し、去年は今までで一番頻繁にスキーをしたと言っています。最終ステージの癌の診断を受けても復活し、今なお、幸せに健康に、生き生きと生きている人々もいます。それがどんなに明白な「法則」に見えても、もしそこにほんの一つでも例外があるとしたら、もはや法則ではありません。その「法則」はあくまで思い込

＊これ以来、とらわれた動物に対して大きな思いやりの声が上がり、法律上多くの州や国において、人間のエンターテイメントのために象や他の動物を隷属させることをサーカスに禁じることになりました。現在は正式に捕獲された象やトラ、他のサーカスの動物たちにも、彼らが安らげるように、健康的で広いスペースが与えられており、動物たちがより自然な状態で自由に暮らせるように配慮されています。

みにすぎないのです。真の法則は破られることはありません。しかし一方で、思い込みはそれらを信じない人々によって、いつか破られ、あるいは、超越されます。

それでは、ここで、私たちが今までずっと思い込んできた例をいくつか挙げて、今一度考え、思い込みを外してみましょう。

私はたぶん＿＿＿＿歳ぐらいまでしか生きられないだろう。

私の家族は「（病気の名称）」をもともともっているので、私もいつかそうなるだろう。

私は抱えている心理的トラウマを決して克服できない。だから、結局＿＿＿＿なってしまうだろう。

もし「（人物の名前）」が私に＿＿＿＿をしなかったら、こんな「（問題の内容）」ことにはならなかっただろう。

もし＿＿＿＿を食べたら、＿＿＿＿のアレルギー反応を起こすだろう。

私はこれから長期間、あるいは残りの全人生で、「（薬や治療法の名前）」をずっとし続けなければならないだろう。

＿＿＿＿の環境にいると、必ず病気になる。

「（医者の名前）」が私をだめにしている。

私には＿＿＿＿を受ける余裕がないので、治ることはできない。

私の前の（夫、妻、彼、彼女等）が＿＿＿＿なので、私は＿＿＿＿ができない。

＿＿＿＿から回復するには、「（時間の長さ）」がたぶんかかるだろう。

＿＿＿＿の診断を受けた人は、通常「（時間の長さ）」以内に亡くなる。

＿＿＿＿に対する治療法はない。

それら以外の私の思い込み：＿＿＿＿＿＿＿＿＿＿＿＿＿＿である。

私は薬の摂取をやめたほうがいいと言っているのではありません。また手術の翌日に飛び起きてスキーに行ったほうがいいと言っているのでもありません。あなたに、健康や病気に関して自分が何を信じているかを見直し、疑問を投げかけ、変えてみれば、真実が明らかになってくると知ってほしいのです。本当のところ、「あなたの思い込み」という言い方さえも、間違っています。「あなたの」思い込みは、本来はあなた自身のものではないからです。そのほとんどは他人からもたらされ、繰り返し何度も植えつけられて、あなたが自分自身の考えだと「思う」ようになったのです。もしあなたがベテランのジャーナリストだったとしたら、記事を公表する前に、ニュースの情報源と事実との照合確認を最優先に行うでしょう。しかし、私たちの多くは、事実を確認もせず、自分の人生のストーリーを仕立てて書いています。

神は世界がうまく動いていくようにすでに設定しています。ですから、私たちはそれをどう動かしていくのかを知らなくてはなりません。ユーザーがうまく使えなかったからといって、優れた素晴らしい製品の作り手を責められません。少し時間をかけて説明書をきちんと読めば、後で時間を節約し、問題を軽減できます。

昔、組み立て式の椅子を買ったことがあります。組み立て方が書かれている説明書を読んだのですが、間違いがあり、情報も曖昧でした。説明書は英語が母国語でない国で作られていたので、組み立てのステップの説明が混乱させるものであり、写真もぼんやりしていました。なので、私は自分で何とかしなくてはなりませんでした。これを人生にたとえると、私たちが与えられてきた、本来はうまく生きる方法を教えてくれるはずの「説明書」の多くは、恐れと分離の言語で書かれていて、私たちの本質とは異なるものです。どのようにして幸福を見つけるかを示してくれるはずの写真も、矛盾に満ちていて混乱させられます。私たちの人生をこれらの説明書に合わせようとするならば、うまくいくはずはありません。しかし、一方に、別の説明書があります。それは、宇宙の原理に基づいた、より偉大な説明書です。そしてその説明書に書かれている指示に従えば、驚くべき幸せが私たちのもとにもたらされるでしょう。

ゴーストよりも偉大な私

愛するパートナーのディーと私は、大好きな犬たちとの暮らしをとても楽しんでいます。彼らは私たちの家族です。ふわふわの子供たちは、もちろんいつも抱きしめたくなるほど愛らしく、楽しさに溢れていますが、時々彼らも、特に上下関係に対して、犬としての本能を発揮します。マーレイという犬は、食事の時、弟であるヘンリーが自分の皿の近くにある彼の皿に近づくだけで唸り声をあげたものでした。その結果、ヘンリーはマーレイと距離を置くようになりました。

平和を保つため、私たちはヘンリーの皿を別の部屋に置き、彼が兄に唸られることなく、食べられるようにしました。まもなく、マーレイが天国に還り、やっとヘンリーの皿を他の家族と同じ場所に置けるようになりました。しかし、ヘンリーは自分の皿に近づくのをまだ怖がり、脇のほうへ座って待ち続けました。マーレイはもうここにおらず、ヘンリーは怖がる必要はないのに、記憶が彼を押しとどめたのです。

もうすでに去ってしまったはずなのに、恐れからくる脅迫観念によって、癒しを受け取れないことがあります。実体のない幽霊に妨害させているようなものです。たとえば、ある男性からこんな話を聞きました。彼は、泥道脇の切り株につまずいた経験をもつ馬に乗っていたそうです。切り株を排除しましたが、馬はその場所に差し掛かると毎回怖がり、もとの道に戻ろうとするそうです。馬がゴーストから逃げようとする限り、その彼は乗馬を楽しめないでしょう。

もしあなたが自分の潜在的な力をフルに出し切れずにいるとしたら、昔出会った、あるいはこれから出会うゴーストを恐れて逃げ続けているのかもしれません。また他の人が体験したゴーストにもかかわらず、恐れを受け入れて、自分のマインドに染み込ませてしまっているのかもしれません。しかし、どんなゴーストや悪魔よりもあなたは偉大であり、それが真実です。話を私の家族に戻すと、私たちの励ましを受けて、ヘンリーは恐れを克服し、今は他の兄弟たちと共に幸せにごはんを食べています。犬がゴーストという恐れを打ち負かせたのですから、あなたにできないはずがありません。あなたを通して、神は表現されます。そして、宇宙において神ほどパワフルなものはありません。

恐れと共にこの場所に留まるよりも、望む現実に向かって冒険するんだと、あなたが自分で決めるその時に、真実が姿を現します。一九八八年ソビエト連邦で五十億人が受験するはずだった最終テストがキャンセルになったことがありました。なぜなら、彼らが教え込まれてきた歴史が偽りに基づくものであったとわかったからです。私たちが教えられてきたほとんどの歴史もまた同じです。特に私たち自身の限界についての歴史は、偽りに基づいています。偽りに真実の光を当てる時、それらは溶けて、無に還っていくでしょう。

自分には限界などないと知る時、あなたは限界を手放し始め、自分を押し込めていた力から解放されます。全ての限界はあなたのマインドの中にのみ存在し、そして、その部分こそが癒しを必要としています。医学的に局所的な治療は役に立つかもしれません。しかし、結局のところ、あなたはそのマインドの源から病気の根っこを引き抜かなくてはならないと気づくでしょう。このことについて、私はよくソローから引用します。「悪の小枝を切り払おうとする人々は数えきれないが、悪の根を断ち切ろうとする人は少ない」何年も時間をかければ、病気の兆候を切り払えますが、その原因に取り組むまでは、病気は存続するでしょう。ですが、病気や損失は、あなたの存在を決めるものではありません。あなたの存在の真実は、永遠であり、限界もなく、息絶えることのない、完全なるスピリットです。体験の全ては、その光輝く真実に気づかせるために起こり、あなたを導いていています。あなたはサーカスのような狭い世界の人たちを楽しませるために生まれてきたわけではないのです。より素晴らしい世界があなたを求めています。

The Master Keys

この章で授けられるマスター・キー

1. 私たちは誤った刷り込みの結果として、自分に限界があると学んでいます。完全で完璧な神を表現する者として、私たちに限界はなく、自由です。

2. 多数の人間が賛同しているからといって、幻想は真実にはなりません。

3. 限界についての「あなたの」思い込みは、本当はあなたのものではありません。それらは他人によって植えつけられたものであり、本当の自分と自分の神性とは無関係です。

4. 人間の歴史は、不可能に見えるものが可能であると繰り返し証明してきています。

5. あらゆる病気は癒せます。今まで多くの人々が治癒できないとされている病気から癒されています。

6. 病気や限界から解放されるためには、光をもち続けることです。そして、真実に、あなたの真の力を遮っている思い込みを溶かしてもらいましょう。

7. 私たちを遮っている恐れやブロックとは、過去の制限的な思考から生まれたゴーストのようなものでしかありません。今ここで、勇気をもって積極的に、クリアなマインドと共に問題に取り組みましょう。そうすれば、それは消え去り、前に自由に進めるようになります。

ノーマル（普通）からナチュラル（自然）へ

皆それぞれの中にドクターがいる。
私たちはその仕事を助けているだけである。
私たち一人一人が内側に有する自然の癒しの力は、
心身回復における最も偉大な力である。
——ヒッポクラテス

ある日の午後、母に頼まれてスーパーにアップルソースを買いに行った時のことです。棚のボトルをよく見ていると、興味深い広告を見つけました。「フードタウンアップルソース：価格一ドル九十九セント——ナチュラル、あるいはレギュラー」

ラベルをチェックしてみると、レギュラーのアップルソースには砂糖、人工着色料、化学保存料、そして樹になるりんごからは生まれないものが他にも含まれていました。一方で、ナチュラルのアップルソースのほうには、りんごと水だけが含まれていました。

レギュラー、あるいはノーマルと呼ばれるものが、常にナチュラルとは限りません。そしてノーマルはよくナチュラルなものを否定したり、拒絶したりします。あなたが癒されたいのなら、ノーマルなものを手放して、ナチュラルなものに戻る必要があります。「普通」を手放して、「自然」に戻る必要があるのです。

癒しを成し得るのは、最も難しいことの一つに思えます。しかし、それは実は、最も自然（ナチュラル）なものであり、そのための頑張りは必要ありません。頑張りはストレスを伴い、癒しとは逆方向に作用するからです。癒されるために闘う必要もありません。人はよく「癌と闘う」と言いますね。言いたいことはわかりますし、癌やあらゆる病気からの治癒を求める方たちを全面的にサポートしたいと思いますが、一方で、それを別の方向から捉え直してみたらどうかとも思います。つまり、何かに対して闘えば、あなたは消耗しますが、目標と共に歩めば、あなたは内側から元気づけられます。病気と闘うのではなく、健康と共に歩むとしてはどうでしょう。自然なものは、不自然なものよりもよりパワフルです。自然とは創造の源から表現されたものです。健康は自然なものであり、病気はそうではありません。

病気だって人生の一部でしょう？　と、あなたは主張したくなるかもしれませんね。確かに病気は自然の中でもまん延しています。誰もが時々病気になります。そして病気がある域に達すると、死んでしまいます。それが摂理です。しかし前の章でも述べたように、摂理は一つとは限りません。目に見えるものは一つの摂理を示しますが、より高次の現実においては、別の摂理が示されます。より高次の現実と共に歩めば、私たちはそれからの恩恵を受け取れます。

家を売るために不動産業者を雇った時のことです。動きがなかった二、三か月後、彼が私に家の欠点のリストをメールしてきました。そして彼はこう結論づけました。「決して否定的に見るつもりはありませんが、これがこの家の現状です」と。正直に話してくれて感謝はしましたが、私は彼にこの仕事を離れてもらいました。彼には誠実にこう言いました。「自分が良いと思えない家を売らなくてはならないようなポジションに、あなたをこれ以上留めておきたくないのです」と。

それからまた別の不動産業者を雇ったのですが、今度の彼女は、その家をとても愛してくれて、買い手の特徴を予測し、その家の全ての長所をリストにして見せてくれました。家はすぐに売れました。彼女も前回同様に「こんな家です」と私に見せてくれましたが、彼女は先の業者の彼とは異なる「こんな家」を選択したのです。

対象をどのように捉え、表現するのかに注意しましょう。なぜならあなたがフォーカスして導き出す「こんな」何かからの結果があなたにギフトとしてやってくるからです。自分の病気や癒しに対して、抗《あらが》えもできますが、抵抗の言葉は、結局あなたにより大きな抵抗を返してきます。リチャード・バックは、彼の素晴らしい作品である『イリュージョン』の中で、「自分の限界について議論するがいい。きっとそれがあなたの限界である」と書いています。ヘンリー・フォードは「可能か、不可能か考えるがいい。どのみち、どちらも正しいのだ」と言っています。

結局、自然やポジティブさ、健康は、不自然な生き方やネガティブさ、病気などよりも、はるかに「こんな」にリアルなのです。光は暗闇よりももっとパワフルなのですから。光と暗闇が出会う時は常に、光が治めます。

非現実から現実へ

病は神に属するものではありません。神は病を創造してはいないのです。神は病を経験していません。神は病の存在を知りません。ですから、神はあなたが病気になるのを望んではおらず、神はあなたを病んだ者として見ません。神はあなたに健康だけを望んでいます。病気とは、間違った思考の結果であり、歪められた現実においてのみ存在します。もしあなたが病気にパワーを与え、病気をリアルに感じるような現実に生きているなら、あなたはむしろあるがままの自然な世界から外れてしまっているのです。ヒンズー教のアドヴァイタ、ヴェーダンタ哲学、クリスチャン・サイエンス、ユニティといった多くのスピリチュアルの教えも、創造主の根本的な博愛の心を肯定しています。教えに忠実な人々は病気であるとの思考そのものを拒否しています。患者が慢性的に悩まされていても、彼らは高い視点を保ち続け、病気である外見をしていても、患者の完全性を記憶し続けます。

ジョエル・ゴールドスミスは、素晴らしい形而上学の教師であり、「無限の道」と呼ばれる教えの創始者であるヒーラーでもあります。たくさんの本質を捉える本を書き、多くの教えを幅広く伝えています。ゴールドスミスのもとにヒーリングを受けに訪れた人々から聞いたのですが、彼は人々と対面することはなかったそうです。ゴールドスミスが別の小さな部屋で、彼らのために祈っている間、彼らはゴールドスミスの居間にいました。クライアントである彼らの症状についても聞かなかったそうです。彼らの完璧で健康な姿を、自分の内側に確立することのみが、彼の唯一の仕事だったのです。彼の患者たちは、普通の世界に染まり切っていたのでしょうが、ゴールドスミスは彼らを、彼らが自然体でいられる世界に留め続けました。その結果が高いヒーリング力を生み出したのです。

あなたも自然と共に在れば、あなた自身と他人に対する癒しを与え、全《まっと》うできます。活力に満ちた純粋な世界と病気によって歪められた世界、この二つを見分けるためにはどうすればよいか、あなたの内側にガイダンスを求めましょう。この見分け方を教えてくれるパマヴァーナマントラとして知られているヒンズー教の祈りがあります。

私を非真実から真実へお導きください。
私を暗闇から光へお導きください。
私を限りある生から、不死へお導きください。

癒しのエネルギーの流れ

力強い生命の川の流れは、豊かに絶えることなく、全宇宙を通して動いています。老子はそれを「道《タオ》」、あるいは「無為自然」と呼びました。最近では、ジョージ・ルーカスが「フォース」

と言い換え、ヨギは「プラーナ」とも呼んでいます。中国では「気」と言われており、ハワイでは「マナ」と言われています。目に見えないにもかかわらず、非常にリアルなこのエネルギーは生きとし生けるもの全てを司っています。それを目で見ることはできませんが、風と同じように、そこには確かな影響力があるのです。癒しの鍵は、この生命の流れと共にあり、その癒しのエネルギーをあなたのために、またあなたを通して、他人へと働かせることにあります。

あなたがこの生命力の及ぶ場所から離れてしまうと、まず間違った思考をするようになり、そして物事がうまくいかなくなるでしょう。身体に支障が現れたり、経済的に行き詰まったりして、人間関係も混乱し始めるでしょう。喜びのために創造されたはずの世界が、最悪の事態になるのです。

しかし、生命の源である、癒しのエネルギーの流れに戻れば、また回復できます。流れから離れずに、その流れにどっぷりと浸れる考え方や活動を見つけるのです。自分が幸せになるのに、控えめになったり、申し訳なく思ったりする必要はありません。あなたの癒しのために必要なエネルギーの流れを批判する権利をもつ人など誰もいません。そしてまた、あなたも他人の流れを批判する権利をもってはいません。私にはとても退屈に思えるはずの話でしたが、話しているうちに、を共にしたことがあります。前に軍事用飛行機の修理をする趣味をもっている人とランチ彼の飛行機への情熱に段々と影響されてきました。彼の言葉の裏側にある、溢れんばかりのエネルギーが私にも伝わってきて、完全に彼の話に引き込まれてしまいました。癒しのパワーをもち続け、それを役立てようとする時、生命の力が広がるのです。情熱はそれをもつ人を生き生きとさせ、周囲にいるどんな人にも影響を与えるのです。ある人がいるだけで、いつも気分が良くなるという経験をしたことはありませんか？　きっと、その人が癒しのエネルギーの流れを創り出し、溢れ出したその中に、あなたも入っていったのです。同様に、あなた自身も素晴らしい現実と共に在《あ》る時、誰かの気分を高めてあげられます。

私は自分を落ち着かせ、癒し、
そして感性を取り戻すために自然のもとへ行く。
——ジョン・バロウズ

偉大なる帰還

一九三九年に公開された映画『失われた地平線』の中で、外交官のロバート・コンウェイと彼の兄は、誘拐され、ヒマラヤ山脈の奥地にある神秘的な理想郷であるシャングリラに連れていかれます。シャングリラでは、天気はいつも良好で、人々は調和に満ち、何百年もの間、病の存在しない世界で楽しく暮らしていました。その場所で、コンウェイは今までいた騒がしい世界では味わったことのない静寂を見つけるのです。彼は光り輝く女性と恋に落ち、彼の人生も今まででは到底考えられないほどに、幸福そのものになりました。その時コンウェイの兄が彼にシャングリラは偽物であり、ここから脱出しなくてはならないと思わせるようにし向けます。コンウェイは涙ながらにシャングリラと愛する人のもとを去り、「リアル」な世界に戻ります。しかし戻った先で彼が見たものは、シャングリラと真逆の残酷なひどい世界でした。最終的に彼は自分の兄に騙されていたと気づきます。シャングリラは、人工的な世界が造り出したどんなものよりも、はるかに真実に近いものでした。コンウェイはそれから楽園へ還るために、険しい山道や猛吹雪、その他にも厳しい困難の道を歩まなくてはなりませんでした。シャングリラにたどり着いた時、彼は真実が何であるかを悟り、必要なことを全て行い、最後には真実を手にするのです。

病気から治癒した経験を一度でももつ人たちは、病気の経験のない人たちよりも、自身の健康や人生にはるかに多くの感謝の気持ちをもちます。痛みの経験のない人たちよりも、人生や人間関係をいつも深く味わいます。多くの人が、「振り返ってみると、私の人生を力強く軌道修正させるために、あの体験は起こるべくして起こったのだと今はよくわかる」と言うのをよく聞きます。病気を糧《かて》にして、自ら健康を選択できると知ったから言えるのでしょう。パラダイスへと戻る道をゆっくりと進んだコンウェイのように、今、自身の選択によって健康と共にいるのです。

たとえるなら、あなたは、生まれながらに、銀行口座にたっぷりとした生命力がすでに預金されているようなものです。その口座の中の力をどのように使うかが、あなたの健康や幸福を決定づけます。健康を生み出すために、何も特別なことをする必要はありません。なぜなら、それは自然に受け継がれたものだからです。ただ、あなたの生命力を弱め、奪うような行動だけはやめなくてはなりません。自分を痛めつけることに、エネルギーを無駄に使えば、あなたの口座残高はあっというまに赤字になるでしょう。それが、私たちが病気と呼ぶものです。バスタブへ流し込むために勢いよく流れる水脈があったとしても、導管が抜かれていたら、水はバスタブではなく他へと流れ出してしまいます。きちんと導管をつないで、豊かな水を受け取れるようにしましょう。生命の力の水流と共に在れば、癒しは自然に起こります。

あなたが夜寝入った後、神が生命力口座にまた新しく預金してくれます。たとえ前の日にエネルギーを使い切るような思考や、感情、行動をして、預金を消費してしまったとしても、またあなたは蘇生します。そして、また翌日再スタートをして、新たな日に、新たな選択をし直せば、力を生み出せるのです。この恩寵こそが奇跡です。神は私たちをとても愛していて、私たちに生命力という投資をずっとし続けてくれているのですから。『奇跡のコース』は「私たちが神の愛によって支えられていて」そして、「恩寵によって私は生き、恩寵によって私は解放される」と覚えておくようにと言っています。

ここで少しあなたが自分の生命力の口座をどのように使っているか、考えてみましょう。

私の生命力を奪っていくもの	私の生命力を高めてくれるもの

このリストに書かれた答えが、あなたにとっての癒しの処方箋を示しています。力が奪われることでなく、あなたに力をもたらすことをしましょう。宗教やスピリチュアルな教え、グル、意識のトレーニング、メンター、教師、そして神聖な言葉などは、生命力を保ち、表現し、そして拡大させることを目的としています。それ以上を求める必要はありません。自分に生命力をもたらすことのみをし、本当の自分を生きて、癒しへと向かう特急列車に乗りましょう。その他は全て本筋ではありません。

良い患者にならないこと

友人のマイケル・クラッパー博士は世界的にも有名な菜食主義の栄養学の第一人者です。彼は多くの人たちに食生活を植物性のものに変えていく方法を教え、彼らを助け、癒してきました。ある日、糖尿病の学会に招かれてスピーチをする機会があったそうです。「私の前に講義をした人は、良い糖尿病患者になる方法について語っていました」クラッパー博士はそう言い、詳しく教えてくれました。「彼女は患者に、自分でチェックしながら行っていく厳しい食事療法を教えていました。その後私はステージに上がり、参加者に良い糖尿病患者とならないでほしいと言いました。私は彼らに糖尿病から自由になってほしいのです。なぜ、食生活を変えれば治せる病気なのに、我慢をしなくてはならないのでしょうか。私は患者には自分の病気を簡単に受け入れてほしくないのです。彼らには病気を癒して、治ってほしいのです」

クラッパー博士は、重要な捉え方を指摘しています。それは、病気を人生の事実だとして受け入れてはいけないという捉え方です。ノーマルな世界では、それは事実と言われるかもしれません。しかし、それは本来、自然な世界においては事実ではありません。フランスの天才数学家でもあり、物理学者でも発明家でもあるブレーズ・パスカルはこう言っています。「ピレネー山脈のこちら側で真実であっても、あちら側では偽りである」と。ある病気について、多くの人たちが、これは治癒し得ない、あるいは、治癒に長い時間を要すると考えている事実があっても、それは真実にはならないのです。その病気からたった一人でも治癒した人がいるのなら、「治らない」とは言えません。

他の人たちが自分の病気にどう対応しているかは、あなたが自分の健康にどう対応するかを決めるものではありません。統計資料は一般的に多数派については示してくれるでしょうが、別の道を選んだ個人については何も書かれていません。まず、他人が選択する現実にとらわれるのをやめましょう。そして、あなたが自分で選択する現実にフォーカスしましょう。私の友人の一人はある病気を診断されましたが、その息子さんが私にこう言いました。「母が診断されてすぐに、その病気についてかなり詳しく調べました。私たちが直面している母のその病気が一体どんなものなのか、きちんと知りたいと思ったからです」息子さんの意図は誠実なものでしたが、やり方には不十分なところがありました。彼の調査からは、彼と母親のその病気への対処法についてではなく、同じ病気をもつ人々が行った対処法しかわかりませんでした。良くも悪くも、患者は各々、病気に対して自分なりのマインドや思い込みをもっています。もしどう対処したらいいのかを知りたいなら、その病気で亡くなった人々ではなく、その病気を癒し、回復した人々を調べましょう。自分の病気に関する思考を癒す時が、あなたが病気を癒せる可能性が最も高まる時です。

地球規模のリセット

コロナウィルスのパンデミックは、人類を地球規模のリセットへと記録的な力で向かわせました。まさに、病気という試練を通じて、個人が自身の人生を軌道修正し変化させようとするように、パンデミックを通じて、地球というこの惑星のほぼ全人類が、今までの生き方についてもう一度考えさせられました。悲しいことに、パンデミックによって多くの死、経済の損失、社会的な崩壊が起こりましたが、多くの人々はそこから大切な人生の学びを受けました。以下はその数例です。

私たちは、いろいろな意味で、今までの狂った意味のない活動の休止を余儀なくされました。たとえば、終わりなく働いたり、行きすぎた購買意欲を燃やしたり、達成感を味わえない目標をもち続けるようなことです。代わりに、私たちは静かに自分自身と向き合いました。外側へ向けての活動が、内側への旅路に変わったのです。

また、私たちは家族や愛する人たちと共に過ごす貴重な時間を与えられました。妻や子供たちやペットと共に過ごす時間がもっと欲しいのにと、一体どれだけ多くの人たちが不満を言っていたでしょう。自粛期間を通して、私たちは、最も大切な人々とつながり、かかわり合い、そしてその関係性の意味の深さに納得できました。ある女性は「私は十四歳になる息子とポーチに座って二時間も話をしたの。こんなことがなかったら、決して起こり得なかったわ」と言いました。

別の女性は「私は長い間両親とうまくいっていませんでした。でも彼らと親密に、長く一緒にいなくてはならなくなったことで、古くからの問題が表面化し、それに向かい合い、癒すことができました。今、私は一番、両親を愛し、彼らに感謝しています」と言いました。

多くの人々が仕事や目的をもう一度考え直し、自分自身を再発見しました。仕事を失った人の中には、本当は何がしたかったかを語り、新しい仕事の方向性へと向かうプランやヴィジョンを確立した人もいました。オフィスに通うのではなく、在宅でのリモートワークが、不毛でストレスばかりが溜まる職場へ交通渋滞のなか通うよりも、自分のライフスタイルに合っていると気がついた人も多くいました。

この予期しない自由時間を、スピリチュアルな成長のために費やした人たちも多くいます。瞑想したり、祈ったり、ヨガをしたり、直感を与えてくれる本を読んだり、動画を観たり、そして、彼らの魂を満たしてくれるオンラインミーティングやセミナーに参加しました。毎日の繰り返しにどっぷりと浸かったままであったら、忙しすぎて、自分の内側の在り方を見つめる時間もなかったでしょう。

オンラインの技術という奇跡を通して、たとえ肉体は離れた場所にあっても、私たちは皆つながり合えて、深く豊かにコミュニケーションができると知りました。物理的な隔たりは、私たちを隔てはできないのです。スピリットと共に私たちが集まる時、私たちは真に共にいます。

歴史上初めて、全人類が一つの共通課題に取り組みました。それは、パンデミックからの回復です。一つの競技場の中で、ウイルスに向かって、私たちは皆平等な条件でそこに集いました。新型コロナウイルスは、私たちが人へ下す判断に関係なく感染します。全ての年齢、性別、宗教、国、経済的社会的な地位に関係なく、世界的な成功者であっても、全ての人に対して感染力をもちます。たとえば、英国のチャールズ皇太子、首相のボリス・ジョンソンも陽性となりました。トップ俳優のトム・ハンクスも、彼の妻のリタ・ウィルソンも同様でした。私たちが普段勝手に作り上げている真実でない格差も、全てウイルスの前では崩れ落ちました。

コロナ以前では考えもしなかった方法で、多くの人々が助け合うために、手を差し伸べました。オーストラリアに住む一人の男性は、失業した人々が政府からの援助を求めて並ぶ長い列のそばを通った後、その足で銀行に行きました。一万ドルを引き出し、列に並ぶ人一人ずつに百ドルを渡したと言います。病院の近くに住む人々はバルコニーに立って、病院へ通う医療従事者に向けて、行きと帰りに応援を送ったと言います。英国の航空機乗組員は、フライトができない代わりに、医療従事者が休憩中にリフレッシュできるように、病院内に自分たちで休憩所を作りました。老人養護施設の窓辺に隠れるようして立っている女性を見つけた警察官は、彼女が会うことができない夫を一目見ようとしていることを知り、町の電気屋さんに行きました。そこで店主にiPadを夫婦に寄付してもらい、彼らがそれを使って会えるようにしました。ポルトガルでは仕事を休んでいた女性が、同じアパートに住む二人の老人が助けを求めていると知り、彼らの代わりに買い物や料理をして、病院へ予約時間に連れていきました。「人々はティーバックのようななものだ。熱い湯に入った時に初めて、真の力を発揮し始める」ということわざをパンデミックは証明しました。

この地球は安息日を経験しました。人々が家に留まった間に、環境は癒され、私たちがめちゃめちゃにした世界ではなく、神が創造した本来の世界のヴィジョンを見せてくれました。衛星写真では、中国の都市上空を覆っていたひどい大気汚染が消えたことがわかりました。インドでは、三十年ぶりに百マイル離れた場所からはっきりとヒマラヤ山脈が見られました。ハワイでは、人間から追い出されていた魚や他の海洋生物たちが沖合に戻り始めました。サンゴ礁もまた息を吹き返しました。私たちがこの世界を尊重し、共に協力し合えれば、こんなにもクリーンで鮮明で、生物が生存していく世界になれることを人生で初めて思い出しました。

人が病気になった時と同じように、惑星の病気もまた、私たちを崖っぷちに追い詰め、そこからの新たな飛躍を強いたのです。パンデミックによる損失は、悲惨で、心が痛むものではありましたが、物事の本質を見抜こうとする人たちは、並外れて大きな学びを得ました。どんな方法であっても、そこからの学びによって世界がより良い場所になるなら、人類は成長したと言えるでしょう。これは、自分が人生において、何をするかしないかは重要ではないと思い出させてくれる最高の体験です。要は、それについて何を学んだかが重要なのです。

本当の帰還

個人的なものであっても、惑星規模であっても、病気は全て、私たちに自然な状態を取り戻すように求めるサインだという点で共通です。マインドに自然な状態を取り戻すように求め、それが肉体を自然な状態へと導いてくれます。ですから、不健康は、私たちを必要な軌道修正へと導く目覚まし時計のようなものです。病気はそこでおしまいではなく、より良い方向を指し示す矢印なのです。たとえるなら、私たちは遠い国をさまよい歩き、満足を得ない長い旅をしている、浪費癖のある息子や娘のようなものです。しかし、放浪のままお話が終わることはありません。お話の中にある一つの章が、より納得のいく結果へと導いてくれます。

浪費癖のある子供の父親として、神はあなたを喜び以上の喜びをもって、家に迎えてくれるでしょう。あなたがどんなに遠く、またどんなに長くさまよい歩いて帰ってきたとしても、です。あなたが癒しの方向へとほんの小さな一歩を踏み出した瞬間に、高次の力はあなたを助けるために駆けつけ、残りのステップを踏んでいくためのやり方を教えてくれるでしょう。自然はいつも独自の道をもっています。私たちは、自然を組み伏せようとしたり、あるいはナチュラルな状態からノーマルな状態へと歪もうとしたり、いろいろと抵抗を試みますが、結局のところ、全て命あるものは、私たちが無理やり作ろうとした道よりも独自の道へと立ち戻ります。物理的な世界はあらゆる試練を見せてきますが、その根底や背後には、完全なる神聖な存在としての自然体がいつも失われることはないのです。そして、これが真に還るべきところです。

The Master Keys

この章で授けられるマスター・キー

1. ノーマルなものは、必ずしも自然なものではありません。しばしばナチュラルはノーマルの反対の意味をもちます。大多数の人が信じ行っているという理由では、その中に真実や癒しを見つけることはできません。

2. もしあなたが自然体に戻り続け、幸せへと導く神の意志を受け入れているのなら、癒しとは簡単に手に入るものです。

3. 病気と闘う代わりに、健康と共に在りましょう。あなたの自然体は、後から植えつけられた状態よりもパワフルです。暗闇が光に出会う時、光が勝利を得ます。

4. あなたが「このようなもの」と表現する時、それを恐れから表現するのではなく、愛から創造するように表現してください。

5. 神は病気を創造していなければ、その存在を支持してもいません。神はただ完璧な健康のみを知っています。

6. 病気を癒すために、病気についての事実を知る必要はありません。癒しについての真実を知る必要があるのです。

7. 生命力こそが、真のヒーラーです。全ての癒しは、神が創造した宇宙の原理を通して起こります。

8. 病気から癒された経験をもつ人々は、病気の経験がなかった頃よりも健康や人生への感謝が深いものです。彼らは健康を自ら選ぶことで、健康を自分のものにしています。

9. 過去にどうであったかにかかわらず、毎日あなたは癒しを取り戻す新しい機会を与えられています。

10. 何があなたの生命力を強めるかを知り、それを行えば、癒しを進められます。また何があなたから生命力を奪うかを知り、それをやめれば、癒しを進められます。

11. 「良い患者」になるのをやめ、癒された患者となりましょう。

12. 病気は罰ではありません。それは私たちに自然体へ戻るようにと教える目覚まし時計です。

癒しを受ける権利

人生という名のテーブルの、
あなたは物乞いではない。
あなたは招かれたゲストなのである。
――エマヌエル／パット・ロドガスト

権利について、最近よく話題にのぼります。お金を受け取る権利、政府からの給付金、家族からの遺産、土地の権利、教育を受ける権利、異性からもっとよくしてもらいたい、文化を敬ってほしいなどと、人々は権利を主張します。これは確かに価値ある権利だとは思いますが、その一方で、ほとんどの人が見過ごし、忘れている、もっととても重要な権利があります。それは活気に満ちた健康体をもつ権利です。あなたには良好に機能する肉体をもつ資格があります。気分よく暮らしたいと思うのは求めすぎではありません。それどころか、あまりにも控えめな要求です。

以前招待を受けたソーシャルワーカーの会合で、講演会場には、カジノが併設されていました。ある日の午後、私もギャンブルをやってみようと思って行ってみたのですが、ギャンブルよりも、ギャンブルをしている人たちの会話のほうに心をとらわれました。「調子はどう?」と、ルーレットのテーブルにいる一人がもう一人に尋ねると、「あんまりよくないね。五百ドル負けている」と答えました。サイコロを振っているテーブルでは、「少しは勝った？」と問われ、「だめ。でも悪くはないみたい、二百五十ドル負けただけだから」と話しています。スロットマシーンのところでは「幸運の女神は味方についている？」という問いに、「大丈夫。百ドルを失っただけだから」と返しています。驚いたことに、彼らの成功の基準は、どのくらい勝ったか、ではなく、どれだけ損失が少なかったか、なのです。

私たちの多くは、自分の健康や豊かさに対して、このギャンブラーたちと同じような考え方をしています。まああの結果で損失が最小限で済めば、よくやれていると信じます。ですが、そうなると、人生は創造して何かを生み出す場ではなく、損失をより少なくコントロールする場になってしまうでしょう。ブラックホールをひたすら埋めるのと、躍動する喜びから生きるのとでは、見える世界は大きく異なります。それぞれのマインドは全く異なる世界を生み出し、そしてさらにそれぞれの世界からは、その世界と同じものがまた生み出されます。足りないと思えば、不足をより生み出します。一方、足りていると思えば、豊かさをより生み出します。もう一度言いますね。あなたはいつも自分がフォーカスするものから同じものを生み出し、得ているのです。ですから、病気へのフォーカスは、健康を得ることにはなりません。健康を得るためには、健康にフォーカスするのみです。

あなたに相応しい権利

私たちは神との関係を築く時、自分の役割を少なくとも次の三つから選択したうえで、神を信じていると言えます。(1)**物乞い**：自分へのメリットを受け取る権利がなく、神の慈悲のみを乞う、(2)**下僕《しもべ》**：神を喜ばせるために絶え間なく働かなくてはならない、(3)**神の子**：神の王国に住み、豊かさの全権利と特権をもっている。

自分を物乞いだと信じれば、あなたはなんの権利も資格ももてません。物乞いには、選択権がないのです。ですから、物乞いは食べ残しを乞い、それを自分が手にできる全てだと考えています。もし自分を下僕と見なせば、あなたはいつも自分の主人のご機嫌を伺いながら、行動を決めなくてはならないでしょう。反対に、神の子は、あなたのままでいるだけで、王国の全てのギフトを受け取れます。自分を証明する必要もなければ、良く見せようとする必要もありません。王家の一員として生まれ、誰からも否定されることはないのです。両親がもっているもの全ては、そのままでいるだけで、自分のものとなります。

つまりは、自分が誰であるかを決める時、受け取るものが決まります。欲しいものを嘆願したり、なぜ欲しいかを証明しようとするのをやめましょう。代わりに、その権利を宣言しましょう。たとえば、宝くじが当選したとします。換金に行くのをやめたり、当選金をもらう資格がないからと言うでしょうか。あるいは、「当選金をもらうには、どんな仕事をしなくてはなりませんか」

と尋ねたりするでしょうか。いいえ。ただ当たりくじを差し出せば、係の人はあなたに当選金を渡すでしょう。ある意味、あなたは今もうすでに当たりくじを持っているようなものなのです。戦利品はお金だけではありません。活気に満ちた健康はもちろん、あらゆる形の豊かさです。私たちの富はすでに与えられているのです。ですから、神はただ私たちがそれを受け取って、楽しむのを待っています。キリストはすでにこのことについて、様々な言い方で私たちに教えてくれています。たとえばこんなふうに。「求めなさい。そうすれば与えられます」「あなたに王国を与えることは父なる神の大きな喜びです」『私はあなた方の人生をもっと豊かにするためにやってきました」

自分の真実を生きる前に、私たちは一体何回、真実を言ってもらう必要があるのでしょうか。

あなたの真の血筋

『ダ・ヴィンチ・コード』や似たテーマの書籍は、イエス・キリストの血筋の解釈をめぐる白熱した論争が繰り広げられる原因となりました。これらの書籍によると、イエス・キリストは一人もしくは、複数の子供をもったとされ、その血筋は現代にまで続いていると言われ、一握りの人々が、キリストの子孫として指定されています。

この興味深いアイデアは、混乱の嵐を巻き起こしましたが、同時に真実の種を浮き彫りにしました。真実の種とは、霊的な見方において、私たちは皆全員、キリストやヤハウェ、アラー、あるいは高次の力とされる者の子孫であることです。あなたの魂は神に創造され、完全なるスピリットを永遠に体現していく者としてここにあります。生物学的にどんな遺伝子をもっていようと、あなたの本質は光であり、死に絶えることはないのです。一方で、混乱の嵐のおおもとは、生物学的な遺伝子が、神聖な存在であるかを決定づけるという見方です。さあ、また、スピリチュアルな真実に物理的な裏づけをしなくてはと思い込んではいませんか? 物理的な血筋に関係なく、私たちは全員が王国の後継者なのです。生物学の悪影響を受けて、真実から逸れてはいけません。生物学ではなく、神性を見ましょう。肉体とスピリットはそれぞれ異なる話を私たちに語ります。二つを混同しないように気をつけましょう。

癒しの前提条件

世の中の人々は、癒しを受ける資格を得るためには、限りないノルマを果たさなくてはいけないと言います。身体の癒しのためには、食生活を変えたり、薬やビタミンなどのサプリを摂らなければと言います。また、運動したり、体重を減らしたり、良い医者を見つけたり、もっと健康的な環境に引っ越したり、他にもいろいろとしなくてはと言うでしょう。感情を癒すためには、小さな頃からのトラウマを克服したり、感情のバランスをとったり、昔の人間関係を許したり、自分に合わない人々を受け入れなければならないと言うでしょうし、精神を癒すためには、人に優しくしたり、瞑想したり、祈りを捧げたり、教会に行ったり、チャリティに参加しなくてはならないと言うでしょう。またある特定の宗教家を救世主として受け入れ、布教活動をしなくてはならないと言うかもしれません。

もしそのやり方を信じているなら、おそらく役に立つでしょう。そのやり方を実践して、ギフトを受け取っているのなら、どうか続けてください。習慣の中には健全で健康な人生の創造に役に立っている行為もたくさんあります。しかし、どんな条件よりも、幸せになるために必要な、深い根本的な前提条件が一つだけあります。自分の健康の権利をもつのは自分であるとの前提条件です。『奇跡のコース』は「奇跡は全ての人が有する権利であるが、まず浄化が先に必要である」と言っています。ここで言われている浄化とは、肉体に対してでもありますが、大部分はマインドに対してです。マインドが恐れの中で空回りしているとしたら、断食やヨガはなんの役に立つでしょうか。しかし、一度でも恐れを脱して愛の中に踏み入ることができれば、祈りや断食があなたを本来の場所へと連れていってくれるでしょう。つまりは、自分にはその価値があるとの思いを強く深くすれば、癒しはそれに従って、自然に起こるのです。

身体への癒しや経済的な改善、素晴らしい人間関係を望むなら、最初に踏むべきステップは、あなたにそれをもつ資格があると知ることです。今、ここで。あなたのままで。もうこれ以上何も挑戦する必要もなく。資格をもっていると知ればよいのです。あなたは理不尽なものを求めてはいません。あなたが我慢するほうが、理不尽なのです。あらゆることに関して、「足りていない」や「たぶんいつかは」と思い続けるのをやめましょう。神はあなたを全ての面で充分な存在へと創り上げました。何をしたとしても、あなたの素晴らしさが否定されたり、また損なわれたりはありません。自分に価値がないと思い込むのをやめて、自分は言い尽くせないほど貴重な存在であるとの深い叡智を信じてください。そうすれば、あなたの世界は驚くべきシンクロニシティをもって、自然に整っていくでしょう。

肉体を通してマインドに話しかける

リチャード・バックは、「あなたの肉体はあなたの思考そのものである」と言っています。癒されていない状況は、癒されていない思考を表し、癒された状況は、正しい思考を証明しています。病気や貧困、人との不調和は、自分には当然だと考えるのをやめましょう。痛みや損失は我慢せねばならないとして甘んじるのをやめるのです。代わりに、自分には絶対的な幸福の権利があるとの考え方を呼び入れましょう。泥棒や殺人者を自分の家に入れることは決してありません。なのに、なぜマインドには、それに似た者たちの侵入を許すのでしょう? 自己否定の思考は、あなたの喜びを奪い、夢を窒息させます。自己肯定の思考は、精神的にも物質的にも、王国へのあなたの権利を肯定します。神があなたを見るように、あなたが自分自身を見れば、肉体は今一度自分がもっている高いヴィジョンを反映しようとするのです。

欲しいものを要求する代わりに、手にするのは当然だとし、その権利を受け入れましょう。要求は恐れと欠如の感覚から生まれます。あなたは、自分に何かを与える力を握っているのは他の誰かだと信じ、その力を手に入れるために戦っている犠牲者が自分であると思っているかもしれません。だとしたら、そのマインドを通して働きかけたとしても、自分の本来の力を最小限に留めてしまい、望む結果はなかなか手に入らないでしょう。恐れからの働きかけは、逆効果のものしか生じませんが、自分の真の力を知れば、成功が生まれます。神によって与えられたあなたの力を健康や富、愛を受け取るために使いましょう。キリストのところに来たローマ軍の隊長の話があります。彼は自分に仕える召使いを癒してくれるようにキリストに頼みました。キリストは隊長の家に行くと申し出ましたが、彼は断り、「私の権威をもって、私が人々に命令すれば、彼らは一瞬のうちに命令に従います。同じように、あなたが言葉を発するだけで、あの者は癒されると私にはわかっています」と言いました。キリストは感動し、こう答えました。「イスラエルでも、あなたのような素晴らしい信念をもつ人に出会ったことはありません」と。隊長が家に戻った時、召使いはすでに癒されていました。

癒しのパワーは、天空高くにある星を一巡させるほど大きな宇宙の力です。一方で、恐れから生じるパワーは小さく、神の意志にも逆らっています。一時的には効果があるように見えますが、究極的にはそれは全く力をもっていません。創造の光だけが、癒しの真実なのです。『奇跡のコース』は私たちに「あなたは奇跡を受け取る資格があります」と言っています。欲しいものを求めるだけではなく、受け取る権利があるもの全てを求めましょう。王様や王女の子供ように、堂々と話し、行動し、そして生きましょう。決してすすり泣いたり、詫びたりしてはいけません。神の子であるあなたの内なる神性と共に立ちましょう。そうすれば、宇宙は、受け取るべきたくさんの聖なるギフトを、あなたの足元にそっと置いていってくれるでしょう。

この章で授けられるマスター・キー

1. あなたには癒しを受け取る資格があります。また、人生が差し出してくれる良いもの全てを受け取ることができます。満たないものに甘んじて妥協する必要はありません。
2. 人生とは単に、欠けたものを補充し、ダメージを避けて生き抜くためのものではありません。人生とは、豊かに生活し、私たちの前に置かれたギフトや祝福を楽しむためにあります。

3. 「物乞い」や「下僕」の思考をもっていても、何もあなたのためにはなりません。自分を神の子として考え始め、幸福のために神が創造した王国へのアクセスを手にするのです。

4. あなたが霊的に受け継いだものは、生物学が示唆する物理的な事実をはるかに凌ぎます。あなたの真の血筋は、王族に相応しいものです。神はあなた自身であり、神が所有する全てはあなたのものです。したがって、神に可能なことは全て、あなたにも可能です。

5. 癒しに向かう根本的な前提条件は、マインドを変えることです。あなたのマインドが変われば、全てが変わります。

6. 肉体はマインドの状態を教えてくれるツールです。肉体をあなたの友人とすれば、肉体とのコミュニケーションを通して、マインドの正し方を教えてくれるでしょう。

7. 欲しいものを求める代わりに、当然の権利として宣言しましょう。

人生にはラベルは貼れない

定義とは定義する側のためのものであって、
定義される側のためにあるのではない。
——トニ・モリスン

あなたは今まで何かに名前をつければ、それからパワーを得られると教えられてきたかもしれません。しかし、この教えは、あなたが名前をつけるのに執着しすぎると、名前があなたへのパワーをもち始めるという逆説を生みます。カーリン・ダイアモンド執筆の本のタイトル『*Love It, Don't Label It*（愛して。ラベルを貼ることなく）』は、この原理を見事に表しています。カテゴリー別に分類し、全てをとめどなく小さく切り分けて考えがちなこの時代に、私たちは、タグを使って分類するよりも、より愛を使って生きるべきです。

正当な理由からには違いありませんが、医学は、病気にラベルを貼るのをとても得意としています。しかし、実際は、患者のカルテをラベル付きトレイに入れることで思考に制限をかけ、病気を癒すうえでは、逆の効果を生むことにもなるでしょう。病気は、エネルギーの流れがブロックされた状態です。しかし、私たちは、病気自体を生き物のように捉えがちです。物理学者たちの多くは、目に見える現象を粒子か波動かのどちらかで議論し、説明します。では、病気は、物体か、エネルギーの流れか、どちらでしょうか。もちろん、双方の言い分はあるでしょう。しかし、それ自体が独立したものと考えるよりもむしろ、滞っているエネルギーか、あるいは不調和なエネルギーと考えるほうが、病気の正体としてはるかに納得できるかもしれません。

医師が病気の症状を観察すると（この「症状」という言葉さえ解釈によりますが）、まずマインドが、その症状に合致する可能な病名を見つけようと動き始めます。医学生の多くは、ある一つの症状が今まで学習した複数の病名に通じると、とても動揺すると言います。心気症の患者も同じ動揺を示すそうです。病気にフォーカスしたマインドは常にその病名をサポートする証拠を探し続けています。

私のコーチングのクライアントの中には医師がたくさんいます。彼らの仕事に関する不満の中で、一番よく聞くのは、提出しなくてはならない事務仕事に関するものです。ある医師は、患者の診察に三分の一の時間を使い、残りの三分の二をカルテなどの書類の記入に費やしています。精神科医は詳細に患者との会話の記録を取らなくてなりません。なので、医師と患者の間にはコンピュータが自然に置かれ、患者と目と目で話をするのではなく、絶え間なくタイプしながらの診察になります。なぜそんな書類やラベルの洪水が起こるのでしょう？　患者に病名をつけなくては、収入源となる保険会社から支払いを受け取れないからでしょうか。医師の収入源の維持のために、患者はラベル付きのトレイに入れられてしまうのでしょうか。

しかし、もし患者がそのトレイに相応しくはなかったらとしたらどうでしょう？　患者の現在の症状が実はそれ以上だったら？　病名が示すより、良くなる可能性のほうが大きいとしたら？

身体が示す症状が、外側からの影響によってではなく、患者のメンタルや感情による影響が大きいとしたら？　医師のもつ患者へのヴィジョンの高さが、癒しへの重要な要素だとしたら、薬による治療を超えて変化を起こせるでしょうか。

医師は仕事上の理由や収入を得る目的で、患者にラベルを貼る必要があります。しかし、それ以上に、ダメージを生む真の理由は、患者自身がそのラベルを受け入れ、その病人として自分を見なすことです。「私はこの問題に取り組もう」と考えるより先に、ほとんどの患者は診断されたラベルの病人になってしまいがちなのです。たとえば、「私は糖尿病です」「私は統合失調症です」「私は癌患者です」とよく言いますね。これらの表現は治療をしていくうえでは便利ですが、「私は患っている」「私は○○病です」という言葉からは、多くの悲劇的な意味合いが派生し、患者に潜在的に刻まれます。

形而上学的には、「私は……（ＩＡＭ）」から始まる言葉は人間が口にできる最もパワフルな言葉であるべきです。言った通りに現実化していく神の言葉を象徴しているからです。「はじめに言葉があった」（ヨハネ福音書第一章より）との一節は、宇宙の始まりだけではなく、全ての人間の営みの始まりを意味しています。あなたが「私は……」の後に続けて言葉を口にする時、あなたは自身の経験においてそれを創造することになります。もしあなたが心から癒されたいと願うのなら、「私は……」の後の言葉に格別な注意を払い、健康的で生産的な人生に導かれましょう。なぜなら、その言葉と共に、あなた自身の運命が構築されるのですから。

旧約聖書と新約聖書にも、この「私は……」という二語のパワーの強さについて書かれています。神にシナイ山の頂上で出会った時、モーゼは尋ねました。「あなたの名前は何だと人々に伝えればよいですか?」神は答えました。「私は、『私は在る(ＩＡＭ)』である」(I am that I am)と。神の名が「私は(ＩＡＭ)」であることは、あなたがその言葉を口にする時はいつでも神の創造の力を発動すると意味します。

キリストが、自分が誰なのかを聞かれた時、彼はこう答えました。「私は道であり、真理であり、生命である」と。キリストは自分を、ただ神に帰する者としたのです。そして、それは私たち全員にとっても平等な真実です。キリストは自分の宗教や性別、家族、あるいは肉体を、自身のアイデンティティにはしませんでした。彼は最も高次な自分を自分と見なし、私たちへの見本を示したのです。キリストの使命は、崇拝される偶像となることではなく、私たちに彼と同じように神聖なる存在だと気づかせるための道を示す者となることでした。

フォルダを放り投げよう

心理学者のウィリアム・パーカーは、癒しに関して、通常とは異なるやり方で、並外れた結果を生み出しました。彼はまず患者を病歴で判断するのをやめたのです。ある時、パーカー博士は長期の薬物依存症になっている若い男性の治療依頼を受けました。多くの医師たちが彼にその習慣をやめさせようとして失敗し、彼を博士のもとに送ってきたのです。患者は書類の入ったフォルダを束にして抱えて、彼のオフィスを訪れました。それは、今までの失敗に終わった自分の治療の関係書類でした。そして、その書類の山をパーカー博士の机の上に置き、自らの依存症について説明を始めました。

話を聞いた後、一言も言葉を発することなく、パーカー博士は、フォルダを全てゴミ箱に、どすんと投げ入れました。そして彼にこう聞いたのです。「では、依存症ではないあなたの話を聞かせてください。依存状態ではない時、今週あなたは何をしましたか?」

その質問は、問題を抱えていたこの若者の視線を、全く新しい方向へとパチンと変えました。パーカー博士は、問題をもつ依存者としての患者の側面にフォーカスするのではなく、パワーをもつ若者としての側面にフォーカスしたのです。その後者の側面を基盤にして、パーカー博士は患者との関係性を発展させました。そして、時間をかけて、この若者が自虐的な習慣から解放するよう助けました。彼の治療を成功させた唯一の医師となったのです。

もしあなたが癒しに携わる仕事をしているなら、あるいは、友人をただ助けたいと思う時でも、あなたのクライアントや友人を、彼らがもつ診断や病歴で判断しないでください。彼らの問題がわかれば、もちろん助ける方法を教えられます。ですが、同時に、彼らは活力に満ちたエネルギーをもつスピリチュアルな存在であることを忘れないでください。日々新しく生まれ変わり、そのパワーは過去に貼られたラベルや限界を超えられるのです。いわゆる「現実」と呼ばれているものは、確固たるものでは全くありません。それは岩よりもむしろ川に似て、流れをもっています。私たちは物体である前に、エネルギー体なのです。私たちの肉体や個性は、自分の生命力を動かしたり、抑え込んできたりした結果として現れています。エネルギーの流れる方向性をほんの少し変えてみるだけで、驚くような結果を創造できるようになるのです。

ある日のこと、私は芝生の上に座って、頭上を流れる雲が形を変えていくさまを見ていました。形が変わっていく過程で、プードルそのものの形になった瞬間があり、あまりに驚いて写真に撮りたいと思いました。急いで家に戻り、携帯を持って飛び出して、写真を撮ろうとした時に気がつきました。もうその時にはすでに雲は流れてしまい、プードルに少し似てはいるのですが、ぼんやりした形になってしまっていました。その間はわずか一分足らずです。その短い間に風が吹いて、形をさらっていってしまったのでしょう。この経験は、物質的な世界は、一定の形をもたず、また永遠に続くことはないのだと教えてくれました。

肉体も含めて、形あるもの全ては静止しているのではなく、動いています。世界は静止していると私たちは信じようとしますが、それはきっとそう考えれば安全であるように感じるからでしょう。つまりは、世界は静止していると考えれば、世界がコントロール可能だと幻想をもち続けられるからです。しかし、真実はそうではありません。全てはいつも動いています。

両親や友人、そして自分自身を見る目を、病んでいるものから健全なものへと変えてみましょう。長くあった古いパターンを新しい可能性へと変えましょう。朝起きた時、あなたはもう昨夜就寝した時の自分と同じではありません。あなたが昨日までの自分を、今日にもち続けようと自ら選ばない限り、同じではありません。昨日までの病気が何であれ、どんなに慢性的なものであれ、医者の予想がどうであれ、今日のあなたはまっさらであり、新しい体験を選べるのです。「見よ、私は全てのものを新たにする」（新約聖書ヨハネの黙示録二十一章より）との言葉の通りに、かつてそうであったものと同じものなど、何もないのです。もしかつてそうであったように生きていきたければ、そうあり続ければよいでしょう。しかし、今まで創造してきたものを好きになれないのなら、新たなものを創造し始めるのは、あなたの自由です。

かつてのものを今のものと重ね合わせるのはやめましょう。過去の病気について話し、ずっと悩まされてきた不健康や医師、治療の不満を言うのをやめましょう。また、自分と同じ病気の人のことや、その人たちがどうなったかを話すのもやめましょう。暗い記憶や恐れの投影が宿る墓場から、今日復活しましょう。眠っている時、なぜ、痛みを感じないのか考えたことはありますか？　すやすやと眠っている間は、あなたの意識は肉体や、その肉体が抱える病気も含めて、そこから自由になっているからです。痛めた足首は、寝入ってしまうまでは痛むでしょうが、いったん寝入ってしまうと、全く痛みを感じなくなります。それはあなたがそこに注意を払わなくなるからです。体験というものは、肉体が何をしているかよりも、マインドが何にフォーカスしているかにより大きく左右されるのです。マインドを怪我へのフォーカスから外す時、足首に対する恐れや痛みの思考も外れます。それが癒しへと向かうチャンスとなり、目を覚ました時に、足首の調子がよくなっているのです。キリストの使徒パウロは、「マインドを新しくすることによって、新しくする」と言いました。マインドを新しく変えることなく、肉体を回復させようとしても、効果は皆無であるか、あるいは短期間で終わるでしょう。あなたがマインドを新しく変えれば、癒しが自然に起こります。肉体がマインドを左右しているのではありません。全ての現実は、思考から生まれているのです。だからこそ、あなたが熱中して楽しめる思考をもつように心がけることが、とても大切なのです。

友人に猶予を与える

自分を病人だと言ったり、病気のことをくどくど話すのをやめれば、自分を癒せます。それと同じように、友人に対しても、病気や悩みに対しての恐れを解いてあげれば、彼らを癒せるでしょう。ですから、彼らに関節の痛みについて聞き続けたり、アレルギー症状のある人たちについて話すのはやめましょう。鬱についての最近のニュースを伝えたり、あるいは、自分の背中にある相手と同じ痛い部分を指さすのもやめましょう。それで彼らをあなたが助けられるのなら、もちろんそうすればよいでしょう。しかし、彼らが話そうとしない限り、その話題をもち出さないことが大切です。そして、友人の許可や何か正当な理由がない限り、その友人の病気について他の人には話さないでください。噂話は痛みを生みます。

昔、トムという四十歳ぐらいのフィラデルフィア出身のセラピストと、年に二、三回出かけていました。当時、トムは離婚したばかりでしたが、他の女性と交際を始めていました。数年の間、彼はたくさんの女性と付き合っていて、ディナーのたびに、その時のパートナーを連れてきましたが、いつも前年に紹介してくれた女性とは別の人でした。そんなことを繰り返していましたが、彼もある時やっと長く付き合える人に出会えて結婚しました。その時に彼は私にこう言ってくれたのです。「僕が多くの女性と交際している間、僕をサポートしてくれてどうもありがとう。たくさんの女性を君に紹介したと思うし、恥ずかしいと思っていた。あの頃はとても混乱していた時期だったんだ。でも君はいつも僕を受け入れてくれた。そして僕と一緒にいる女性を、毎回まるで真の僕のパートナーのように接してくれたね。『スーザンとはどうなったの?』とか『ジャネットのほうがいい子だと思うよ』とか『どうしてこんなことを繰り返しているの?』とか、君は決して僕に聞かなかった。他の人たちが僕のことを飽きっぽいとか浮気者だとか揶揄《やゆ》していた時も、君はいつもその時の僕を受け入れてくれたね。過去で判断するのではなく、僕をいつも新しい自分でいさせてくれた。僕の中の最善を見続けてくれてありがとう。そして、僕が人間関係を通じて成長していくのをサポートしてくれてありがとう」

失敗や痛み、病気などを繰り返して口にし続けるよりも、むしろその人がもっている正しさにフォーカスすると、その人の内側の最善が引き出されます。ですから、あなたが誰かを心から助けたいと思ったなら、その人がすでに癒されている状態のヴィジョンをもち、病んでいる部分ではなく、むしろ健康な部分について話してあげましょう。もしかしたら、あなたはその人の人生において、その人を、パワーに満ちた完全な新しい存在だと見出せる唯一の人かもしれません。もしそうなら、あなたは命の恩人だと言えます。自分に置き換えてみるとよくわかりますが、他人に自分が何者だとか、何が間違っていると決めつけられ、網で捕らえられたような気持ちにはなりたくありません。ですからあなたも愛する人たちには、優しさをもって接し、彼らを尊重してあげてください。

愛に制限はない

昔、私は身体のある部分に痛みを抱えながら、生活している時期がありました。仲間たちと共にハイキングに行く予定を立てようと、相棒のフレッドの家に行った時のことです。仲間たちが到着すると、フレッドは彼らにこう言いました。「アランは参加できるかわからないよ。彼は身体の調子を見てからになるだろうから」

フレッドが私を「身体の調子を見てから」と条件をつけた時に、私の内側で何かが「ドスン」と鈍い音を立てました。私は自分の身体を条件つきだとは思っていなかったのです。身体の一部が一時的に単に弱っているだけだと思っていました。フレッドがそのことをハイキング参加への条件だとした時、逆に自分の身体をとても大きな重荷に感じ始めました。なので、私はそれから意識して、フレッドから与えられた条件つきの身体のイメージを拒絶しました。そして、最終的に痛みは消えました。彼が私に与えた「条件つき」のイメージを受け入れなくてよかったとつくづく思いました。受け入れていたら、痛みはもっと長く続いていたでしょう。

全ての体験は、自分の思考の現れです。そして、病気にもあなたがもつ思考が現れます。私たちは物質よりも、思考による世界に生きているのです。何か健康に問題を感じたら、自分がもっている思考の現れとして、病気を考えてみてください。自ら選択した思考であり、また思考は物体のように動かないものでもないので、自分から手放せます。「条件」という言葉は、あたかも健康か否かは外側の何かの条件づけによると感じさせますが、健康は全く制限されないとの別のレベルの見方もあります。外側にどんな条件があったとしても、自分で健康を選択する権利をもっているとする見方です。自分を霊的な存在として見れば、肉体は外側のものです。自分が生きているのは、いわゆる目に見える世界ではなく、マインドの世界なのだと認識できれば、スピリチュアルな成長における最初の一歩に到達したと言えるでしょう。

あなたは何を話しますか?

自分の病気の話にあまりにこだわり続けると、そこから動けなくなってしまいます。「もう何年もホームレスのままだ」「医者はどこが悪いか見つけられない」「別れた恋人へのつらい思いがずっと抜けない」などなど、健康や経済、人間関係に関する問題を何度も繰り返して言っているうちは、その問題から自分が自由になれるチャンスを逃しています。

私のセミナーで、「私の理想の一日」というワークをすることがあります。参加者の人たちは、自分にとっての完璧な一日について、自分が望むことだけを書くのです。それから彼らは自分が書いたものをグループの中で読み上げます。ある時、ある女性が声高々に彼女の理想の一日を読み上げて、こう締めくくりました。「それから、私は夫と共にトロントに映画を観に行きます。大きなリムジンをレンタルしたので、夫は関節炎の足を伸ばして乗ることができます」と。

この話を聞いた時、私の頭の中でアラームが鳴りました。そして、たまらず「どうして、あなたの理想の一日に関節炎の足のことが入ってきたのですか?」と、彼女に聞きました。

彼女は少しの間考えて、そして答えました。「たぶん夫が関節炎をあまりにも長く患っているので、関節炎のない彼をイメージするのが困難だったのだと思います」

この女性が書いた文章は、本当は彼女の「理想の一日」ではありませんでした。それは「妥協させられた一日」だったのです。癒しを受けるためには、私たちは自分自身や人にうまくいっていない話をし続けている事実にまず気づき、正さなければなりません。今の状況を人生の事実として考えれば、それはそのまま事実であり続けます。反対に、これは単に一つの捉え方であるかもしれないと疑問を投げかけ、代わりにより良い捉え方を考えてみようとすれば、そちらへシフトする扉をひらけるのです。

あなたの話の内容によく注意しましょう。そして、自分がもち続けたくない条件を表現する言葉があるなら、それを取り除いて話しましょう。自分自身をある病名で定義すれば、その病気を自分に強いることになります。エイブラハム（エスター・ヒックスがつながる高次の存在）は、病気が診断されると、その症状が強くなると言っています。自分がその病気をもつ者として考え、話し始めると、その病気になった経験がある知人のことや、その病気についての医師の考え、患者が行きついた結果などを考えるようになります。思考は状態であり、力をもっています。その力は、宇宙へと波紋を広げ、人間の精神世界に高次とのつながりを遮る雲を張ります。「心の科学」の創始者であるアーネスト・ホームズは、この雲を「競争意識」と呼び、人類の思考の集約としました。通常、人間の優勢的な思考は、恐れがベースにあるので、あなたが人類思考を刺激すれば、ネガティブな意識を刺激します。あなたがネガティブな考え方をすると、ネガティブな思考を貯めた大きなタンクにつながり、そこから同じような体験を再現していくのです。

同じ理論で、逆に今度は、健康な人たちやその病気から治癒した人たちによって生み出された健全な思考のタンクにも、今よりもっとはるかに簡単につながることができます。健康にアクセスするのは、思うより簡単なのです。なぜなら、健康のほうが、病気よりも、実際はより自然な状態だからです。しかし、それにはまず意識を健康に合わせなければなりません。暗闇に集中するのではなく、光を見つけるのです。病気にフォーカスするのではなく、癒しを見つけるのです。恐れに委ねることなく、愛を見つけるのです。

支援グループ

同じ病気や問題を抱えている人たちの支援グループに参加している人も多いでしょう。支援グループは、試練に立ち向かっているのは自分一人ではないと思わせてくれます。自分の感情を吐き出せる場所を提供してくれて、状況によりうまく対処し、克服するための情報やインスピレーションを与えてくれます。重要なサポートを得られる場合も多く、参加者に安らぎと心強さを与えてくれるグループも多々あります。

しかしながら、支援グループが、参加者のアイデンティティを病人とし、病気による限界を強調し、精神的に、彼らが犠牲者のラベルを貼るようであれば、参加者の前進を逆に妨げることになります。もしあなたが何らかの支援グループに参加していたら、自分にこう聞いてみましょう。「会合の後、より強く、自由になれたように感じるか」「自分をより病的に感じるか。あるいは、自分を病気よりも大きな存在に感じるか」「ずっとこのグループが必要だと感じさせられてはいないか。あるいは、グループを卒業して私が成長していくのを助けてくれているか」これらの基準はサポートグループだけに言えることではありません。宗教やセラピー、政党やお茶会にも当てはまります。集まりに参加して、自分をより小さく感じるようであれば、その集まりは何も生み出してはいないと言えるでしょう。反対にあなたを自由な気持ちにしてくれれば、その集まりは全て、時間とエネルギーを費やす価値あるものです。

病名や制限された意識から自由になるのを助け合える自分だけの支援グループを少人数の友人たちと作るのもよいでしょう。対面でも電話、オンラインでもよいので、二、三人の友人と定期的に会い、お互いに気持ちを高め、励まし合いましょう。あなたを不満や同情に巻き込むのではなく、前向きなヴィジョンで刺激してくれる人たちを選んでください。目標やヴィジョン、そして進歩について話し合いましょう。もし試練に出会ったら、そこに浸るのではなく、なるべく早く問題克服の道を見つける方向へと切り換えましょう。アファメーションをし、瞑想し、祈り、力の源を分かち合いましょう。あなたにとって、きっととても大切な活動となるでしょう。私もかつてアットホームな支援グループに何度か参加しましたが、どれもとても価値あるものでした。

人生で、スピリチュアルな成長や気持ちを高めるアイデアをシェアできる人たちとの出会いは、そんなに多くはないかもしれません。ですが、自分が癒されたり、癒された自分を維持するために、大人数の集団やコミュニティもまた必要ないものです。一人や二人の信頼できる友人がいればそれで充分です。あなたの気持ちを落とすような大勢の人たちよりも、気持ちを高めてくれる少数の良い友だちがいるほうがよいに決まっています。真の友人はあなたの中に最善を見出します。そして、周囲の人々があなたに貼りつけたラベルに騙されることもありません。あなたにぴったりのラベルは一つだけ、「完全な神を体現する聖なる者」です。

自分に限界があると見られたいとは、誰も思っていません。肉体や、仕事、あるいは一時的なものをアイデンティティとして生きる人々は、空虚な鈍い痛みを抱えています。彼らはより深いところから、助けを求めて叫んでいるかもしれません。「君たちが見ている私は、私のほんの一部だ！　私をそこに押し込めないでほしい！」と。あなたが外見や感情、メンタルな特徴を通して見ている人たちは皆、真の彼らではありません。なぜなら、彼らがもっている神聖な部分を捉えてはいないからです。究極的には、あなたが出会っているのは、神なのですから。しかし、「神」というその言葉さえも、人間の抑圧された考え方によって、かなり制限され、汚されてしまっています。ユダヤ教では神の名前を話すことも、書くことも禁じられています。なぜなら神は定義されるべきではないと考えられるからです。だとすると、神の体現者としてのあなたも定義されるべきではないのです。つまりは、世間から与えられ、受け入れたラベルが何であろうと、あなたはそれを超越している素晴らしい存在なのです。

この世界では、私たちはラベルを使わざるを得ません。しかし、ラベルに留まる必要はありません。真のあなたはラベルをはるかに超越しているのです。世界がでっちあげたあなたではなく、神が創造したあなたこそが真のアイデンティティです。どんな時も、上に貼られたシールを剝がして愛をオープンにし、小さくあなたを閉じ込めていた箱を壊し、光の中に歩き出しましょう。その時こそ、あなたは本当に自由になれます。

この章で授けられるマスター・キー

1. 与えられたラベルに、自分を定義させてはいけません。真のあなたはどんなラベルもはるかに超えた存在なのです。

2. あなたは病気の診断結果とイコールではありません。どんな病気であってもアイデンティティとしないようにしましょう。

3. あなたが「私は……」と言う時には、必ずその後の言葉をあなたがどうなりたいか、真のあなたを表す言葉を続けましょう。

4. 最高のヒーラーは、患者の過去や病歴にフォーカスしません。彼らは今ここで癒し、患者を新しい可能性へと導きます。

5. 世界は現実ではなく夢であり、固体ではなく液体のようなものであり、物質ではなくエネルギーです。ですから、病気から健康へのシフトも含めて、いつでも、どんなものからでも、どんなものにでも変わることができます。

6. あなたが病気へと注意を向けなければ、あなたのフォーカスは健康な体験へと向けられます。

7. 全ての「条件づけ」は一時的なものであり、変化しています。自分自身のためにも、他人のためにも、制限されていると思い込まず、パワーを明け渡さないようにしましょう。

8. あなたが語るストーリーは、その方向へとあなた自身を進ませます。自分が語るストーリーに注意しましょう。古い病的な話をやめて、代わりに新しい健全な話をしましょう。

9. 理想の人生を思い描く時には、理想に当てはまらない要素を入れないように気をつけましょう。

10. 困難を強いるのではなく、困難を乗り越えていくための支援グループであれば、あなたの役に立ってくれるでしょう。

私の世界では全てうまくいっている

ヘルスは肉体における健康である。
ウェルネスは在り方における健康である。
——ジェイ・スタンフォード

シュリ・ニサルガダッタ・マハラジというアドヴァイタ（不二一元論）の教えのスピリチュアルマスターがいました。彼は「私の世界では、全てはうまくいっている」と言っていました。なんて妙なことを言うのだろうと思いませんか？　彼はニュースを見ていなかったのだろうか。彼の国で起こっていた飢餓や戦争の問題に落ち込むことはなかったのでしょうか。ムンバイの裏道のぞっとするような貧困の状態をどう感じていたのでしょうか。そんな現実から一体どのようにして彼は自分自身をうまく切り離していたのでしょうか。ニサルガダッタがこの世界の恐ろしいものを目にしていないとしたら、彼は一体何を見ていたのでしょうか。それより何より、もし全てうまくいっている世界に住めるとしたら、私もそこに住めるのでしょうか。もし可能なら、どのようにしてその世界に行けばいいのでしょう？

『奇跡のコース』は、神が創造した世界とエゴや自己への限界意識が作り出した世界とを、明確に分けています。神が創造した世界は、永遠の愛と喜びで魂が満たされる、全てが善なる世界であり、その世界に沿う思考や感情、行動を選ぶことで、私たちはそこにいつでも入っていけます。一方、エゴの世界は、恐れや分断、虚無感や争い、死が根底にある世界です。そして、自分を、身体のみの存在だとし、物質界を唯一の現実だと思い込み、挙句はそこに閉じ込められたように感じる領域です。スピリチュアルな旅路の目的は、偽りである恐れの世界を離れ、真実である愛の世界へ戻っていくことです。ニサルガダッタはこう言っています。「愛とは、人の想像から生まれた多様な全てのものの根底に在る、唯一のものを見ることである」

病気は恐れの世界から生まれたものであり、癒しは神の世界から生まれたものです。神は私たちを、一点の曇りもない永遠のスピリットだと認めています。誰かを愛する時、あなたはその人の中に最善な姿を見出し、その人のためにただ幸せを願うでしょう。その人が病んでいる姿ではなく、健康な姿に全ての喜びを感じるでしょう。神が何かの目的で、私たちに苦痛を与えているという染みついた思考の枠を超えましょう。地獄を抜け出て、天国の体験をしたいなら、私たちは神が見ているように世界を見なければなりません。弟子のペトロがキリストに疑問を投げかけた時、キリストは「あなたが、神が考えるように考えてはいないからです。人が考えるように考えているからです」と答えました。この素晴らしい答えの中に、「全てがうまくいっている世界にはどうしたら住めるか」との質問の答えを見出せないでしょうか。

選択をして行動する

数千もの奇跡のヒーリングを起こしたブルーノ・グルーニングは、自分の患者に病気の診断や、病気そのものについて話すのを禁じました。病気の症状にこだわることで、その症状を長引かせるのだと彼は説明しました。グルーニングはまた彼のもとにやってくる人々に、健康と神にのみフォーカスし、それらについてのみ考え、話すようにと指示しました。病気とは偽りの知覚であり、正しい見方によって修正され得るのだとし、病気そのものを見ることさえ、誤った考えの現れだと言ったのです。『奇跡のコース』は「霊的な視界には本質的に誤りは入ってこない」と言っています。病の症状がある身体に惑わされることなく、内なる完全性を見ることが、最もパワフルな癒しのツールとなります。ブルーノ・グルーニングは私たちに、良い現実を選び、他のもの全ては手放すように求めているのです。

私の母が白内障の手術をした後、数日間入院した時のことです。患者たちの食堂のテーブルに小さなカードが置いてありました。「ここであなたの病気について話すのは控えましょう」と書かれていました。医療施設でさえも、病気について語ることは良くないと認めているのです！もしグルーニングがいたら、「病気を語るな」とだけ言うでしょうね。グループの誰かが病気や交通事故、災害について話し始めると、それを合図に他の人たちも似た話を次々とし始め、その場がとたんに落ち込んでいく場面を体験したことがあるでしょう。真の苦悩は愛のサポートを呼びますが、ネガティブさは、留まるところなく伝染していきます。

病気や悪に目を向けなくなったら、それらはどこに行くのでしょう？　それらがもといた場所、すなわち無へと還るだけです。悪夢から目覚めた時、夢の中の怪物はどこに行きますか？　実体のないものは、抵抗したり、攻撃を仕掛けてくることはありません。負けることもなければ、食べられることもありません。夢の中の怪物と戦うほどに、悪夢の罠にはまり続けるでしょう。怪物に勝てるかもしれませんが、その場合もあなたが夢を見ているには違いなく、勝利さえも夢の中の気まぐれかもしれません。次の怪物がもうすでに控えているでしょう。怪物に脅かされ負けてしまうのは、怪物がパワーをもつ次元にあなたが自分で入っていた時のみです。もう一つの現実には、怪物は存在さえしないのですから。

興味深いドキュメンタリー『Fat, Sick and Nearly Dead（肥満と病気、そして死ぬ寸前）』では、こんな話が紹介されています。ある日、主人公のジョー・クロスは自分が生死のぎりぎりの状態だと悟りました。標準体重を約四十五キロ超過、ステロイドの過剰摂取と自己免疫疾患に苦しんでいたのです。ジョーはもうこれ以上、嫌な気持ちでいたくないと思い、新鮮なジュースを主体に断食を始めました。そうやって、自分の命を自分で管理しようと決め、長い時間かけて、かなりの体重を落とし、そして輝くような健康体を手に入れました。それから、ジョーは自分の車にジューサーを積んで、アメリカを縦断し、五百名以上の人に、新鮮なジュースを楽しみながら健康を得る方法を紹介して回りました。

旅の途中で、ジョーはフィルという哀れな男性に出会いました。彼は百九十五キロも体重があり、十八種類の薬を摂取しつつ、重い気持ちを抱えて生きていました。主治医は心臓麻痺を避けたいなら、チーズバーガーに決して手を出してはいけないと警告しました。ジョーはそのフィルを優しくジュースダイエットに導きました。その結果、フィルはかなりの減量に成功し、薬の摂取をやめ、健康で幸せになりました。これは本当に奇跡的な変容でした。ドキュメンタリーは、以前よりもずっと気持ちも軽く明るくなったフィルが、健康フードのお店で働き、来店した人たちにジュースの効果について教えている場面で終わりました。

今の人生に耐えられないと思った時にこそ、より良い人生へのシフトのきっかけをつかめることがあります。病気の症状に耐えられないと思っても、それがむしろ健康を求める気持ちを育てるのです。症状に留まり続けるのではなく、そこを分岐点にできます。今とは全く対照的な体験を少しすれば、より良い選択のほうへと促されるでしょう。「こんなはずじゃない！」という思いが、「これだ！」を見つけ、正しいものを求める最初の一歩になります。だからこそ、病気の症状さえも「私の世界では、全てうまくいっている」の一部分であり、その体験は、あなたがより健康なマインドをもてる高い場所まで昇れるように、火に薪をくべているのです。

アファメーションをうまく使うには？

健康になり維持していくために、アファメーションを使う人はたくさんいます。しかし、アファメーションの作用と作用する理由については、充分には理解されていないかもしれません。理解されていれば、もっと早く、より強く、大きな結果を生んでいるでしょう。私たちは、アファメーションを唱えることで、創造したい現実を自分で確認するのではありません。もうすでに在る何がしかの真実を自分に思い出させているのです。

マインドは三つの段階で構成されています。最も表面のレベルにあるのは、意識のマインドと言われていて、主に恐れや文化によって植えつけられた、ほぼ真実からは遠い雑念が、無秩序に流れています。ヨガ行者たちはこれを、野性的で混乱している、注意散漫なものとして、「モンキーマインド」と呼びました。気づきや明確さをもち、内なる平和を得るためには、このマインドを鎮めて超越しなくてはなりません。

意識のマインドの下にある潜在意識のマインドは、感情や信念、姿勢の宝庫であり、意識のマインドでは引き受けられず、維持できないものがあります。繰り返し思い出す過去の喜びや、反対に思い出したくない過去の痛みの蓄積であり、感情を煽り立てるものです。そして、癒されるためには、この潜在意識のマインドで、間違った思い込みをもたないようにしなくてはなりません。なぜなら、潜在意識のほうが、意識のマインドよりもはるかに私たちの体験を決定づけるからです。たとえば、比較的簡単な外科手術を受けたにもかかわらず、なかなか回復できなかった女性の話を聞いたことがあります。数週間後、心理学者が催眠療法を彼女に施して、潜在意識の思い込みにアクセスしました。催眠療法を受けている間に、彼女は自分が麻酔で眠っていた時、外科医の「この患者は回復しないかもしれない」という言葉を聞いたことを思い出しました。心理学者がその外科医に聴取したところ、彼は言ったことは認めましたが、それは彼女についてではなく、外科手術のチームと話していた別の患者についてであった事実も新たにわかりました。しかし、彼女は誰の話であるかには気がつかず、自分への言葉だと思い込んだのです。そして、彼女の潜在意識は、全く関係のない恐ろしい診断結果を勝手に下したのです。この真実を伝えられてまもなく、彼女は回復しました。

フロイトはマインドを氷山にたとえ、水面には少ししか見えておらず、水面下にはるかに大きな部分が隠れているとしましたが、それは正しいと言えます。健康や経済力、人間関係などを改善する鍵は、あなたの潜在意識にあります。潜在意識の中の信念を高めていくことです。これを成し得るために、(1)あなたが具現化したい強い思いを啓発するアファメーションを作って唱えましょう。また(2)高次のパワーへの祈りを通して、自分一人では無理だと思うことを可能にし、あなたや環境を癒してくれるように頼みましょう。そして(3)あなたの望む状況を思い描き、それにぴったり合う人々や言葉との出会い、その体験に注意深くなりましょう。

潜在意識のマインドの下には、超意識のマインドが控えています。心理学の教師は、よく超意識とは意識の上にあって、子供が指で描く細い線のように、青い空の上を漂っている意識だと言いますが、これは間違いです。超意識は、私たちの外側に在るものではありません。それは私たちの内側の核の部分に深く埋め込まれていて、真実に関する記憶が蓄積された宝庫でもあります。そして本質的には、それは神のマインドであり、あなたの内側に永遠に植えつけられているのです。すなわち、あなたの一部は、神の全叡智を知っているのです。あなたはそれを忘れてしまい、真実を無視し、否定しているかもしれませんが、普遍的な叡智は、内側にプログラミングされて、確かに残っています。どんな人も、どんな経験もそれを無きものにはできません。あなたの内側にある神の叡智は、絶対的であり、明白で、消えることなく永遠にそこに在り続けます。

アファメーションを唱える時、あなたは癒しのエネルギーを自分の意識のマインドから潜在意識へ、そして超意識へとパイプラインで送るのです。まるで、ドリルが大地を貫いて、ピュアな天然の水源へと届くまで掘り進んでいくように。たっぷりした叡智に触れると、その癒しの水が表面まで流れ出し、その貴重な資源は有効に使われます。私が今まで聞いたなかで、アファメーションが作用する理由を説明した一番うまい表現は、「**私の内側のスピリットは、自分自身の真実を聞くのが大好きです**」というものです。アファメーションを適切に使うと、あなたの気持ちは高められ、内側から励まされ、そして癒されるでしょう。それはあなたが神のマインドとハートに共鳴した証です。あなた自身が完全であり、愛されるべき存在であるという気づきは、思い出さねばならない何よりも大切な真実です。あなたには、宇宙が与える最善のものを受け取る資格があります。そのために、素晴らしい宇宙の原理はあり、それを使ってより良い人生を創造することができるのです。
ではここで、あなたの気持ちを高めて、癒してくれるアファメーションをいくつか紹介しましょう。

全てはうまくいっています。
人生もうまくいっていて、私も幸せです。
私は完全であり、健康であり、幸せです。
私は愛され導かれ、好まれ守られていて安全です。
全ての事は永遠にうまく作用しています。
神のタイミングは完璧です。
神が愛するように私も愛します。
そして愛が授けてくれる永遠の祝福を享受します。

私が使うお金は全て経済を豊かにし、
それに触れる人全てに祝福を与え、
私に何倍にもなって戻ってきます。

私のマインドは何事も受け入れ、
私のハートは全開です。
そして奇跡が私の前に現れます。

私は私が誰であるか、
何をするためにここへ来たのかを知っています。

神が私を創造したのですから、私は完璧です。

アファメーションを何度も繰り返す必要はありませんが、それを楽しいと感じるなら、もちろんそうしてもよいでしょう。ゆっくりと、気持ちを込めて誠実に数回繰り返せば、あなたはその世界へと入っていけるでしょう。正しい真実だと思える、より深いものにアクセスした感覚があれば、それでよいのです。私たちは霊的な存在です。なので、体験の質こそが人生を価値あるものへ変えていきます。アファメーションによって、あなたが創造したい現実を手に入れられたら、そのアファメーションは、あなたと共に成功したと言えるでしょう。

アファメーションは自由に創作してよいのです。導かれるままに、自由に創作しましょう。アファメーションを組み込んで瞑想を実践しているスピリチュアルな師を知っているなら、それを参考にしてもよいでしょう。ルイーズ・L・ヘイは、アファメーションを使って、様々な病気を回復へと導いた第一人者です。彼女が書いた『*Heal your Body*（あなたの身体を癒す）』や『ライフヒーリング』（L・H・Tプロジェクト訳、たま出版）は、ガイダンスとインスピレーションに満ちている驚くべき本です。しかし、あなたがどんなやり方を選ぼうとも、確かなことは一つです。真実を思い出すと、あなたの内側の何かが目を覚まし、真実を生きるようになるということです。

否定語をうまく使う

過去数十年の間、「否定」は心理学や自己救済、健康回復へのプロセスでは、嫌われる言葉になってしまいました。「あなたは問題があることすら認めていませんね」という言葉をよく聞きますね。この言葉から、多くの人たちが自分を傷つける習慣を見ないふりをして続けていることがわかります。ですが、その悪い習慣をやめ、代わりに自分に役立つ行動を始めるためには、この「否定している」事実に気がつく必要があるのです。

形而上学的には、否定をポジティブに、パワフルに実践する逆のやり方があります。アファメーションが真実をはっきりさせるように、否定もまた、自分を傷つけている幻想に気づかせ、それを消してくれます。真実を見つける最初のステップは、真実を覆い隠している偽りを剝がすことです。自分が可能性に満ちた霊的な存在だと理解するために、まずは、限界を伴う身体だけの存在だという思い込みを否定しなければなりません。あなたに合うパートナーを引き寄せるためには、素敵な異性は皆すでに結婚してしまっているという思い込みを否定しなければなりません。より多くのお金を人生に呼び込むためには、お金は諸悪の根源だという思考を溶かさなくてはなりません。終わりのない思い込みの連鎖は、世界を小さくし、あなたをせまくるしい、限られた円の中でぐるぐる回し続けます。思い込みの枠から脱出するためには、私たちは大胆に、断固として、まるで当然のように、それらの思い込みが作り上げた「現実」を否定し、もっと良い別の現実を代わりに選ばなくてはなりません。

ここにあなたを高次へと導いてくれる否定語を使った言葉を紹介しましょう。

世間の人々が賛同している経済に私は左右されません。

神が私の供給源です。

政治は私の人生に影響力をもちません。

私は自分が最高だと意識します。

恐れは嘘つきです。
愛は真実です。

私の幸せは誰も決めることはできません。
私の幸せは私が決めます。

仕事は富の源泉ではありません。
私の仕事は豊かさへ通じる限りない数の道の中の
たった一つでしかありません。

『奇跡のコース』より次に紹介します。

私は肉体ではありません。私は自由です。
私は神に創造された者です。
死はありません。
神の子（真の私）は自由です。

私は神以外の法の下には存在しません。

もうおわかりかと思いますが、ほとんどの否定の文章の後には、肯定の文章が続いています。それは、偽りの思い込みをポジティブなもう一つの選択肢で書き換えているのです。潜在意識には「ない」が聞こえません。潜在意識が「死はない」と聞いたとしても、植えつけられるのは「死」という言葉のみです。ですから、たとえ、死を否定したとしても、生の肯定を後に続ける必要があるのです。否定が意味をもつのは、「ない」を理解する意識のマインドのレベルでのことであり、肯定のアファメーションは潜在意識のマインドに働きかけ、ポジティブなイメージを創り上げます。

信頼をどこに置くのか

健康な世界を受け入れて生きるには、信頼へと跳躍することが必要です。これは信頼へ向かう跳躍というよりも、信頼へ乗り換えると言ったほうがよいでしょう。自分は信じているものはないと言いながら、私たちは実は多くの人や物に信頼を置いて、暮らしています。たとえば、橋を車で渡る時でも、向こう岸に行くまでは橋は落ちないと信頼しています。レストランでの食事でも、シェフが使う材料には毒はないと信頼しています。信号が青になって道路を横断する時も、あなたが渡り切るまで車側は赤信号で止まっていると信頼しています。私たちの生活の全ては数えきれないほどの人々や規則、プロセスを通じて、深い信頼の上に成り立っています。あなたが信じているものなどないと言うなら、それは驚くほどの妄想です。私たちは、絶え間ない信頼の上に生きています。

信頼の有無はむしろ問題ではありません。あなたが信頼を置いているものが間違っていないかなのです。自分を悲しく、空虚な気持ちにさせる幻想に信頼を置いているのか、あるいは、自分を元気づけてくれる真実に信頼を置いているのか、どちらでしょうか。その答えは、自分の体験した結果によって知ることができます。惨めな体験はあなたが偽りの思い込みに信頼を置いたことを示し、魂が満たされるような体験はあなたが真実に信頼を置いたことを証明しています。あなたが住まう世界が、あなたがどちらに信頼を置いたのかを証明しているのです。

ポンティウス・ピラトゥスがキリストに「あなたがユダヤ人の王ですか」と聞いた時、キリストは見事に答えました。「私の王国はこの世界にはない」と。彼の信頼は、国の政治や宗教などには置かれていませんでした。もっと言うなら、パーソナリティや好み、勝手に決められた人との違い、小さな諍《いさか》いなども超越した高い次元に置かれていたのです。あなたも私もキリストと同じ次元にアクセスすることができます。キリストや他のマスターたちも天国という王国への秘密の鍵などもってはいません。むしろ、望めば誰にでも簡単にその鍵は手渡されます。

シュリ・ニサルガダッタは「私の世界には、うまく行っているものもある」とは言いませんでした。彼は「全てうまく行っている」と言ったのです。このシンプルな言葉には、全てが満たされないのなら、妥協してはいけないというメッセージが込められています。妥協に基づいて作り上げられた世界では、こんなことを言うと頭がおかしいのかと思われるでしょう。しかし、おかしいのは、妥協することのほうです。苦しみに基づく世界への合意を取り消し、健康に基づく世界に行きましょう。これ以上の幻想を受け入れないと決めれば、足りないと思い込む前に、すでに知っていたはずの自分の完全性をまた取り戻します。そうすれば、あなたは自信に満ちて、スピリチュアルマスターのように言えるはずです。「私の世界では、全てうまく行っている」と。

The Master Keys

この章で授けられるマスター・キー

1. 全てがうまくいっている次元はあります。あなたが選択すれば、その次元に入り、そこに住むことができます。

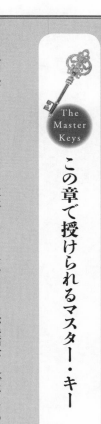

2. 天国は亡くなってから行く場所ではありません。たとえ地球で生きていても、天国にいるマインドの状態をもちながら生きることはできます。

3. あなたが自分を完全で健康で、かつ完璧な存在だと見ている時、神と同じように考え、神と同じ目で見ています。

4. 友人や患者に対して、あなたが贈ることができる一番のギフトは、彼らの完全性を見続けることです。

5. 自分が病気でいるのに飽き飽きし、もう嫌だと感じた時は、健康へ向かう自分の道を見つけるチャンスです。

6. アファメーションは、自分の完全性を覚えている内側の一部を刺激して、効果を発揮させます。「私の内側のスピリットは、自分自身の真実を聞くのが大好きです」

7. 形而上学的に否定をうまく使えば、私たちから力を奪っている幻想を消去し、癒しの真実に置き換えることができます。

8. 私たちはなんらかの信頼をもつことで生きています。意識的に心身の健康に信頼を置けば、健康や豊かさを広く経験できます。

パート2　癒しのプロセスを知る

許可証

医学とは自然が病気を治癒する間、
患者を楽しませる芸術である。
——ヴォルテール

インドの西ベンガルの田舎の地域では、犬に咬《か》まれた女性は犬の子を妊娠すると信じられています。咬まれると、被害者は呪術師のところへ駆け込み、呪術師はヨーグルトと薬草を渡すのです。そして、もう心配ないと言われると、彼女たちは安心して家に帰ります。

医学的、科学的見地からだと、なんとばかばかしい話だと思うでしょう。しかしこのプロセスは西ベンガルの例を大きく超えて、癒しに影響を与える力について物語っています。つまりは、私たちが理解している以上に、病気や癒しにおいて、個々の信じる力の影響はとても大きいものなのです。自分で自分を病気だと考えたり、健康だと考えたりします。私たちを本当に癒すのは、医師や薬そのものではなく、それらを信じる心と言えるかもしれません。自分が誰を信じるか、何を信じるかによって癒されるのです。もっと根本的なことは、「私は癒される」と自らが選択すれば、癒されるのです。

『奇跡のコース』では、真の医者は患者のマインドであると言っています。患者が自分の意図を行使してくれるヒーラー（医者を含めた）を選んでいるのです。『奇跡のコース』によると、物理的な治療は一切必要ありません。患者が「この病気を治すために、私は何も使わない」とただ決めさえすれば、元気になり、癒されることも可能だと言います。『奇跡のコース』はまた、全ての病気を即座に癒すのも可能だとも言っています。

ですから、医者を含むヒーラーとは、患者が癒しを受けるか受けないかを決める時に、自分自身に渡す許可証のようなものです。通常は癒されるつもりで、自分を治してくれる医師を見つけますが、癒されないと選択していたら、どんなに多くの医師を見つけても、あなたは癒されないでしょう。病気や癒しへの選択は、直接、患者の手に委ねられているのです。

私たちは、長い間病気になる理由やそこから治る理由を教えられ、それを知識としてきました。私が今お伝えしているこの考え方は、その教えや知識を全く無視した考え方に聞こえるかもしれません。健やかさとは真逆の力に影響されて、健康や命は奪われるのだと今までは教えられてきました。また、病気を治してくれるのはヒーラーであり、私たちができるのはヒーラーを誰にするかの選択だと教えられてきました。しかし、それが真実だとすると、いずれにしても私たちは力を奪われることになるでしょう。なぜなら病気の原因も回復も、どちらも外側の力の影響だとしているからです。病気を取り除いてくれる代理人としてのヒーラーに、あなたは自分のパワーを明け渡していることになります。これは健康な状態とは逆の方向です。自分の体験を創造し、自分の人生の実権を握るのは私たち自身なのですから。冷たい気まぐれのような、宇宙が時々起こす混沌たる結果に対しても、私たちは決して受け身ではありません。マインドこそが原動力であり、物理的な世界はその結果を見せているのです。自分のもつ信念と楽しむ気持ちをもっていれば、それらを携えて、全ての出来事に参加し、創造することができます。自分のマインドと意図が、目の前の現実を生み出しているのです。ですから私たちは犠牲者ではありません。『奇跡のコース』は、以下を覚えておくようにと教えてくれます。

私は自分の見るものに責任をもちます。

私は自分が体験する感情を選択し、
自分が成し得る結果を決めます。

そして、私に起こっているように見える全てを
私が望み、私が望んだ結果として受け入れます。

エゴはきっと自己責任を伴うこんな言葉は聞きたがらないでしょう。全ては他人の選択のせいであり、また、制御不能な外側からの力のせいだと思いたいでしょう。しかし、唯一本当の影響力をもっているのは、マインドなのです。そこに自分のパワーが備わっています。自分の人生の

実権を握る唯一の場所です。創造した体験に対して百パーセントの責任を受け入れれば、今から自分がしたい体験を創造するパワーを百パーセント得られます。これは自分自身と自分が信頼を寄せている高次の力がどれだけ大きいかの証明でもあるのです。

全ての癒しは信頼から

異文化間の癒しに関する研究結果によると、あらゆる職業の人たちが出した施術の成功率は、似たり寄ったりだそうです。医師、鍼治療師、カイロプラクティショナー、自然療法医、ホメオパシー医、漢方医、エネルギーワーカー、シャーマン、信仰治療師、呪術師に至るまで、彼らを信じてやってくる患者に対して、どの職業も同じ程度の結果を出すそうです。キリストは彼の出現と癒しによって、病から治った女性に対してこう言いました。「あなたの信心があなたを完全にしたのです」

ヒーラーや癒しの関連施設を訪ねてみてください。あなたが信頼するヒーラーなら、助けてくれるでしょうが、信じていない医者や方法を選んでも、努力は無駄に終わります。時間やお金の無駄になるでしょうし、逆にもっと病んでしまうかもしれません。いくら他人が勧めても自分に効かない方法に気持ちを奪われないようにしましょう。むしろ、自分の心が共振するものを探し、それを試してみるほうがよいのです。なぜなら、その時こそ、あなたは自分の信念と共に在るからです。そして、それがあなたの回復能力を最大限に引き出してくれます。

同様に、あなたやあなたのやり方を信じていない人を癒そうとするのはやめましょう。患者はあなたの信念では癒されません。なぜなら、患者は彼ら自身の信念からのみ、癒されるからです。

ブランド医師は、私のコーチングのクライアントですが、自分の指示に従わず、改善が見られない患者のことを悩んでいました。ある日の診察で、患者は彼に鍼治療が自分には効くような気がすると言いました。ブランド医師は彼女のアイデアに抵抗しました。なぜなら、彼女を治すのは医者である自分だと思っていましたし、自分のもつシステムのほうがより良いものだと信じていたからです。コーチングをしていくうちに、彼は、自分が実は治療法に行き詰っており、そしてまた患者には心から良くなってほしいと思っていると気がつきました。すると、彼の中から彼女に言うべき言葉が自然と出てきたのです。「あなたの回復と幸せ、そして健康に私は最大限に尽力します。私の治療を通して、回復できるのなら、私はとても嬉しかったのですが……。しかしもし他でそれができるのなら、私はあなたがその方法で回復に向かえるようにサポートします。どういう方法であっても、あなたが回復できればそれ以上はありません」ブランド医師は、自分の内側に純粋に患者の回復を心から願っている場所を見つけて、安堵のため息をつきました。患者はその後、鍼治療師を見つけ、気持ちが楽になったと彼に語ったそうです。私は彼に自分の実力の欠如が原因だと個人的に受け取らないように言いました。問題は彼のスキルではなく、患者が何を信じるか、だったからです。その証拠に他の多くの患者たちは彼の治療にとても満足しています。エゴは「私のやり方こそが癒しを生むのだ」と言うでしょう。一方で、スピリットは「癒しは全て祝福からやってきます」と言います。

「癒されない」ための許可証

クライアントの中にはヒーラーを「癒されない」ことへの許可証として使う人もいます。彼らが何らかの理由で、病気や問題を維持し続けたい思いをもっていて、その思いが手放したい思いよりも強い場合は、その状態は続いていくでしょう。しかし、たとえ患者が癒しを求めていなくても、ヒーラーの奉仕は報われています。

たとえば、離婚をしたばかりの患者がいるとします。まだ罪悪感や怒り、恨みが深く根づいていて、そこから動き出したくないと思っている患者です。感情の揺れからくる身体的な症状があります。多くのヒーラーに会って時間をかけても改善が見られず、彼は壁に頭を打ちつけ続けています。癒しを受けるには、まず自分の抵抗を手放さなくてはならないことに気がつかずにいます。そして、たとえば、この患者がもう一度考え直し、自分を痛め続けている考え方をやめようと決めるまでに、二十回あまりも成果の上がらない治療を受けて、ストレスをためていたとしましょう。そして、あなたはその彼が最終的に気づくまでにかかわった二十人のヒーラーのうちの十二番目だとしましょう。この場合、たとえ、あなたの施術の結果として明らかな癒しの症状が患者に見られなかったとしても、自身の抵抗が癒しの妨害だと彼が学ぶまで、彼の抵抗する気持ちを受け止めて、前進を助けたのは確かです。あなたの働きかけがあったからこそ、彼は最終的に癒しを受け取る選択へ向けて、歩み出せたのですから。

魔法の杖を振って、クライアントの悩みや問題を取り除けたら、どんなにかよいでしょう。しかし、彼らはあくまで、自分から癒しを選択しなくてはならないのです。あなたが彼らのために選択することはできません。ですが、いつかは彼らもそこにたどり着けるでしょう。たとえばこんな話があります。知り合いの教師が週末セミナーを行った際に、参加者の一人から敵意を示されました。参加者は教師に恨みごとを言い、プログラムを途中退室しました。それから八年後、その生徒から教師のもとに当時の無礼な態度を詫びるメールが届きました。その当時、彼は解決の糸口をつかめない問題を抱えて、苦しい思いをしていたそうです。そして、自分の混乱を教師とセミナーのせいにしてしまったのだと書いてありました。何年も経ってから、彼も自分の人生のプロセスを経て、それを理解するまでに成長し、そして、自分なりに平和への道を見つけたのです。そのセミナーは明らかにその生徒には失敗のように見えましたが、彼の自己防衛の一表現をする場として役立ち、そんなことをしても何も変わらないと彼に教えて、結果的に、その体験を乗り越えて成長していくように導きました。

クライアントが歩む癒しへの道のりは、曲がりくねっていて、理屈で考えてもわかりません。しかし、最終的にはクライアントは山の頂上へと案内されます。あなたがテニスのインストラクターだったとして、目の前で生徒が下手なサーブばかりを繰り返したとしても、あなたはその失敗を自分のせいだとは思わないでしょう。クライアントは、サーブを成功させるために、下手なサーブから学ばなくてはならないのです。同じように、私たちも成功体験ばかりではなく、失敗の体験から学びます。「ゲームはハーフタイムではまだ終わっていないのです」ゴール地点はしっかりと決まっていても、道の途中での学びこそが、本当に価値あるものなのです。

全ての癒しの源泉

結局、癒しは、人やテクニックが生むのではありません。癒しは全ての生命の源につながって生じます。すなわち、癒しのために必要なものは、全てあなたの内側にあり、いつでもアクセスできます。私たちは自分に欠けている必要なもの探して、永遠に探し回らなければならないわけではありません。神はそんな残酷な宇宙に私たちを放り込んではいないのです。癒しを求める旅は、内面に帰着します。

真のヒーラーは、高次の力を患者が変容する力の源として信頼しています。ヒーラーは、癒しを受ける者のために、自分自身を手放し、ただ導き手の役目を果たします。患者からの信頼や反対の非難も関係なく、患者が書いた映画のシナリオを役者のようにただ演じるだけです。ヒーラーはその奉仕を喜んで行使します。

医師も癒しの源泉ではありません。なぜなら彼らだけの力では癒しは生まれないからです。もし医師が癒しのパワーをもっているなら、彼らは病気になることもなく、また永遠に生き続けられるでしょう。しかし、医師も同じように病気になり、亡くなります。医師は治療をしますが、癒すのは生命力です。もし医師を崇めているのなら、偽りの祭壇へ祈っているようなものです。もちろん、思いやりに溢れた、素晴らしい彼らの奉仕に感謝し、命を救ってくれたお礼を支払いましょう。彼らはこの世界における祝福です。私は心から助けてくれた医師に感謝しています。ただ、患者は癒しのパワーを人に委ねてはいけません。医師もまた、全ての健康が流れ出る源のための導管にすぎないのです。癒しの法則は彼らが定めたのではありません。彼らは法則と共に働きかけてくれているのです。

誰かが「この飲料水はどこから？」と問いかけてきたとします。「台所の蛇口からだよ」とあなたは答えるでしょう。それもある意味正しい答えですが、台所の蛇口は単に、途方もなく長い水道システムの最終地点でしかありません。蛇口は家の貯水タンクから水を流しているだけであり、それ以前に、貯水池から続いている長い長いパイプを通ってやってきます。もっと言えば、貯水池の水は、山から流れ落ちる水で満たされ、その山は、空の雲から落ちてくる雨や雪からの水を集めています。そして、雲も海や他の水が蒸発して作り出されたものです。水があなたのもとにやってくるシステムは、それが通る最終ゲートよりもっともっとはるかに先があるものです。では、この大いなるシステムを創り上げたのは誰でしょう。最終的に、水は、他の生命を支える物質と同じように、神の恩寵からきたものなのです。

必要なだけ、許可証を使ってください。また他人が必要とするだけ、あなた自身も許可証になりましょう。あなたが許可証として使われるのを選択すればよいのです。宇宙から直接癒しのパワーを受け取る準備が整っていないのなら、人やテクニックなどの許可証を介して、それを受け取ればよいでしょう。癒しの導き手として、最大の尽力をしましょう。いつか私たちは成長し、何かを介して信頼するのでなく、ただスピリットのみを直接信頼できるようになるでしょう。助けてくれる媒体の人々に感謝し、その力の源である神に感謝しましょう。大丈夫です。私たちは永遠に神の慈愛と恩寵の手の中に居ます。

The Master Keys

この章で授けられるマスター・キー

1. 全てのヒーラーやツール、テクニックや儀式的なものは、患者が癒される目的を達成するために必要とする許可証です。

2. クライアントが癒されないと選択していても、クライアントはその選択の結果を出すために許可証を使います。

3. 私たちは各々、自身の体験に責任を負っています。外側の要因は私たちの人生に影響を及ぼすことはありません。私たちは自身の内なる選択によってのみ、自分の人生に影響を与えられます。

4. 全ての癒しは信頼がベースにあります。あなたが癒されるのは、施術をする人や方法を信頼しているからです。癒しを異なる方法で行っても、ヒーラーたちはほぼ平等に結果を出しています。なぜなら、どんなヒーラーであっても、患者が彼らや彼らの用いるテクニックを信頼しているからです。

5. あなたとあなたの方法を信じていない人を癒そうとするのはやめましょう。その人は癒しへの準備がまだできていないか、あるいは、その人にもっと合う他のヒーラーや他の方法があるのかもしれません。

6. たとえ、癒しの結果が出ていなくても、患者の癒しへの貢献はできています。なぜなら、その体験を通して最終的に患者が癒しを選択するように、あなたは患者の学びを助けているからです。

7. 真のヒーラーは神です。良いヒーラー（医師を含めて）は全て、生命の癒しの力の導き手として奉仕しています。

情熱は理屈ではない

心の楽しみは良い薬である。
たましいの憂いは骨を枯らす。
――『旧約聖書』箴言　十七章二十二

モートン・ローリゼンは、合唱音楽の天才的才能をもつ、有名な作曲家の一人です。特に「Lux Aeterna（永遠の光）」という感動的な作品は広く知られています。その彼が、自分の楽曲の指揮者でもある親友が、昏睡状態に陥っていた時のことを話していました。数週間その状態が続いた後、医師から、親友はまた目覚めるかどうかはわからないと言われたそうです。

モートンは病院に行き、ベッドで生気のない顔で横たわっている彼と対面しました。そして、「永遠の光」の歌詞を小さな声で歌い始めました。すると、周囲の誰もが驚くことが起こりました。親友である患者が、まるで指揮をしているように手を挙げて動かし始めたのです。これは昏睡状態に陥ってから、この患者が初めて見せた動作でした。それからさらに驚いたことに、彼は徐々に良くなり、最終的に意識を完全に取り戻しました（ローリゼンの素晴らしい音楽への旅路を紹介しているドキュメンタリー「*Shining Night*」があるのでご覧ください。innerharmony.com で視聴可能）。

情熱を悪魔からの誘惑だと非難する人もいます。ですが、正確にはそれは神からのギフトです。情熱は私たちを正しい目的のために、正しい人たちと共に正しい時間と場所にいるように導きます。ですから、何かに情熱を覚える時は、宇宙が私たちを人生や人間関係をより良くする方向性へと促してくれている時なのです。

病的なげんなりした気持ちになる人間関係に疲れたら、以下の三つのことを自分に問いかけてみましょう。そして、エネルギーや健康を取り戻す方法を見つけましょう。

あなたが最も情熱を感じることは何ですか？

あなたはその情熱を充分に表現していますか？

もしできていないのであれば
その情熱を、創造を通じて表現するために
何をする必要がありますか？

これらの問いは、⑴どこに自分の情熱があるのか、そして、それをどう表現すればいいのかを正直に考えたい時、また⑵それを行動にうつす勇気をもちたい時に、自分に問いかけるとよいでしょう。

モートン・ローリゼンの友人は医学的に昏睡状態でしたが、スピリチュアル的にいえば、私たちの多くも、昏睡状態にあるようなものです。歩き、話し、食べ、仕事をして、日々の生活を送ってはいますが、私たちは自分が誰であるか、なんのためにここにいるのかを忘れて、幻想の小さな枠に飲み込まれています。

『ジョー、満月の島へ行く』という感動的な映画では、メグ・ライアン扮する登場人物がこう言っています。

「ほぼ全世界が眠っているようなものだわ。あなたの知っている人も、出会う人も、話す人も眠っている。ほんの少数の人たちだけが起きているけど、それは、感動的な驚きをコンスタントに感じながら、生きているからなのね」

私たちが抱えている昏睡状態とそこから脱する方法をうまく表現していると思いませんか?

情熱は、正しい場所にいれば、誰もがもつことができる

大学を出たばかりの頃、メンタルに障害を抱えている人たちを支援するワークショップで働いていたことがあります。その仕事はあまり面白いとは思いませんでしたが、当時はお金が必要でした。クライアントの方たちとの交流は楽しかったのですが、その仕事のほとんどが単調でつま

らないと感じていました。まもなく、私はよく遅刻するようになり、休む理由を探すようになりました。体調も徐々に悪くなりましたが、同じ場所で六十日働けば健康保険を受けられる条件だったので、そこから離れられませんでした。執筆やティーチングや音楽など、自分の情熱に沿った仕事への気持ちは募る一方でしたが、中途半端だと思われたくなくて、そこでだらだらと働き続けました。悪化の一途をたどり始めてようやく、心と身体の健康を維持するためには、ここを出なくてはいけないのだと気がつきました。退職願を出したら、やっと解放された気持ちになれました。すると徐々に私の身体の症状は消え、また健康な気持ちが戻ってきたのです。そして結局は、それが私のターニングポイントになりました。執筆やティーチングのような一生をかけてやっていける仕事を始めるきっかけになり、その仕事によって、私の心が一番満たされ、様々な人たちのスピリチュアルな成長をサポートすることにつながっていったのです。

支援グループでの仕事を辞めて一か月経った頃、私はまたそこを訪ね、私の後継として働いている男性に会いました。彼が私よりもはるかにその仕事に合っているのは明らかでした。彼はそこでの仕事をとても気に入っていて、クライアントのサポートも大好きで、そこにぴったりの人でした。そして、後に知ったのですが、彼は私よりもずっと長くそこで働き、楽しんでいたそうです。私はそこにいても情熱を感じないと知りながら、それを否定し、罪悪感からそこに居続けようとしましたが、それは一方で、彼という、その場所に完璧な人材が働く権利を奪い続けていました。私が内なるガイダンスを信頼し従った時に初めて、全てのものが現れて、全てが正しい場所にやっとおさまったのです。

病気になるような生き方をすると、病気になります。活力を奪っていくような仕事や人間関係、環境に居続けるとそうなります。病気は、私たちがバッテリーを使い果たし、ある限界点を超えたと教えてくれているのです。しかし、そのメッセージがないと変わらないわけではないし、必ずしも病気になる必要はありません。あなたの内側には、素晴らしいガイドがいて、わざわざ病気にならなくても、求めさえすれば救ってくれるでしょう。情熱の声は、健康へのガイダンスです。大好きなことをしていれば、身体の中では、オキシトシン、ドーパミン、セロトニン、エンドルフィンといった幸福や健康を感じさせるあらゆる化学物質やホルモンが分泌します。気分を良くするために、外側の世界にドラッグを求める必要もありません。真の喜びに従って生きる時、あなたの体内でも、自然な化学反応が起こり、あなたの気分を高め、それを維持してくれるでしょう。

愛するものを退けることは、健やかとは言わない。
健やかさとは魂を養い、良い気持ちにさせてくれるものだ。
——イマン

生きるに値する一日

一日の終わりに、自分に聞いてみてください。「今日一日の中で、どの瞬間が一番リアルに生きていましたか。どんな時に心を開き、感謝の気持ちをもって、喜びに満ちて自分を表現していましたか」こう問いかけた時、ショックを受けることもあるかもしれません。私も時々、一日のうちで、そんな瞬間がほんの数秒ほどしかなかったと気づかされます。しかし、そんな瞬間が少しでもあれば、あなたがしっかりと存在し、情熱をもって生きた証拠です。そして、なんのために生まれてきたのか、この地球ですべきことは何なのか、それらの問いかけに対する答えのヒントもその瞬間の中にあります。魂が沸き立つようなそんな瞬間を、人生に必要ない時間だとはどうか思わないでください。退屈やストレス、目的のない感覚こそが、必要のないものです。人生は本来は、輝く瞬間がほんの少ししかないものではありません。また、トラブル続きの航海でもありません。光輝く瞬間こそが、あなたの使命や運命を教えてくれる鍵なのです。

重い義務感をもって生きたり、ひび割れた残りの人生に留まったまま、情熱が満たされる瞬間を待ち続けるよりも、直感に従い、情熱を第一優先にして行動してみたらどうでしょう。情熱的な活動をあなたのスケジュールに組み入れ、毎日の決まりきった仕事より優先して行うのです。私の大きな喜びの一つは執筆です。だからこそ、私は執筆から一日を始めます。邪魔が入らない場所に行き、数時間執筆という創作活動に没頭するのです。それは私の一日のうちで、明らかに最も価値ある時間の一つです。その後、自分のオフィスに行き、メールを返したり、電話に出たり、その他の必要な仕事をします。執筆という任務を終えると、自分の一日が価値あるものに感じられます。たとえ、一日の残りの時間に何も他に面白いことが起こらなかったとしても、執筆で満足した時間を過ごしているからです。

もっと言うならば、喜びを感じられる活動を始めるために、何週も、何か月も、何年も時間をかけないようにしましょう。仕事や義務がスケジュールを埋めてしまう前に、魂のリフレッシュのためのスペースがなくなってしまう前に、友だちとのディナーや訪問、マッサージ、コンサート、週末の楽しみ、自分に直感を与えてくれるセミナー、自然とのふれ合いや休暇の計画をスケジュールに入れてください。「やるべき」ことでスケジュールを埋めるのはとても簡単ですが、それでは、「やりたい」ことを書き込むスペースが全く無くなってしまいます。自分に滋養を与える活動は自分で選ばなくてはなりません。あなたの代わりに机上の書類をきれいに片づけたうえで、クルーズに連れていってくれるような人は誰もいません。あなたが自分の情熱を誇りに思わなくては、他の誰も思ってはくれません。喜びを選ぶことができるのはあなただけであり、喜びを生きるのもあなた自身です。

最近暗唱したことはありますか？

ある詩人が医師のもとに行き、悩まされている症状について全て話しました。医師は彼を診察して、こう聞きました。「あなたが自分の詩を最後に暗唱したのはいつですか」

詩人は少し考えて、こう答えました。「確か、数週間前だと思います」

「それでは今からあなたが最近書いたなかで気に入っている詩を暗唱して、私に聞かせてくれませんか」医師がそう頼みました。

患者は立ち上がり、感情を込めて暗唱をしました。医師は繰り返し暗唱を頼み、患者はまた他の数篇の詩を暗唱しました。

「今、気分はどうですか」と医師が聞きました。

「とっても良い気分です！」と彼は叫びました。

「それはよかったですね」と医師は答えました。「自分の才能や情熱を否定することで、病んでしまったのでしょう。さあ、家に帰って創作を続けてください。そうすればずっと元気でいられますよ」

あなたの身体と人生は、いつも自分がどれだけ情熱に従って表現しているかを教えてくれています。高いエネルギーや創造力、そして幸福感は、魂の目的に沿って生きているのを示すサインです。無気力や疲労感、落ち込みは、本当の自分を抑え込んでいるというサインです。ですから、本来の自分から湧き上がる自己表現は、ストレスから発症した病気の解毒剤になります。自己を表現すると、そのまま痛みのエネルギーの出口となり、ポジティブな形で流れ出てくるからです。痛みは、人生の川の流れがあなたを通して動き出そうとしていると教えるサインです。あなたが人生に流れを許す時、癒しと奇跡が起こります。

こだわりを最小に、表現を最大にする

自分の情熱に気づき、それを表現するのがあなたの仕事です。ですが、それがあなたのビジネスの結果を出すとは限りません。この原理は「こだわりを最小に、表現を最大に」と言われるものです。あなたは、自分の表現するもの、芸術的なプロジェクト、執筆、あるいはその他のビジネスプランについて、自分なりの考えがあるでしょう。時には考え通りになっていくかもしれませんが、ならない場合もよくあります。しかし、自分の才能を表現するほうが、その結果をコントロールするよりも重要なのです。

小説『*Linden's Last Life*（リンデン最後の人生）』を出版した後、私はその脚本を書きました。形而上学の意味合いがある冒険小説が、多くの人のハートをつかみ、想像力を掻き立て、深いインスピレーションを与えてくれるだろうと思い描いていました。そして、映画をつくろうと、多くの業者やスタジオを訪れました。大変感動したと言ってくれる人もいて、プロデューサーが主

役を有名な俳優にキャスティングしました。しかし、プロジェクトは結局完成に至りませんでした。その後も努力をしましたが、誰も映画にしようとは言ってくれず、私はがっかりしました。

バシャールのコーチングセッションを受けた時、私は彼にその理由を尋ねました。なぜ、映画は私が思い描いたように、実現しなかったのでしょう。

「脚本を書くのは楽しかったですか」彼は私に聞きました。

「はい。とっても」

「それは情熱を感じ、創造的で、あなたにとってとても価値あるものでしたか」

「もちろんです」

「それなら、成功したということですね」と言い、バシャールはこう説明しました。

「情熱を表現したことで、あなたのプロジェクトは満たされています。その後どうなるかは、宇宙次第です。結果をコントロールしないように。大好きだから、それをやる。理由はそれで充分です」

バシャールがそう言った時、私の中で何かがカチッと音を立てました。脚本を書いている時、私は生き生きしていました。書いている間ずっと、癒され、生きていると感じ、幸せの波紋を宇宙に送っていたのです。もし脚本が映画になったら、大切なプロジェクトが実現したのですから、それもまた嬉しかったでしょう。しかし、真のプロジェクトは、もう実現しているのかもしれません。物質的な実りよりもスピリチュアルなギフトのほうがより大切だからです。プロジェクトが何らかの形で、多くの人に届くと決められていれば、そうなるでしょう。そして、そのプロセスにあなたが必要とされれば、あなたにも役割が与えられるでしょう。しかし、創造のプロセスから来る体験は、できあがった物理的な作品と同じぐらい重要なものです。創作活動などの物理的なプロジェクトを行えば、ポジティブなエネルギーが生まれ、強められ、あなたはもちろん、あなたに触れる人たちもそこから力を得られます。より高い視点から見れば、あなたのエネルギーこそが、あなたの生み出した作品であり、世界への貢献なのです。

パートナーのディーとフィジー島に住んでいた時、私たちの敷地の手入れをしてくれる現地の家族と親しくなりました。ある日、彼らの子供たちに、カラフルなTシャツをプレゼントしました。数日後、ある地方の村に行った時、それと同じTシャツを着ている子供たちを見ました。Tシャツはあの家族からその子たちへと渡されたものでした。ディーと私は大笑いしました。そして、Tシャツのその後の行方はどうでもよかったと気がついたのです。私たちは、その家族に何かを真心を込めてあげたかっただけです。Tシャツのその後は神の手に委ねられました。神はTシャツをその村の子供たちへと渡しました。そして、それは私たちにとっては、なんの問題もないのです。

「打ち上げたら、手放そう」私はこのモットーが大好きです。前にスペースX社（スペース・エクスプロレーション・テクノロジー社）が、ロケットの打ち上げに成功した後に行ったインタビューを観たことがあります。ミッションコンロール部門の責任者へのインタビューでした。彼は謙虚にこう言いました。「ミッション・コントロール（ロケット制御中）というのは幻想です。ロケットをいったん打ち上げたら、実は私たちがコントロールできることはほとんどありません。ただ行き先を見守り、予定地点へと到達できるように願うだけです」

自分から発射した表現が、この宇宙で正しい場所を見つけてくれると信頼しましょう。私たちがTシャツをあげた家族の子供たちよりも村の子供たちのほうが、それを必要としていたのでしょう。ディーと私が、Tシャツを贈ることで経験した喜びこそが、私たちとその相手にとっての真のギフトだったのでしょう。宇宙はむしろ、とても賢いやり方で、あなたの作品を役立ててくれる人たちや、あなたにお返しをしてくれる人たちへ届けてくれているのかもしれません。また、期待する結果を起こそうと躍起になっているよりも、創り出す時に感じる生き生きとした気持ちのほうが、よりあなたを癒してくれるでしょう。もちろん、努力して望む結果を達成すれば、素晴らしいでしょう。しかし、喜びの旅路のほうが、努力の末に手にするトロフィーよりも重要な時もあるかもしれません。プロセスは結果と同様に重要なのです。あなたが本当に求めているのは、道すがら、自分を励まし、楽しませてくれるような人生の生き方です。ユダヤ人の神学者であるマルティン・ブーバーはこう言っています。「どんな旅にも、旅人自身も気づいていない終着地がある」

あなたが情熱に従って生きれば、人生は色鮮やかになり、意味と目的をもちます。情熱を押さえつけるのは、あなたへ向けられた神の意志を否定するのと同じです。情熱を表現して初めて、あなたの内側の神が世界に触れられるのです。また、情熱的な自己表現と輝くような健康との関係性の深さには、反論の余地はありません。作曲家は指揮者を昏睡状態から目覚めさせました。それは医師にもできませんでした。さあ今、あなたのもとにバトンがきました。手を挙げて、音楽を奏で、世界を動かしましょう。あなた自身からそれは始まるのです。

The Master Keys

この章で授けられるマスター・キー

1. 情熱に沿って生きれば、正しい目的のために、あなたは正しい人がいる場所や時間へと宇宙に導かれます。

2. 情熱を肯定して生きれば、あなたは最高の結果を成し得ます。また、周囲に対しても、彼らにとっての最高の結果を生むための力を、彼らに与えられます。

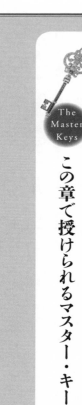

3. 情熱に従って生きていなければ、あなたは、空虚感、退屈、ストレス、鬱、イライラ、そしておそらく病気を経験するでしょう。

4. 病気はあなたがスピリチュアルなバッテリーを使い切ったと示すサインです。自分の喜びや自己表現について、もっと真実を話すように求めているのです。

5. 一日の終わりに、情熱と共に生きた瞬間を振り返りましょう。また、情熱を否定した瞬間も振り返りましょう。

6. 大好きなことをより多くできて、より元気を奪われない方法を見つけましょう。

7. 創造的な自己表現は、身体と魂の両方を癒します。

8. 自己表現は結果よりプロセスが重要です。結果にこだわるのをやめましょう。あなたが創造したものを打ち上げたら、結果は神の調整に委ねましょう。

癒しの対価

神は癒し、医師は料金を受け取る。
——ベンジャミン・フランクリン

庭師のポールには、遺伝子に関する障害をもつ二人の子供がいました。毎月一人の子供につき、六万ドルの薬代がかかる病状でした。そのコストの大部分を政府からの保険で賄っていましたが、その保険が支払われるための資格を得る最低条件として、低収入だと証明しなくてはなりませんでした。なので、ポールはちゃんとした職に就《つ》くのをあえて避けて、帳簿に載らないお金をもらえるような変則的な仕事をし続けなければなりませんでした。ですが、彼にはその二人の子供の他に、養うべき妻と子供がもう一人いたのです。

医療を受けるために、人は本当にそんなに多くの支払いをする必要があるのでしょうか。神は、裕福な人たちのみが充分な治療が受けられるような世界を創造したのでしょうか。政府は国民のために、高い医療費を払う必要があるのでしょうか。調剤薬局に行った時に、薬剤師は私に聞きました。「薬剤の保険に入っていますか」「いいえ」と私が答えると、彼女はレジで計算し、「十五ドルになります」と言いました。支払いを済ませた後、私はふと興味本位で聞いてみました。「もし保険に入っていたとしたら、いくら支払うことになっていたのですか」彼女はまたコンピュータを確認して、「百二十五ドルです」と答えました〔アメリカの保険制度では、時に支払いが先になり後で返金される場合もあるため、このケースのような事例も起きる〕。

人生において「これは避けられない」と教えられ続けてきた事実があります。人は病気になるもので、医療費が高額であるというのもその一つです。良い医者にはなかなか巡り会えない、良いヒーラーのサービスを受けるためにはかなり遠くに行かなくてはならない、薬や医学的な治療を受けないと病は治らないなども教えられてきました。しかし、愛すべきドン・キホーテは、侍従である相棒にこう言いました。「親愛なるサンチョよ。事実は真実の敵なのだよ」と。この言葉は、全ての魂の成長の重要な通過点を表しています。事実への思い込みを解消し、情熱的に真実に向かい始める地点です。この時点で、幻想は私たちへのコントロールを手放し、道を真実へと譲るのです。癒しの金額についても、今まで私たちが信じてきたよりも、深い真実があります。この章では、癒しの値段に対する思い込みやその思い込みが隠してきた真実に光を当てて、正しく理解していきましょう。

癒しには対価はない

本来、癒しは無料です。健康のためにお金を支払う必要もなければ、何かを犠牲にする必要もありません。健康はあなたが生まれもっている権利で、自然な状態で、神によって生み出され、支え維持されています。健康は誰から与えられるのでもなく、誰かが奪うのでもなく、特権ある人しか手にできないわけでもなく、お金を請求されるものでもありません。まず、あなたの健康が誰かの手に委ねられていると考えるのをやめましょう。あなたの健康は、あなたと創造主である神との間で、丸ごと協力し合って、創造されているのです。

私が知るなかでも、最も純粋で成功者でもあるヒーラーたちは、無償でサービスを提供していました。私のメンターでもあるヒルダ・チャールトンは、彼女が行った数えきれないほどのヒーリングに対して、ただの一ペニーも要求したことはありませんでした。キリストも同じです。ブルーノ・グルーニングも無料奉仕でした。報酬にとらわれない医師や、多くの人道的活動をしている人たちは、貧困地域に出向き、無料で多くの人たちを助けています。そういう人たちのハートは利益よりも優しさへと調和を見出しているのでしょう。しかし、彼らはお金では計れない喜びを見つけて、大きな報酬として得ています。今言ったスピリチュアルなヒーラーたち全員に言えるのは、彼らが生活に必要なものは、彼らに助けられた人たちによる自発的な寄付で満たされていたことです。しかし彼ら自身は何も欲してはいませんでした。こんなヒーリングは、信念を強くもたなくてはできないやり方ですが、本来あるべき姿でサービスを行えば、医師と患者の両者が共に祝福を受けるというモデルケースを見せてくれます。

一方で、私たちはお金を媒体として、商品やサービスを受ける世界に住んでいます。医師や他の癒しに携わる人たちも、家族を支えるために日々支払いをしなくてはいけません。彼らも行った行為に対して、報酬を受け取ってサポートされる資格があるのです。では、ここで、この世界ではほぼ全ての癒しに支払いが生じるという事実と、反対に、神が癒しに金銭を求めないという真実に、どのように折り合いをつけて理解したらいいか考えてみましょう。

その質問に答えるためには、気づきのカメラのズームをもっとぐっと引いて、ヒーリングが生じるプロセスをより大きな絵として見る必要があります。まず、あなた自身が全ての生命の源に直接つながっていると理解するところから始めましょう。あなたが生きて呼吸する時、命は、他の何ものでもなく、あなたを通して、生きて呼吸するのです。すなわち、医師に診《み》てもらったり、薬を飲んだり、手術を受けたりする必要はなく、あなたは健康な人生を送るものを潜在的にもっていると理解しましょう。たとえば、百十七歳になる祖母を亡くしたばかりのネイティブハワイアンの話があります。彼の祖母はマウイ島にある、とてもへんぴな村に住んでいました。彼女は生涯、決して車にも乗らず、テレビを観ることも、医者に行くこともなかったそうです。この話から私たちは健康のための根本的な手がかりを得られます。私たちが自然に親しみ、オーガニックな生活を続けていれば、健康は自然についてくるのです。一六〇七年創刊の古い医学テキスト『*Regimen Sanitatis Salernitanum*（フラワーレメディ）』（『*Flos Medicinae*』あるいは『*Flower Medicine*』という名前でも知られていますが）には、絶対的な三人の「ドクター」の名前を、「ドクター静寂、ドクター楽しさ、そして、ドクター食事である」と書かれています。現代の言葉で言い換えると「楽しさに溢れるマインドと休息、そして健康的な食事を、三人のあなたの医者としなさい」となるでしょう。

医師やセラピストに支払うお金は、癒しの対価ではありません。私たちは彼らの時間やスキル、治療、そして痛みの除去のためのアドバイスへの報酬として支払っているのです。痛みの除去と癒しは同一ではありません。真の癒しは心の状態にあります。その癒された心の状態が健康な体に反映されるのです。医師に支払い、感謝を述べる時には、身体的な苦痛の緩和のケアへの御礼であり、支払いによって、医師に必要なものが満たされるようにとの意味があります。私も喜んで医師のサービスに支払いますし、人々も喜んで私のサービスに対して支払ってくれます。この循環は、「Ｈａｐｐｙ Ｍｏｎｅｙ（幸せを運ぶお金）」と呼ばれるものです。「あなたは私を助けてくれましたね。ですから、今度は私があなたを助けたいのです」という幸せの循環です。

真のヒーラーは、支払いができない人たちに背を向けることはありません。私も書籍やプログラムではお金を受け取りますが、それとは別に多くの無料のサービスを用意して、人々に提供しています。場合によっては、奨学金や受講料の割引も行います。お金を稼ぐ手段をもたない人たちへ、書籍を寄付することもあります。癒しがうまく働くためには、物理的な支払いの有無よりも、その裏にある意図のほうがより重要です。純粋な意図をもつヒーラーに会うと、あなたは歓迎され、愛され、気にかけられているとわかるでしょう。金銭は単に副次的な問題なのです。もしお金によって癒しの効果が変わってしまうのなら、それは感謝や相互をサポートする気持ちの有無がそもそもの問題でしょう。まず、純粋にあなたを助けようとする気持ちをもつ人を探しましょう。そうすれば、お金の部分は自然に調整されるでしょう。

癒しの対価への偽りの思い込みを正す

私たちの多くは、健康になり健康であり続けるためには、人生に我慢が必要だと信じ込まされ、そう訓練されてきました。たとえば、こんなふうに――

私の健康と幸せは、人や薬、良い医療施設次第です。

癒しは高価なものです。

無料で手に入るものに良いものはありません。

欲しいものを手に入れるためには何かを犠牲にしなくてはなりません。

より多く支払えば、より多く受け取ることができます。

私が失うことで、得をする誰かがいます。

痛みなく、得られるものは何もありません。

もしこれらの言葉があなたのマインドの中核にあるのなら、今一度問いかけて、確認し、そして、それは偽りであると知らなくてはなりません。お金を支払うだけでは何も買えないことや、神が健康にお金を要求しない真実を、あなたは受け入れられますか？　本書は、癒しの抜本的な捉え方をお教えします。なぜなら、今まで癒しが存在するとされてきた場所とは、全く異なる場所に癒しを見出そうとしているからです。癒しは、他人ではなくあなた自身の手に委ねられているので、自分を大切にすることが、自分に厳しくするよりも寿命を延ばします。幸せになるために苦しむ必要はなく、お金は癒しとは無関係で、苦痛を伴う頑張りよりも、あなたの健やかさこそが世界に貢献するのです。そして、人生の流れに逆らうより、流れを許容するほうが健康をもたらすと書いています。健康になるために戦うのは、平和の確立のために戦争を続けるようなものです。平和への道は、平和です。健康とはゴールであると同時に、過程そのものなのです。

癒しは犠牲を必要としない

今までの教えとは真逆に感じるでしょうが、『奇跡のコース』は私たちが癒しを受け取るために、犠牲や損失、支払いは必要ないと言っています。『奇跡のコース』はまた、私たちが差し出すべき唯一の「犠牲」は「恐れ」であると言っています。恐れは全ての悲しみの根源であり、その根源を差し出して、癒しを受け取るのです。ヒーリングとは、もっと良いものを手に入れるために、すでにもっている良いものと交換しなければならないものでは決してありません。むしろ、価値のないものを価値のあるものへ、意味のないものを意味のあるものへと交換してくれるものです。また、自分を痛めつける思考を自分に力を与える思考へと置き換えます。つまりは恐れを手放し、愛を手に入れるのです。

メキシコのパレンケの遺跡の寺院を訪ねた時、ツアーガイドが説明してくれました。遠い昔、雨が降らない時期に、司祭は神をなだめようと、人間を犠牲にして供物としました。干ばつが長く続けば続くほど、より多くの命が失われたそうです。干ばつがやっと終わり、雨が降り始めると、司祭は神が満足するだけの量の供物を捧げられたと結論づけました。もちろん、現代の考え方では、この思い込みとしきたりからくる悲劇を理解できます。多くの命の犠牲が雨を降らせることなどありません。雨はいずれにしても、いつかその時がくれば降るのですから。人を犠牲にせず、ただ祈っていたとしても同じ結果だったでしょう。こんな思い込みは原始的だと思うかもしれませんが、現在も、私たちはお金や自分が大切にする何かを犠牲にすれば、より早く癒しがやってくると信じています。癒しはお金や犠牲と引き換えにやってくるものではありません。ヒーリングは恩寵と、マインドの変化によって起こるのです。

自分を助けるために自分を傷つける必要はありません。私のコーチングクライアントのデビーという女性の話をしましょう。彼女は抗鬱剤を含む複数の投薬治療を受けていましたが、「問題はね、薬によって一つの症状が和らいだとしても、それがさらに他に二つの痛みを作り出すということなの。中には本当にひどいものもあるわ」と説明しました。私はデビーに、同等、もしくはそれ以上の痛みを受けなくても回復できると信じられるか尋ねました。「さらに必要以上の痛みを生むことなく、治す必要がある箇所だけを治せると想像できますか」と。デビーのジレンマは、彼女が受けている投薬治療にあるように表面上は見えました。しかし、より深いレベルで、彼女が取り組むべきなのは、「成功するためには、何かを失わなければならない」という自身の思い込みだったのです。それから私たちはもっと彼女に合う治療の選択肢を共に探しました。最終的に彼女は鬱病の克服の手助けとなる自然療法医に会い、副作用を起こさない自然サプリを使っての治療を受け始めました。健康になるためには、健康ではない要素を含むものは必要ないのです。

営利目的が道を逸らす時

ディーと私は、私たちの五匹の犬に何かあると、ホリスティックなアプローチで診察してくれる獣医のもとに、よく連れていっていました。彼女は私たちのふわふわの子供たちに対して、素晴らしい治療をしてくれました。しかし、この獣医は時々留守にしていたので、彼女のアシスタントが代わりに診ることもありました。そんなある日、私たちは、受け取った高額な治療費の請求にびっくりしました。それはほとんどが、いつもの獣医なら行わない数々の検査にかかった費用でした。後にわかったのですが、アシスタントの獣医は歩合制で給与をもらっていて、自分のポジションを維持して給与をもらうために、一定の収益を上げなければならなかったそうです。

ある時、友人の多くが通っているカイロプラクティショナーを勧められました。とても良さそうだなと思い、行ってみることにしました。施術後、私は彼から紙を渡されましたが、それには二十八回の施術プランが書かれていました。「私はそんなにひどい状態なのだろうか」と不思議に思い、友人たちがもらったプランと比較してみました。すると全員が二十八回の施術が必要となっていました。もちろん中には、本当に必要な人もいたでしょうが、全ての患者が二十八回の施術に通わなければならないというのは信じがたいことでした。癒しを仕事とすれば、患者を自分に依存するようにし向けたいと思うことはよくあるでしょう。しかし、あなたを治癒するよりも、あなたを病気であり続けるようにし向けて利益を得ている誰かがいるとしたら、それは金銭的な搾取である可能性があります。ヒーラーを選ぶ時には、しっかりと見極めましょう。ほとんどのヒーラーは倫理的ですが、中にはそうではない人もいます。また、自分が誠実さから外れていると気づかないでいる人も多くいます。その場合には、あなた自身の誠実さを使い、彼らの欠けている部分に依存せず、自分で判断しなくてはなりません。

新型コロナウイルスが拡大し始めた頃、アメリカ南西部のある病院では多くの感染者を診られるようにと準備をしました。しかしふたを開けてみると、そのエリアは人口が少なく、わずかな感染者しか出ませんでした。一方で、州は州民に対して、外科手術のための病院外来を避けるように指導しました。その結果、病院にはほぼ誰も来なくなりました。しばらくして、外科手術の規制までも始まり、財政的に行き詰まった病院は、人々が病院に治療に来るようにキャンペーンを始めました。病院や医療のプロもビジネスであり、そのビジネスは病気になる人たち次第でもあります。病院は尊い命を救うための業務に対して支払いを受ける権利があります。私を助けてくれた、高いスキルがあり、また気遣いある病院の優しいスタッフとそのサービスに、私はいつも深く感謝しています。良い病院が提供してくれるサービスは人類への祝福だと思います。しかし一方で、病院が患者に対してキャンペーンを始めたら、その動機やシステムを疑うべきです。医療のプロや医療施設は痛みから私たちを救う時に、支払いを受けるべきであり、痛みを作り出したり、強制したり、維持する時に支払いを受けるべきではありません。

とはいえ、過剰請求する医師や薬品会社を、たとえ倫理を欠いているとしても、責めることはできません。私たち自身の思い込みも、彼らの狙いと同じくらい大きい要因だからです。健康には莫大な料金を支払わなくてはならないと信じている限り、あなたは自分自身にそうし向けるでしょう。あなたが支払った分だけ、より健康になれると信じていれば、多くのお金を支払い、そして、おそらく健康にもなれるでしょう。しかし、それが物事の道理だからではありません。あなたがそう信じているからです。もっと控えめな金額で、あるいはほとんど支払わなくても、いいえ無料であっても、同じ結果を受け取れたかもしれません。世界はその姿を決めていません。世界は私たちの信念を反映し、それをその姿にするのです。

コストを投資に変える

医療サービスへ支払う理由を考える時、健康維持のコストとしてではなく、必要な投資として捉えてみると、より理解を深められます。通常私たちは投資を財務的に捉えていますが、投資の根本は、エネルギーだと言えます。お金で健康を買えないと理解できれば、これがよりクリアになるでしょう。もしお金で健康が買えるとしたら、世界中の富裕層の人たちは病気になることも死ぬこともないでしょう。しかし現実には、彼らもそうなります。この事実は、健康は買って手に入れるのではなく、病気を制御する何かが他にあると示しています。

「コスト」とは、幸せを感じる言葉でありません。通常この言葉には、損失と同じ意味合いがあります。欲しいものを手に入れるには、価値を感じるものを諦めなければならないというように。「支払う」という言葉にも全く幸せを感じません。この言葉は、よく罰と一対の意味で使われます。「この代償は大きいぞ!(You'll pay dearly for this)」との言葉にあるように、医療サービスを「コスト」と捉え、あなたがそれを「支払う」時、ネガティブな下降線のスパイラルにはまっているのです。

私は「投資」という言葉を使うほうがはるかに好きです。「投資」には、何かをすればより大きな見返りがある可能性を感じます。種を植える時、種をコストや支払いとして考えません。私たちはその種が、今よりもより大きくより良いものに育つ始まりだと知っています。そして、それは驚異的な比率で大きく育っていきます。リンゴの種は、一つの種からは考えられないほどたくさんの実を実らせるリンゴの樹への投資です。

より健康であるためにあなたにできる最も強力な投資は、あなたの意識です。自分を愛すれば、(たとえば、充分に自分をケアしてあげて、良い気持ちになってもよいと思うと)、マインドと身体がとても元気なヴィジョンをもてます。そして、ストレスで活力が奪われるのではなく、代わりに自分の気持ちを高め、励まされることをやりたいと思うでしょう。そんな時、あなたは、たくさん実をつける芽の種を植えているのです。医療サービスへの支払いは、健康を回復し、創り出し、維持していくための最小限の投資としましょう。高いヴィジョンをもち、祈り、そして正しい考え方をし、話し、生活し、愛を大切にすることは、お金で買うよりも、はるかに良好な健康をあなたにもたらします。この瞬間、あなたが植えた思考の種が明日の体験へと育っていくのです。ポジティブな考え方は、身体の最も潜在的な力を引き出します。もち続けるイメージ一つ一つが、新しい細胞と内臓を作っていくのです。健康を手に入れたいなら、支払いを止めて、投資を始めましょう。

神は癒しに値段をつけません。値段をつけるのは人です。医師やヒーラーのサービスには、喜んでお金を出しましょう。彼らは痛みを和らげて、救ってくれます。寿命を延ばしてくれるのだから、私たちからのお金を受け取るに値します。一方で、あなたの健康を決めるのは、あなたと高次の力との関係性である真実も覚えておきましょう。善良なハートをもち、稼ぐよりも助けに気持ちを注いでいる、あなたが信頼できる医師を選択してください。友人の一人にインドの医師がいます。彼女に長年の仕事を通じて癒しについて学んだことを聞くと、彼女はこう答えました。「愛こそが偉大なるヒーラーです」と。愛にコストはかかりません。愛はただただ祝福を両者に運びます。神はお金のことなど気にしません。神が気にかけるのは、愛についてのみです。お金はあなたに健康をもたらしません。しかし愛はあなたに幸福をもたらします。

The Master Keys

この章で授けられるマスター・キー

1. 癒しを受けるために、たくさんのお金や苦しみを代償にする必要はありません。癒しは無料であり、簡単に手に入れることができます。

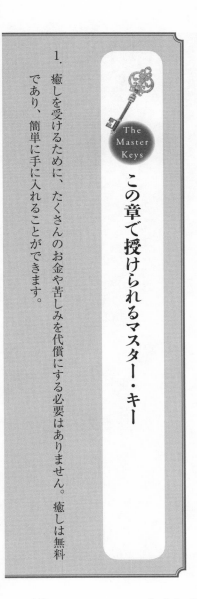

2. スピリチュアルな師や医師を含む多くの偉大なるヒーラーが、ほんのわずかな金額で、あるいは無料でサービスを提供し、多くの人を救ってきました。

3. 身体的にも、精神的にも、自然な状態で生きれば、癒しの必要性は最小限になり、医師やヒーラーに会いに行く必要もなくなります。

4. 医師に診てもらう必要がある場合には、彼らのサービスに御礼と祝福を言って、感謝と共に料金を支払いましょう。そうすれば、彼らもまた、良い仕事を通してサポートされるでしょう。

5. お金に関して、恐れからくる偽りのアイデアを、より高い意識の光で照らして癒しましょう。そうすれば、光がそのアイデアを溶かし、健康と財政がもっとクリアになるでしょう。

6. 癒しに犠牲は必要ありません。あなたを癒すものに、あなたを傷つける要素は含まれません。苦しい副作用を伴う薬や食事療法をしなくても、あなたは自然に癒されます。

7. 営利的な目的を満たすために、患者に偽りの病を作り上げるヒーラーには気をつけましょう。

8. 善良な心をもち、何よりも患者への助けに尽力するヒーラーを選択しましょう。あなた自身がヒーラーであるなら、サービスと優しさを最も優先しましょう。

癒されない理由

変化は決して痛みを伴わない。
変化への抵抗が痛みを伴うのだ。
——ブッダ

癒しが自然な状態ならば、全ての人が癒されているべきで、神は全ての人に幸せであってほしいと思っているはずです。なのに、なぜ癒されない人たちがいるのでしょうか。欲深く、自己中心的な人々が裕福である一方で、なぜとても優しくて愛に溢れた人たちが生きるために苦しんでいるのでしょう。なぜスティーブン・ホーキング博士のような聡明な人が障害をもち制限を余儀なくされていたのでしょうか。なぜダイアナ妃のような人道的な人が若くして死ななければならなかったのでしょうか。一方、広島に原子爆弾を降下したパイロットは九十二歳まで健康に生きました。たった一度の行為ですが、人類史上、最も凶悪な結果を残したのですから、後遺症としての不眠症は当然だと誰もが考えます。ですが、彼は眠れなかった夜は一度もないと誓って言いました。なぜでしょうか？

こんな重い質問に対して、軽薄で簡単な答えを言うつもりはありません。そもそも説明するにはあまりにも複雑で、すんなりと一言で明らかにはできません。しかし、癒しを生むために必要な意識のもち方や、癒しを妨げる要因に光を当てて、答えを考えることはできます。

まず、健康や不健康にはそうなるべき法則がきちんとあると理解しましょう。健康や不健康は、マインドがもつ意図や信念が、身体を介して表現された結果です。エドガー・ケイシーは「マインドが立役者である」と言っています。そしてそこから私たちはこう推定できます。「マインドが病の作り手である」そして、反対に「マインドが癒しの担い手である」と。たとえば、指先が、それ自身はなんら意志をもたない手袋を使い、形を作り出せるように、思考は、それ自体は中立である身体を使って、健康や不健康を作り出します。

それでは、ここで、マインドが健康よりも不健康を選択する時の理由を考えてみましょう。もちろん、まともなマインドをもっていれば、誰でも健康であるほうがいいに決まっています。しかし、実は常にまともなマインドをもって生きている人はほんのわずかです。誰もが少しは、秘密裏に幻想を抱きます。その幻想は、私たちに自分を攻撃したり、他の誰かを傷つけるようにと行動させます。もっと大胆に言えば、ほとんどの人はほとんどの時間を幻想というぬかるみの中で生きています。世界はアプリで加工されたコラージュのようなもので、そこでは、現実から普通ではない奇妙な場所へワープしたり、幸せな夢から悪夢へと急にねじれたりするファンタジーが繰り広げられています。幻想から自由になるためには、私たちはまず意を決して潜在意識まで入り込み、苦しみの源を発見し、思い込みを変化させなくてはなりません。

ここからは、私たちがどのように癒しを否定しているか、癒しから背を向けているか、またそれを帳消しにしてくれる方法についても、いくつか話していきましょう。

1　病気を過去に犯した罪への罰だと見なす

「神は私たちにいつも激怒している」と思い込めば、あなたは罪人となり、痛みはあなたが犯した違反や犯罪に対するペナルティーとなります。私の母は手術を終えた後、大きな痛みに耐えていました。「私はこの痛みを受けるべき悪いことを何かしたに違いないわ」と彼女は言いました。これを聞いて、私は心が壊れそうになりました。私の母は愛に満ちた女性で、周囲の人にできる限りの優しさを与えてきた素晴らしい人でした。神から報いとして罰を与えられたという彼女の考えを私は到底信じられませんでした。ですが、彼女はユダヤ教信者であり、罪に関しては、まるでその道の達人のように熟知していたので、痛みの体験を天罰という眼鏡を通して受け入れようとしたのでしょう。神とは残酷な存在か、愛に溢れた存在か、ある時点で、私たちははっきりと自分で決めなくてはなりません。また神による創造の世界は安全か、危険かも決めなくてはなりません。アインシュタインは、「人がそもそも知りたがっているのは、『宇宙とは人に優しい場所なのか』という疑問の答えである」と言っています。もしあなたに子供がいたら、子供に痛みを感じてほしいなどとは思わないでしょう。反対に、常に幸せに豊かでいてほしいというのが子供たちへの唯一の願いのはずです。私たちのように目先のことしか見えない人間でさえも、自分の子供の幸せにはしっかりとした強い気持ちをもてるのです。宇宙の創造主が、子供である私たちの苦痛に対して、そんな意地の悪い喜びをもつでしょうか。

私たちを罰するのは神ではありません。私たちを罰しているのは私たち自身です。痛みが自分の罪の代償であると信じている私たち自身です。『奇跡のコース』は「あなたが罪の意識をもたなければ、病を知ることもないだろう」と言っています。罪のない人たちは、苦しむ理由もないのです。たとえば、自分を罰すれば神からのもっとひどい罰を逃れられると信じ、それだから罪の意識をもつというならば、神を打ち負かしてゲームに勝とうとしているようなものです。そうなると、私たちはただ理由もなく、病気という罰を受け入れ、つぐなうことで自由を得られると信じていることになります。

癒しを見つけたいのなら、まずは罪の意識を超えなければなりません。自分を、試練を受けるに値するほど罪深く、何においても充分ではない人間だと思わないようにしましょう。もちろん、間違いを犯すことはあります。しかし間違いによって罰を受ける必要はないのです。間違いはただ軌道修正を促すだけです。間違いを正した時に、その状況が授けてくれた学びをマスターして、私たちはまた自由になります。神は私たちを罰することはありません。神は癒すだけなのです。神は痛みの源ではありません。神は癒しをもって、痛みに応《こた》えるために存在します。

2 病気は悪いカルマの代償だと信じている

病はカルマの応報だとするアイデアは、ほんの少しですが、先に述べた罪と罰の説よりも洗練されているかもしれません。神は怒りっぽい父親だとするアイデアを超えて、カルマ説は、私たちの健康や不健康を感情的ではなく、より科学的に説明しようとしています。罪や罰よりもわかりやすいでしょう。なぜならカルマ説は、より運命論的で、自分が外側の力の犠牲になったとはさほど言っていません。私たちは暴力的な親である神からの報復を恐れて、卑屈になっている子供ではなく、私たち自身がその原因を生み出し、卑屈になっているとし、罪が私たちを永遠に地獄へ送る一方で、その罪とのバランスをとるためのチャンスを、カルマは与えてくれるというわけです。西洋からのユダヤ・クリスチャン思想における罪の解釈では、一つの人生が、正しく生きるか、あるいは永遠に灼熱地獄に投げ入れられるかを決めるものとなっています。輪廻転生を含む東洋のカルマ思想においては、正しく生きればまたこの世に戻ることができるのだと説いています。しかし、このカルマの考え方も、歪められてしまうと、しばしば罪や罰の意味合いが含まれます。その証拠に、「うわぁ！　こんなことが良いことが起こるなんて、私はきっと良いカルマをもっていたに違いない」という言葉よりも、「こんな悪いことが起こるなんて、きっと私がもっていたカルマのせいだ」という言葉のほうを、はるかに多く耳にします。また自分をひどい目に合わせた誰かに対して、「このことは彼にカルマとして戻っていくだろうから」と一人で復讐を考えて、気持ちを落ち着かせようとする場合もあるでしょう。

もし、カルマを、人生のバランスの維持に役立つプロセスだと捉え直せたら、カルマはより優しいものになるでしょう。幸福への偉大な川の流れである、タオ（道・ＴＡＯ）と共に在れば、宇宙の働きかけで、私たちは健康であり、人生も良好であり続けるでしょう。タオの道から外れてしまい、流れに抵抗し始めると、私たちは打ちのめされますが、それは罰ではありません。それはむしろ「あなたが進もうとする道はうまくいかないから、別の道を行きなさい」という宇宙からのメッセージです。そしてそのメッセージに気持ちをオープンにし、自ら別の道を行けば、私たちはすぐにもとの気持ちの良い流れに戻れます。

停滞し続けている状態を、カルマの考え方を使って言い訳したくなるかもしれません。「(病気が治らない)(嫌な仕事から離れられない)(虐待を受ける関係であり続けなくてはならない)のはきっと私のカルマだ」というように、使いたくなるでしょう。しかし、自身の人生への責任を自ら進んで負うことができれば、あなたは古い悪いカルマを乗り越えて、新しい良いカルマを作り始められます。なぜならカルマがあなたを病気にさせる時も、恩寵はずっとあなたを癒し続けているのです。恩寵とは、カルマが見せる現実より、はるかに素晴らしい現実へのアクセス権であり、あなたがそれをもっているのは真実です。カルマが何年もいくつもの人生を経て作り上げてきたものを、愛は一瞬で癒せます。あなたを閉じ込めているのは、あなた自身であり、他の誰でもありません。自由になる準備ができたら、高次の手から奇跡を起こすための助けを受け取りましょう。

カルマが「良い」か「悪い」かも解釈の問題です。事実ではありません。最初は悪いように見えても、とても良い結果に落ち着くこともあります。どんな状況にも何も絶対的な意味はないのです。私たちが見出している全ての意味は、私たちが創り出しているのです。ですから、あらゆる状況に、ネガティブでもポジティブでも、あなたは好きなように意味をあてがえばよいのです。それによって、同じ状況からでも、より多くのものを見つけられるでしょう。

日本人のヒロとコーチングセッションをした時の話です。ヒロはこう言いました。「若い時から、子供が欲しかったんです。最初の妻とは子供ができなかったので、離婚しました。それから二番目の妻と結婚して、子供が生まれました。ですが、娘は障害をもって生まれてきました。私は娘の障害は、最初の妻との離婚からの呪いだと信じています」

「あなたは娘さんを愛していますか」私はヒロに尋ねました。

「言葉では言い尽くせません。娘は僕の人生の光です」ヒロはそう答え、私たちはこんな会話をしました。

「娘さんとの関係性を通して、あなた自身、どのように成長しましたか」

「前よりも思いやりをもてるようになりました。彼女の毎日の生活を助けるために私も少しペースを落としてゆっくりと生活するようになりました。忍耐とポジティブな視点を学んでいます。娘の障害の部分に関係なく、むしろ娘を美しいと思っています」

「伺っていると、娘さんはあなたを呪いに来た悪魔ではなく、むしろ祝福をもたらす天使なのだと感じますが、どうですか」

「はい。今、そう思えました」

試練を伴う状況を悪いカルマのせいだと、早々に判断してしまわないでください。あなたが言う「カルマ」は、その状況について、あなたが思い感じた解釈によって作り上げられたものです。ほとんどの人はカルマを経過と共に、横に並ぶ時間軸で起こると考えています。今行動した何かが、遅かれ早かれ結果になって後に現れると思っています。それもわかりますが、一方で、真のカルマのもつ力は、今この時点でもっと深く、縦にも働いています。目の前に来た状況について、ある見方や考え方をすることで、即座にその結果を受け取るのです。つまりは、全てのカルマは、あなたの思考の結果や思考の瞬間を体験する、まさにその時に生まれると言えます。ですから、出会う人や出来事についての考え方を変えれば、あなたはいつでも自分のカルマを変えられるのです。

3　健康でいるよりも病気でいるほうが得るものが大きいと思っている

人は皆、自分にとって最も役立つと信じた行動を選択しています。しかしたとえば、その動機そのものが健全ではない場合は、結果的に、自分や他人へより多くの痛みを与える行いや習慣を選択してしまうでしょう。糖やヘロイン、賭け事などは、一過性の喜びをすぐにもたらします。しかし、結局はその人により多くの犠牲を強いることになります。虐待を受けている人たちは、その関係性にある種の安心感や安全を見出していて、つながりを断つことで今の関係を失ってしまうのが怖いのです。自分の人生を配偶者や家族の犠牲にしている女性たちや宗教を狂信するあまり、自分が奪われるのを許している人たちは、失うことによって、もっと素晴らしい何かを得ると信じているのです。その状況がどうであろうとも、私たちは全て自らの選択で生きていて、それがしばしば自己破壊的な選択になる時もあるのです。

私の著書である『今まででいちばんやさしい「奇跡のコース」』（積田美也子訳、フォレスト出版）で、不健康がもたらすものについて、とても詳しく説明しています。今ここで少しリストアップしてみましょう。

・仕事や学校などに行く必要がなくなる。
・自分がとても嫌いなことをする必要がなくなる。
・関心を引くことができる。
・同情を得ることができる。
・何か好きなものをもらえる（たとえば、子供が学校を病欠した時にもらえるアイスクリームのように）。
・お金をもらえる。
・病気の原因を自分に対して誰かが（あるいは、出来事や会社などの組織が）自分に間違ったことをしたためだと証明できる。
・身体が弱いと証明することで、それを理由に決めたことへの責任逃れができる。

・何か名誉のために犠牲になったと周囲の尊敬を得ることができる。『赤い武功章』（自分の臆病さを恥じ、負傷が名誉だと切望する二等兵の話）のように。

病気を自ら選択しているからと言って、その人を助けるべきではない、思いやりをもつべきではない、ということではありません。病気によって不自由になった人への経済的サポートや特別な権利を否定するものでもありません。また、自分の痛みを軽く見て、痛みを押して無理をしたり、病気になるまで自分を痛めつけるべきでもありません。自分自身や他人を優しく扱うのは、私たち全員がしっかりと実践しなくてはならないとても大きなスピリチュアルな学びです。健康でありたいと思うのなら、自分を犠牲者だと受け入れる前に、まず自身が病気を選択したかもしれないと、その理由についてより深く内観する必要があるのです。英語では心臓発作（heart attack）、喘息発作（asthma attack）と言いますが、"Attack"（攻撃）という言葉は、病名において、ひどい誤用をされています。心臓は私たちを攻撃しません。私たちが自分自身を攻撃しているのです。心臓は生命維持に必要な罪のない臓器であって、ただただその仕事を全《まっと》うしようとするだけです。心臓のその痛みは、関心をもってケアしてほしい、そしておそらくは、ライフスタイルを変えてほしいとする一つの嘆願でしょう。心臓はあなたを傷つけようとはしません。むしろ、あなたに自分自身を傷つけるのをもうやめてほしいのです。身体は敵ではなく、友人です。私たちが身体に敬意を払えば、身体も私たちを尊重し、きちんと動いてくれるでしょう。

4　健康でいるほうが病気でいるよりも怖いと思っている

健康体が当たり前でないとしたら、自分のアイデンティティや生活を変えようと思い切って自由に表現するのが恐ろしくなります。エゴのモットーは「たとえそれが最低であったとしても、知らないよりは知っているほうが常に好ましい」というものです。『海の上のピアニスト』という映画では、船の上で生まれてすぐ捨てられ、船員たちに育てられた赤ん坊の話が描かれています。少年は船の上を心地よい家とし、成長して、素晴らしい音楽家になります。思春期の全てを船の上で過ごし、一歩も外へは出ませんでした。ところがある日乗客の一人の女性と恋に落ち、心の底から彼女の住む場所へ、彼女についていきたいと願います。しかし船が波止場に着いた時、彼は自分からタラップを踏んで、陸地に向かえませんでした。とても限られた環境に閉じ込められていたにもかかわらず、船内に留まることで、外側の世界との安全のバランスをとっていたのです。外側の世界にははるかに大きな可能性があるのに、彼にとっては危険な場所に見えました。

ストーリー自体はたとえ話かもしれませんが、本質はとても現実的です。自分の生活様式が限界の上に成り立っているとしたら、自分のよく知る世界から自由になるのが、とても恐ろしく思えます。その結果、自由よりも、不自由な生活様式を選択しているかもしれないのです。

5　自分のパワーを否定的な診断や予測に明け渡している

医師が患者を診断し病名を告げ、治癒までの時間を予想する時、あるいは、治療不能だと告げる時、医師のアドバイスは三つから生み出されます。それは、⑴彼の観念（信じていること）⑵彼の経験、そして⑶彼がその病気について知る統計的見解です。全ての情報や知識は彼の内側においては正確で、正直ではあるのでしょうが、患者の癒しのプロセスに影響するものはその三つ以外にもたくさんあるのです。先に述べたように、たくさんのパラレルワールドがあり、それぞれの世界において自己を肯定する力があります。あなたが医師の差し出す現実と同じ世界に住まえば、彼の予測は正しい可能性が高くなるでしょう。しかし統計的見解には決して含まれないものもあります。それは患者自身の意識と意図です。統計的見解が作り出した世界に住む多くの人たちと同じように、あなたが味気ない食事をし、ぞっとするニュースばかりを見、暴力的な映画を流し、政治的な口論に加わり、自分を有害な環境に置いて、恐れに満ちた思考に住まうライフスタイルを維持すれば、あなたもきっと彼らと同じ体験をするでしょう。しかし、より気持ちを高める思考を選び、全宇宙を司る癒しの力の存在を認め、気持ちを落とすニュースや会話を避け、自分を喜ばせるものを選び、自分の身体を慈しみ、健全な環境を選び、そして癒しへの強い意図をもてば、どこからか引用された統計的見解や予測に動じはしないでしょう。統計的見解はその他大勢に適用され、個人にはあてはまりません。この本を読んでいるあなたは、おそらく自分の考えをしっかりもつ人であり、常識をはるかに超える可能性を信じる人だと私は思います。

治癒に時間がかかると思い込んで、病気が長引く可能性もあります。場合によっては正しいと言えるでしょう。身体の器官を使いすぎてしまったのですから、回復に時間はある程度必要です。

ですから一晩で癒しを体験できないからと、がっかりして、自分はだめだと思わなくてよいのです。一方では、即座の癒しももちろん可能です。癌や他の病気がぱっと消えてしまった多くの人々の例を私は知っています。医師は「自然治癒」と言いながら、頭を掻いて去っていきます。それは言い換えると、「神秘的な高次の力によって起こった癒しには、医学はなんら説明できない」という意味でもあります。たとえば、私が知っている女性は、ヘロインの重度の依存症で、彼女の人生は急降下し、ヘロインを買うために身体を売るまでになりました。失意の中、彼女はエネルギーヒーリングのクラスに行き、そこであっという間に、なんの離脱症状もなく、依存を解消しました。それは医学的には不可能な進歩です。

大多数の人が支持する病気への考え方に迎合しなければ、病気になる可能性を最小限にできます。私の師であったヒルダは、新聞を発行された当日には決して読みませんでした。彼女はその理由をこう説明しました。「ニュースが出た時は、読者全員が同じ悪いニュースを読んで感情を集中させているけれど、一日か二日経つと、もうそこから離れて次のものに目が行っているでしょう。私は人の混乱の感情によって汚れてしまったニュースを読みたくないの。考えれば良い気持ちになれるものがもっと他にあるのだから」と。

ヒルダの考えは、ある心理学者がクロスワードパズルの熱狂的なファンに向けて行った実験結果を見ると正しいとわかります。その実験は、彼らがニューヨークタイムズに毎日掲載されるクロスワードパズルを解く能力について調査したものでした。毎日その日のパズルを解く実験を数日間行った後、今度は一日前に掲載された（被験者は見ていない）パズル問題を同じメンバーに解いてもらいました。すると、被験者たちは同日掲載のパズルを解いた時よりもかなり良い成績を残しました。パズルが多くの人たちにすでに解かれたことによって、その解答がその集団の共通意識、あるいは競争意識の中に確立されたことを意味しています。被験者たちは、一日前に解いてそれを手放した人たちが埋め込んだ結果にアクセスできたのです。これは後からアクセスすれば、集団意識をうまく利用できることを示しています。

人間が知る範囲のどんな病気であっても、絶対に治らない病気などないと、慢性的な病から治癒する姿をもって自ら証明した人たちもいます。治癒までの期間や余命などを告げる医師の言葉を決して鵜呑みにしてはいけません。あなたが例外的な考え方を選ぶ時のみ、例外的な結果が生まれるのです。また、同じように、サイキックや占い師、占星術師の否定的な予言に自分のパワーを明け渡してはいけません。あなたの運命を握っているのは、あなたの星座でも、数秘でも、その他のタイプ分けでもなく、あなた自身なのです。あなたのマインドとあなたの選択が、あなたの運命を創造します。そして、それが外側の状況を展開させるのです。マインドを変えましょう。それによって一見、外側の要因が結果をもたらすように見せながらも、マインドは状況を変えていくでしょう。

6　病気のもとになる行動をし続けている

病はストレスに関係しています。恐れや抵抗感、あるいは不摂生によって生命力の自然な流れが損なわれ、身体の一部の器官を使いすぎ、疲労困憊させ、また栄養不良に陥らせた結果です。そこにストレスを与え続けると、治せなくなります。その器官を休めて、身体が復活できる機会を与えてあげましょう。あなたの内側のパワーがこの奇跡的な復活を助けてくれるでしょう。ストレスを増長してきた思考や感情のパターンも調べてみましょう。ストレスの中核を和らげられれば、苦痛や緊張を感じずに、身体も比較的すぐに復活できるはずです。

7　魂の契約を正しく理解していない

あなたは生まれる前から、物質界での体験を通して、人生の重要な学びを得ようと決めています。喜びをもとに得る学びもあれば、試練を通して得る学びもあります。病や身体的障害は、あなたがその深い学びを得るための一つの方法なのかもしれません。その学びにおいて、あなたは自己への尊重や、愛とサポートを受け入れる大切さ、忍耐、思いやりや、健全な境界線の設定を学ぶのかもしれません。自分にとって真に正しい選択ができれば、物質的な体験をするだけでなく、自分が霊的な存在だと知る学びを得られるかもしれません。しかし、あなたは一方で病気になる必要など全くなかったとも学ぶでしょう。なぜなら、健康体でも同じ学びは得られるからです。

病を意味づけるために、魂が選択したから、そうなる必要があったという考え方を使うのには注意が必要です。病気は魂の契約だとして長引かせるのはやめましょう。あなたは、魂の契約を自分で変更する力をすでに内側にもっています。その契約の鍵となる要素は、実は、今の契約を超越する方法を学び、幸福をベースにした新しい契約を結ぶことです（魂の契約の作用の徹底研究については、私の著書『*Soul and Destiny*（魂と運命）』をご覧ください）。

私たちは、浅いレベルにある思考のマインドでは理解できない、もっと深いレベルで決断をしています。知性は、それ自体は驚くほど知識豊富であり、また使い勝手の良いものですが、宇宙を理解するには、極端に限られたツールでしかありません。知性は物質的な世界を生き抜くために私たちをナビゲートしてくれますが、人生の因果的なレベルについては説明してはくれません。宇宙を理解し、マスターしたいのなら、もっとはるかに深い、実りを得られるやり方があります。アントワーヌ・ド・サン＝テグジュペリは、彼の有名な小説『星の王子さま』で、堂々とこう述べています。「心で見なくちゃ、物事は正しく見えないってことさ、かんじんなことは目には見えないんだよ」

病気になった理由を探すのをやめる

病気になる理由、病気が長引く理由を理解するのは良いことではありますが、結局、私たちはある時点で病気になる理由を探すのをやめて、むしろ健康である理由を探し、見つけ出さなくてはなりません。病気の研究を重ねても、癒しをマスターできないでしょう。科学者たちはもう何千年も病について研究し、たくさんの病気の治癒に成功しています。ですが、今なお、人類の多くが病を抱えており、新種の病気の数も増え続けています。これもきっとある意味、私たちが病気への思い込みを続け、病気を選択し続けている結果でしょう。病気は、実験でよく見る電磁石にくっつく鉄くずのようなものだと言えます。磁石が効力を発揮している間は、そこにくっつき続けますが、電磁石のスイッチを切ると、とたんに離れ落ちます。私たちのマインドが磁石だとすると、病気の症状は鉄くずです。あるいは、ぴったりとくっついたマジックテープの二つの面にたとえられます。二つが貼り合わさり、フックとして内側でぴったりとロックされるように設計されていますが、片面が摩耗して、強度をなくすと、もうフックとして機能できず、二つの面は別々のものとなります。病気のマインドや思い込みが設定されると、それがマジックテープの片面となり、もう片面が病気の症状となります。マインドの設定を変えましょう。そうすれば、病気は貼り合わすはずのもう片面を失います。病気と健康とでは、全く異なる波動をもっています。あなたの波動を病気よりも上にもっていけば、病気はあなたの世界に入れなくなるでしょう。

医師の中には、どこかに悪いところを見つけるまで、患者を診察し続ける人もいます。なぜなら彼らは、健康ではなく、病気を見つけるよう訓練されてきたからです。痛みがある時や痛みの原因を見つける必要がある時には、このやり方も理解できますが、過度に問題を探し続ける可能性もあります。私は国際的に認められているホリスティックな医療クリニックの医師から、感謝の手紙をもらったことがあります。彼は私の書にある「あなたにとっての〝正しさ〟を見つけてくれる医師を選びましょう」というアイデアが気に入ったと書いてくれました。

集合的な潜在意識が病気を選択している可能性

個人が不健全な動機で、病気であり続ける一方で、私たちはまた、集団の合意が影響して、病気であり続けることもあります。多くの人が他人の病気から何らかの利益を得ていますが、主に、治療費で利益を得ている例が多いでしょう。医師や薬品会社、病院、その他の関連ビジネスの企業は患者の病気によって成り立っています。人々が治ってしまったら、彼らは職を失ってしまうでしょう。

自分が医師や看護師、技術者や管理者として、多数の患者がいる、ある病気に関連するビジネスに従事していると想像してみてください。あなたの生計は人々が病気であり続けることで得られています。次に、ある日ネットや新聞がヘッドラインで「（あなたがサービスを提供してかかわっている）病気の根治法が科学的に発見された」と伝えるのを目にした時のことを想像してみてください。ある一つのレベルでは、あなたはその病に苦しむ全ての人たちが重荷を降ろして救われることに喜びを感じるでしょうが、潜在的な意識レベルでは、ぞっとするかもしれません。

家族や家、自分の人生のために稼いでいた全てのお金の入りが、なくなってしまうのです。家を売り、全く違う職を探さなくてはならないと思うでしょう。医療に従事している人たちのほとんどが、優しく思いやりに溢れたプロで、心から患者の治癒を願ってはいますが、同時に、集合的な潜在意識の存在は否めません。それは病気から報酬を受け取るため、病気の消滅を恐怖と感じるという自分が生き抜くためのメカニズムからくる意識です。

先の章で述べた完全菜食栄養学の専門家であるマイケル・クラッパー博士は、アメリカ中西部にある大病院で働く、二十五名の心臓外科医のうちの十四名が完全菜食の食事療法を自ら取り入れ、患者にも勧めたという話をしてくれました。その結果、多くの患者が癒されて、病院に通わなくなったそうです。この傾向が顕著になってきた時、病院の心臓外科医局長が管理部門に呼ばれ、患者がもっと病院に通ってくるように対策を立てるか、あるいは、スタッフやサービスを減らすかのどちらかだと言われました。これは、本末転倒です。

医師は患者の病気を長引かせるのではなく治すことで、報酬を得るべきです。また、中国で行われている医療について、こんな話を聞きました。ある病院で、自分が健康でいられた期間分に値する額のみを、医師に支払うというシステムが取り入れられたそうです。つまりは、病気になると、医師に支払う必要はなくなり、それが患者を健康にして助けようとする医師の動機づけになります。確かに、これは私たちの既存のシステムの別の選択肢としては魅力的ですが、やはり不具合がないわけではありません。この場合、今度は、医師ではなく患者のほうが、自分が病気に留まることで利を得ようとするからです。誰かが病気から利を得る限り、どんなシステムも悪用される可能性をはらんでいます。理想は、医師が患者を無料で治療し、医療費をコミュニティがサポートする世界です。

最も深いレベルで起こる癒し

ジェリー・ジャンポルスキー博士は、『奇跡のコース』の研究によって、自らの人生を深いレベルで変容させた精神科医です。彼は仕事のやり方を変え、致命的な病気を抱える子供たちへのサポートを始めました。ジャンポルスキー博士が設立した「生き方を変えるヒーリングセンター」は、今や多くの国々に支部を広げるほどになっています。彼は癒しを内なる平和と定義づけました。たとえ身体が適切に動いていても、内なる平和を保っていなければ、癒されたとは言えません。反対に、身体が動かなくても、あなたが内なる平和をもち続ければ、癒しは生まれます。真の癒しは、ボディ（肉体）からではなく、マインドから生まれるのです。

私が軍の病院で働いていた時、ウィリーという名の患者に会いました。彼は四肢が麻痺していて、日々を車椅子で生活していました。ウィリーは身体的な部分は非常に制限されていましたが、いつも驚くほどポジティブで、他の患者や働きすぎで不平ばかり言っているスタッフのために、いつも優しい言葉をかけていました。彼は、身体は不自由でしたが、メンタルや感情、スピリチュアルな面では、素晴らしく活力に溢れ、自由に喜びに満ちていました。ウィリーは、健康や幸福はボディではなく、マインドから創造されることを、その生きる姿を通して、証明してくれました。またその後、四肢が麻痺している男性が設立したある団体のことも聞きました。その団体の名称は「DBNR＝Disabled – but Not Really（障害者――しかし実際はそうでもない）」というものです。身体に不自由があることは物理的には現実であっても、霊的には、私たちは皆全くの自由なのです。

誰が癒されて、誰が癒されていないかという問いかけに答えるためには、目で見るよりもはるかに多くの要素が必要です。病の背後にある自己の選択については、ほとんどの人がわかっていないでしょう。病気は自分が選択したものではないと議論する人もいますが、この真実こそが、受け入れられるべきで、痛みから救われる鍵なのです。自分を病気にする充分なパワーをもっていれば、自分を健康にする充分なパワーももっていることになります。健康の源と自分とを切り離す能力があるなら、またその源と自分をつなげる能力ももっています。皆が「世界が私に影響している」という大いなる幻想を抱えていますが、大いなる真実は、「私が世界に影響している」というものです。そして、その「世界」にはあなた自身の肉体も含まれます。神はあなたを充分に愛し、癒しを選択する力を授けました。癒しを選択して、そのギフトを取り戻しましょう。

この章で授けられるマスター・キー

The Master Keys

1. 健康であるか病気であるかは、通常、私たちの潜在意識が行う選択によるものです。

2. 多くの人は、潜在意識下で、本章に挙げた多くの理由のもとに病気を選んでいます。

3. 病気になった理由を探すのはやめましょう。あなたが注意を向けるものから多くを得ることになります。病気でいるよりも健康でいる理由を多く見つければ、あなたの体験は健康へと向かい始めます。

4. あなたにとっての「正しさ」を見つけてくれる医師を選びましょう。

5. 病気は、大勢の人たちの合意によってその力を維持している可能性があります。他人の病気から何かを得る人々は、潜在意識において、結果的に病気を存続させる力を育てているのかもしれません。

6. 最も深い癒しは、身体のコンディションや外見にかかわらず、マインドと魂から起こります。

大いなる恐れに打ち勝つ

敵は恐れである。
私たちは憎しみだと思っているが、恐れである。
——マハトマ・ガンジー

深刻な筋ジストロフィーの症状をもつ男の子を治したブルーノ・グルーニングの話は、一九四九年のドイツにとても大きな驚きをもたらしました。グルーニングの類まれな能力の話はあっというまに広まり、何千という人たちが癒しを求めて、彼のもとに群れを成して集まりました。一時期は、三万人もの人が彼の自宅前で、彼が現れ、彼の癒しの言葉が苦痛を和らげてくれるのを昼も夜も待ち続けました。かなり高い確率で、彼は癒しを起こしました。歩行が困難だった者は歩き出し、盲目だった者は見えるようになり、耳に障害があった者は聞こえるようになり、もう治らないと言われていた様々な慢性疾患を消し去りました。グルーニングは、真に奇跡を提供したのです。

しかし、悲しいことに、この穏やかなキリストのような人物に対して、ドイツの医学界は大きな恐れを抱きました。グルーニングは決して金銭を受け取らず、人々に触れることもなく、薬を処方することもなく、神にのみ癒しを委ね、医師に異議を唱えることもありませんでした。そして、彼はむしろ医師のもとに行くようにと人々に言いましたが、医学界は彼を無免許で医療行為を行ったとして責めたのです。そして、彼らはグルーニングに対してヒーリングを禁じ、そのうえいくつもの裁判を起こしました。評判の高い医師たちや権威ある人々の中にも、彼に有利な証言をする者も多くいて、多くの人々が彼にヒーリングを続けてほしいと懇願しましたが、彼は威厳をもって訴えに対応し、以後ヒーリングを行うのを控えました。グルーニングは、もし自分がヒーリングのエネルギーを必要とする人たちに手渡していけないのなら、身体の内側から「燃え上がって」しまうだろうと言っていましたが、なんとその言葉通りに、彼は胃癌を発症させ、一九五九年に五十三歳でこの世を去りました。グルーニングを手術した医師は、今まで見たことがないくらいに、内臓が焦げたように真っ黒だったと発表しました。

グルーニングのヒーリングの例に見るような常軌を逸した非難は、珍しくはありません。イエス・キリストはその時代の人たちに分け隔てなく、癒しを与えましたが、ローマ人やユダヤ教の指導者たちはキリストを危険な存在と見なし、十字架にはりつけにしました。ブルーノ・グルーニングもまた十字架にではありませんでしたが、法的な処置を通じてじわじわとはりつけにされたようなものです。やり方は異なりましたが、結果は同じでした。

社会の幸せを高めようとする人たちの多くは、彼らを恐れる人たちによって刈り取られてきました。エイブラハム・リンカーン、ガンジー、マーティン・ルーサー・キング牧師、ケネディ一家、その他数えきれない聖人やヒーラーたちが暴力的な反発に合い、命を落としました。しかし、彼らが伝えたものは、生き続けています。人を殺《あや》めることはできたとしても、アイデアを消し去れはしないのです。つまりは、身体を排除できても、スピリットは排除できないのです。法律で縛れても、癒しの力は止められません。なぜならば、癒しは私たちの自然な状態であり、どうあっても、それは広がっていくものだからです。

消去抵抗

癒しに向かって踏み出そうとしているのに、全てが癒しとは真反対に現れてくる場合があります。行動心理学において、このプロセスは「消去抵抗」と呼ばれています。たとえば、犬がクンクンと鳴く時に毎回餌を与えるように習慣づけている場合、あなたが餌を与えるのをやめたとたん、犬の鳴き声はとても大きくなるでしょう。しかしそれでもあなたが与えないでいると、犬はどんなに鳴いても与えられないとようやく理解し、最終的にはその習慣を諦めます。ホメオパスの医師は、このプロセスをヘルクスハイマー反応と呼んでいます。ブルーノ・グルーニングは、リーガロゲン、あるいは「regulation」（調整）と呼び、消滅する前に症状が一時的に悪化する可能性を説明しました。私の師は「植物は根っこの部分が一番苦い」とよく言っていました。夜明け前が一番暗いのです。

自分の内側や外側で抵抗や妨害が起こったからと言って、癒しを先延ばしにしないでください。

踏み出す一歩が大きければ大きいほど、それを妨げようとするものも大きいのです。イギリスの小説家、ジョナサン・スウィフトは「真の天才がこの世に現れた時、愚か者がこぞって彼に異議を唱える。それこそが天才である者を知るサインとなるだろう」と言っています。アインシュタインもまた「偉大なる精神は、常に二流のマインドからの暴力的な反対に合ってきた」と言っています。原理主義の牧師であったライト兄弟の父親は、空を飛べるマシンを作ろうとして繰り返す息子たちの実験を悪魔のやることだと警告し、「神がもし我々に空を飛んでほしいと言うのなら、翼を授けたはずだ」と言いました。そうかもしれません。ですが、神は私たちに飛行機を授けたとも言えます。ライト兄弟の父親を覚えている人はほとんどいないでしょう。しかし莫大な数の人々が空を飛べることに感謝しているのは事実です。

　皮肉なことに、癒しの力に最も断固として異を唱える人たちのおかげで、時にはその力が逆に知られるようになります。生まれながらのヒーラーが現れると、医師や聖職者たちはまず、その結果を否定しにかかるでしょう。ブルーノ・グルーニングの場合、医学界が彼の最も大きな敵となりました。歴史的に時々、教会が奇跡を真っ先に否定してきたケースと同じようなものです。一九六一年から一九六五年にかけて、ポルトガルのガラバンダルで起こった奇跡の出来事について見てみましょう。ファティマでの奇跡のケース［一九一七年ポルトガルの小さな町ファティマで三人の子供たちの前に聖母マリアが出現し予言を授けたと言われている］と似ていますが、四人の若い少女が何度も聖母マリアの出現を体験しました。真夜中に、同じ時間に異なるそれぞれの家で目を覚まし、彼女たちの静かな村の近くの峡谷までトランス状態で歩いて

料金受取人払郵便

神田局承認

1916

差出有効期間
2025年7月
31日まで
切手を貼らずに
お出しください。

郵便はがき

101-8796

509

東京都千代田区神田神保町3-2
高橋ビル2階

株式会社 ナチュラルスピリット

愛読者カード係 行

フリガナ / お名前		性別 男・女
年齢	歳	ご職業
ご住所	〒	
電話		
FAX		
E-mail		
ご購入先	□ 書店(書店名:) □ ネット(サイト名:) □ その他( )	

ご記入いただいたお名前、ご住所、メールアドレスなどの個人情報は、企画の参考、アンケート依頼、商品情報の案内に使用し、そのほかの目的では使用いたしません。

ご愛読者カード

ご購読ありがとうございました。このカードは今後の参考にさせていただきたいと思いますので、
アンケートにご記入のうえ、お送りくださいますようお願いいたします。

小社では、メールマガジン「ナチュラルスピリット通信」(無料)を発行しています。
ご登録は、小社ホームページよりお願いします。**https://www.naturalspirit.co.jp/**
最新の情報を配信しておりますので、ぜひご利用下さい。

●お買い上げいただいた本のタイトル

●この本をどこでお知りになりましたか。

1. 書店で見て
2. 知人の紹介
3. 新聞・雑誌広告で見て
4. DM
5. その他（　　　　　　　　　　　　　　　　）

●ご購読の動機

●この本をお読みになってのご感想をお聞かせください。

●今後どのような本の出版を希望されますか？

購入申込書

本と郵便振替用紙をお送りしますので到着しだいお振込みください（送料をご負担いただきます）

書　籍　名	冊数
	冊
	冊

●弊社からのDMを送らせていただく場合がありますがよろしいでしょうか？

□はい　　□いいえ

いきました。その場所で、聖母マリアが姿を現し、彼女たちに教えやアドバイスを与え、予言をしたと言われています。噂が広まると、人々は群れを成して、彼女たちの後を追い、この奇跡の出来事を目にしようとしました。多くの人々が身体や魂の癒しを経験し、数えきれない人々の人生がより良いほうへと変わりました。あなたは、教会はこの素晴らしい出来事をワクワクしながら祝福したと思うでしょう？　しかし、実際は違いました。カトリック教会に奇跡の出来事について報告をあげた場合、それが「奇跡」と認定されるまでに、到底超えられない長いこみ入ったプロセスを通らなくてはなりません。とても多くの人たちがガラバンダルで起こった神の出現を通して、癒しを体験し、神への信心を強めたにもかかわらず、教会は聖なる出現として認めることを拒みました。しかし、幸運なことに、神は教会の認定など必要としないので、今もなお、日々多くの奇跡や癒しが届けられています。

チャーリー・ゴールドスミスは、つつましいオーストラリア人ですが、彼もまたその存在によって多くの人に癒しの体験をもたらしました。テレビのある調査番組では、彼の前に病気の人たちを連れてきて、彼の癒しの能力についてテストした様子が映し出されました。ゴールドスミスはほとんど全員を治せましたが、特に生まれて十六か月目からずっと若年性関節炎で苦しんできた十一歳の少女の例は印象的でした。少女は身体中が痛いと言っていましたが、ゴールドスミスが現れて数分後、その症状が消えたのです。疑いをもっている医師が厳しく見守るなか、それは起こりましたが、医師は方法論がはっきりと証明されない限り、この施術や結果は事実だとは言えないと結論づけました。喜びの涙が少女の頬をつたい、彼女の母親も視聴者も涙を流しているなか、今度は先ほどの医師とは異なるもう一人の三十年来の経験をもつ医師が、「説明はできないが、私はこの目で見た。したがって信じるほかない」と言いました。そのテレビ番組は、チャーリーの施術の後も一定期間、長期間抱えていた痛みが治った人々と共に、少女を追い続けましたが、彼らの症状がぶり返すことはなかったとレポートしました。少女は走り、踊り、ジャンプし、今や痛みを知りません。(YouTube:「Healer or Hoax? Charlie Goldsmith Put to the Test ヒーラー、またはデマ?」「ヒーラー」チャーリー・ゴールドスミスがテストにかけられました」より)科学では何も説明できないことを、スピリットが現実にしたのです。『奇跡のコース』のレッスン76では、「私は、神以外の法則の下にいない」と理解しなさいと書かれています。

癒しを証明するために医師や教会は必要ないのです。神が癒しを肯定しているのですから、あなたはもう充分に癒せます。神はどんな医術や宗教にも特別に属するものではありません。むしろ、神は全ての医師と全ての宗教に属しています。マインドが寛容な医師や聖職者は、あなたがもっている癒しの力を一緒に喜んでくれるでしょう。そうでない者はそれを否定しようとするでしょうが、それが何だというのでしょう? あなたが良い状態であるのに誰の許可も必要ありません。ただ、神の許可とあなた自身の許可が必要なだけであり、あなたはすでに神のそれをもっています。あとはあなた次第なのです。

抵抗を超えて進んでいく方法

どんな時でもあなたが前進して、大きな新しい「イエス」を言おうとする時には、あなたの古い「ノー」が抵抗をしに戻ってきます。ですから、抵抗は、あなたが今突破口のすぐ前に立っているというサインなのです。古い思い込みをもった自分が、もっと大胆で自由な自分にすげ替えられそうになっていると知って、抵抗を起こすのです。そして、あらゆる手を巧みに使って、あえて動かないほうがいいと恐れの円の内側にあなたを閉じ込めようとします。しかし、いったんその円のふちのラインを越える勇気を出したら、それが恐れによって描かれていた円であり、真実は違うのだとわかるでしょう。恐れは嘘つきなのです。幸せとは、あなたが誰であるか、そして、あなたが何を手にする価値があるかの真実そのものなのです。アインシュタインは、「二流のマインドをもつ者は、一般化した偏見に盲目的に頭を垂れることなく、勇気と正直さをもって自分の意見を表現することを選んだ人を理解できない」と言っています。彼の言うように、私たちのマインドの中の二流の部分が、健康や愛、豊かさを表現するために前に進もうとしているもう一つのマインドの部分を理解できないでいるのです。健康、愛、豊かさ。これら三つの要素をあなたの真実であり、他のものは全て例外なのだと決めましょう。そして、あなたの運命を満たしていくために大胆に、そして速やかに動き出しましょう。

ここで、癒しに抵抗している時や、あなたが前進しようとして人生の変化を迎えている時に見られるサインについて少しご紹介しましょう。

1　治したいと思っている病気からくる身体的な症状が強まる。

2　他の病気から発生する新しい症状が出てくる。

3　イライラして、人に議論を吹っかけてしまう。

4　鬱っぽくなる。

5　とても疲れやすくなる。

6　周囲の人が自分の恐れや後ろめたさを刺激するような敵対的な言葉や行動をする。

7　依存的な行動に走る傾向が出てくる：過度な飲食、ドラッグの摂取、過剰労働、過度な性行為、あるいはテレビや携帯への依存など。

8　治す前に何かを終わらせ、達成し、修正しなくてはならないとの思い込みが生まれる。

9　前進を阻止しようと迫る緊急事態や劇的な事件が発生する。

6番以降に書かれている現象は、私が行っているライフコーチ養成プログラムや強化合宿リトリートに参加申し込みをした生徒たちにもよく見られます。私のオフィスには、これらのプログラムの開始一、二日前に、生徒たちから、「予想外のことが突然起こってしまい、飛行機に乗ることができなくなってしまいそうだ」との主旨の電話やメールがよくきます。家族の一人が病気になった人もいれば、仕事の同僚が辞めてしまったので代わりに働かなくてはいけなくなった人もいます。予想外の高額の請求書を受け取った人もいれば、夫が子供の面倒を見てくれなくなった人もいます。テーマは同じですが、いろんなバリエーションでその理由が浮上してきます。これらの緊急事態は確かに、参加者が欠席する理由としては有効かもしれませんが、ほとんどの場合、恐れと抵抗が現実となった状況だと言えるでしょう。ですから、このような場合には、私もスタッフも参加者にまず消去抵抗の存在と力について説明するようにしています。そして、とにかく参加者が前進できるように力づけるのです。ほとんどの場合は、予定通り参加し、出席してよかったと喜びます。そして、劇的な事件はきちんと収まるべきところへ収まり、参加者はプログラムで変容を体験するのです。そして、後から思い返した時、その生徒は、人生がより良く変化しつつあると知っていた自分とその変化を恐れて必死で立ち止まろうとしていたもう一人の自分がいたことを理解するのです。

では、ここでは、このような抵抗を乗り超えて、前進していく方法についてのヒントを少しお教えしましょう。

1　抵抗を見つけて、理解する。

2　抵抗に巻き込まれることなく、できるだけ冷静に見るように心がける。

3　信頼する人、また価値あるサポートをしてくれる人に体験を話す。

4　問題に関して起こったことを理性的に判断できるものを、何でもよいので見つける。
5　祈り、瞑想し、高次の力にガイダンスを求める。
6　自分の波動を上げて自分を大切にすることをすすんで行い、よりリラックスした状態に自分をもっていく。
7　問題に関係する人々や自分自身に対しても、辛抱強く待ってあげる。
8　自己内観を行う「この現象はどんな恐れが現実となっているのだろうか。恐れを増大させている偽りは何だろうか。私を導いてくれる愛、自信、信頼の声は何だろうか」
9　とにかく前に進む。

私のメンターが比喩的な絵を描いて見せてくれたことがあります。「犬は吠え、キャラバンは前に進み続ける」というタイトルです。あなたの前進への思いはキャラバンで、そこに居続けようとする恐れや理由は吠えている犬です。ポジティブな方向性への一歩は、それに抵抗する何ものよりもはるかにパワフルなのです。全てが間違った方向へ行く可能性を空想するより、全てが正しい方向へ行く可能性を空想しましょう。前に進めたら、どんな素晴らしいものが人生で手に入るのだろうか、と。なぜなら、健康は病気よりも強力なのです。そして、平和は、痛みよりもあなたの本質により近いところにあります。スピリチュアルの源泉につながれば、あなたはもう立ち止まれなくなるでしょう。

超えていく

抵抗と戦うならば、抵抗が勝利を手にします。キリストは「悪に抵抗してはいけない。善をもって悪に打ち勝ちなさい」と言っています。抵抗しても、それを上回る抵抗によって打ち負かされるでしょう。しかし、それはより高みに行くことで、超越できます。このやり方は単にあなたの外側からやってくる抵抗に対してのみならず、あなたの内側から起こってくる抵抗に対してもうまく働くでしょう。ネガティブなものとの格闘は、あなたをネガティブなものに縛り続けます。「決して豚と取っ組み合ってはいけない。豚も自分も汚れてしまうことで、豚の思うつぼだからだ」というように。抵抗を強敵だと見なすよりもむしろ、不機嫌な子供のように扱いましょう。散歩の時可愛い子供のような犬たちが迷子にならないように、傷つくことがないようにと紐でつなぐことがありますね。自分の抵抗も短い紐でつないでおきましょう。さもなければ、抵抗はあなたを引きずって痛みの多い、生産性のない危険な場所へと連れて行ってしまうでしょう。抵抗に少しだけ表現する場を与えておきましょう。しかしあなたの内なる王国の支配を許してはいけません。あなたの内側の癒しを求める気持ちが、癒しから遠ざけようとするマインドよりも強くなったら、健康や成功はあなたの体験に行き渡るようになるでしょう。

素晴らしいヒーラーたちが遺してくれたもの

キリストの身体は二千年前に消滅しましたが、彼の癒しの力は続いています。そして、多くの人々が、彼の名前を言うだけで日々癒されています。ブルーノ・グルーニングは五十年以上前に亡くなりましたが、今日でも、多くの人々が、病が治った人々の証言を通して、彼が起こした奇跡的な癒しのエネルギーに触れています。（参考サイト：www.bruno-groening.org/en/healings/physicalhealings）この世を去った全ての本物のヒーラーたちや、遠くから癒しを送る現存のヒーラーについても、癒しの力は続いています。癒しを完遂するのは、身体や人格ではないのです。それは普遍的な生命力にヒーラーがつながって起こり、どこからでもアクセスできます。真のヒーラーは物理的に定義されず、制限されることもありません。キリストやグルーニング、他のヒーラーたちの死は、彼らの存在や癒しのパワーと比べたら、重要ではないでしょう。なぜなら、爆発後も生まれ変わり遠く宇宙へ光を放ち続ける星があるように、真のヒーラーたちも身体が消滅した後も、ずっと世界を祝福し続けているからです。

キリストやグルーニングの聖なる死は、大いなる物語の中の一場面にすぎないとも言えます。癒しの担い手として、このマスターたちの魂は、死よりも彼らがもたらした生きる力へフォーカスしてほしいと願っているでしょう。足を引きずり、十字架に血だらけで貼りつけられた姿よりも、光輝き、笑顔に溢れ、両手を広げるキリストのほうが、はるかに彼がもたらした教えのイメージに合っています。恐れや非業の死などからくるいかなる体験も、その人がもつ癒しの力や使命からくる体験と比べると、些細な出来事でしかありません。神は殺《あや》められることはありません。エゴだけが神に抗《あらが》い、サーベルで美しい王国をガラガラと乱そうとし、神はそれをため息や笑いと共に退けるのです。神はあらゆる試練をはるかに超えたところに住んでいます。神は単に神であり、その神たるポジティブなエネルギーが癒します。他の全ての物語は、ただ恩寵という聖書の備考欄に書かれただけのものです。

The Master Keys

この章で授けられるマスター・キー

1. 人々の中には、恐れから、自分以外の者が癒されるのを見たがらない者もいます。彼らは、本物のヒーラーや癒しの技術を積極的に排除しようと必死になることがあります。

2. 個人や社会が癒しに近づく時、より暗闇が拡大し、光を妨げようとします。幸福への抵抗が

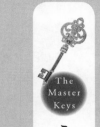

強まるほどに、癒しに近づいているのです。

3. 心身の健康の促進を目的としているにもかかわらず、教会や医学界といった機関は、時々癒しの事実に対して、最も強く否定し、抵抗することがあります。

4. 癒しを妨げているように見える出来事は、しばしば、突破口の扉の直前にいると教えてくれるサインとなります。

5. 癒しに対する抵抗を感じたら、本章に書かれている多くの効果的なやり方で、前に進むことができます。

6. 多くの素晴らしいヒーラーたちは妨害され、暗殺されてきましたが、旅立った後も、彼らの癒しの力は強まり続け、ずっと癒し続けています。

ストレスを感じないほどの幸福に気づく

全てがどんなに完璧であるかに気づいたら、
空を見上げて笑ってしまうだろう。
――ブッダ

感動的なドキュメンタリー映画『アポロ11』では、人類が初めて月面を歩くまでの旅路について、一般的には知られていないエピソードがたくさん語られています。その中の一つが、離陸時の乗組員の脈拍についての興味深い事実です。巨大なサターンVロケットがケネディ宇宙センターから約三百四十万キロの推進力で発射された時、宇宙飛行士たちは、九十七メートルほどの高さのロケットの最先端部にある、かなりの振動を感じる小さなカプセルの中にいましたが、管制塔では彼らの心拍をリモートで観察していました。宇宙飛行士のニール・アームストロングとマイケル・コリンズの心拍は一分間に百十回を超えるほどの速さを記録しましたが、それはこのような大変な状況では予想通りの結果でした。一方で、バズ・オルドリン宇宙飛行士の脈は、一分間に八十二回を記録されていて、完全にリラックスしている状況での脈拍と比べても、あまり変わらない状態でした。誰もがかなり興奮するような環境下で、彼がほぼ完全にリラックスした状態でいられることに私はとても驚きました。そして、これは、ストレスを感じるか、リラックスできるかは、環境のせいではなく、本人の選択の結果だと示すとても良い例だと思ったのです。

私もあなたも激しく揺れる怪物ロケットの先端に座るような機会はまずないでしょうが、私たちも毎日多くの場面で、自分の気持ちについて、混乱かあるいは平和を保つかを選択させられています。『奇跡のコース』は、「私はこの代わりに平和を見ることができます」というアファメーションを私たちに促しています。一つの魂において、喜びとストレスは、どんな時も同時に存在できません。それぞれに基づく体験は、重なるところのない全く異なる現実を見せるからです。喜びからの体験は、私たちを解放し、癒してくれますが、ストレスからの体験は、私たちを制限し、衰弱させます。ほんの少しだけ地獄を味わいながら、天国にはいれないのです。『奇跡のコース』はまた私たちにこうも言っています。「光が創造するもののみが現実である。その他のものはあなた自身が創り出した悪夢である」

スピリチュアルな免疫力

アメリカ海軍が行ったある実験は、広範囲の分野に影響を及ぼす驚くべきものでした。実験はインフルエンザの治療法の探究のためのもので、五十名の若い兵士をボランティアで募り、病気に感染させ、その病気の進捗具合を調べるというものでした。そして、対象の海軍兵士が実験用の島に送られました。そこでインフルエンザのウイルスを注射され、ウイルスが浮遊する空気を吸い、インフルエンザの患者との濃厚接触をしたのです。この実験を試みた医師は兵士たちを観察し、研究のためにその症状が現れるのを待ちました。

しかし、驚くべきことが起こりました。五十人の内、ただ一人の兵士もインフルエンザに感染しなかったのです。彼らは全員完全に健康なままでした。医師たちは兵士が病気にならなかった理由がわからず、頭を掻きむしりましたが、そこには実は形而上学的な理由があります。つまりは、彼らは病気に対して恐れを一切もっていなかったのです。彼らは自分たちがたとえ感染したとしても大丈夫だという自信があったのでしょう。恐れは免疫力を落とし、私たちを脆弱な意識へと急降下させます。そのことが、恐れている対象からより影響を受けやすくするのです。反対に、自分が健康で、完全であり、守られていると深く信頼し、自信をもてば、恐れの対象に影響をされない領域に達するまでに、免疫力を上げられます。

この話に関連して、クリニックを営んでいる日本人の医師の話があります。彼はもう十年もインフルエンザ患者に濃厚に接触してきましたが、その間、ただの一度もインフルエンザにかかったことがないと私に話してくれました。

本質的に健康であるとの意識をもち、どこに行くにも神の存在を意識して生きていれば、あなたは、完全性という自然な状態を維持していけるでしょう。そして、それに反する条件をもつものはあなたに触れることも、傷つけることもできないはずです。

だからと言って、自分に害を及ぼすかもしれない状況にわざわざ入っていく必要もなければ、あまり信用できない健康法を実践する必要もありません。あなたが害を及ぼすと信じるものが、害をもたらします。それよりもむしろ、本当の自分は永遠に完全で、外側の何ものもあなたを傷つけられないこと、そして、周りの世界で何が起こっていたとしても、あなたは神に創造された時のままであると知りましょう。あなたの深い内側の知恵に触れていくことが大切なのです。

今からストレス解消を始める

癒しに向けての重要なステップの一つに、内観があります。これは自分でも簡単に実践できるものです。今、人生のどの分野にストレスを感じているのかを正直に内観し、見極め、そして、それを和らげるためのステップを踏むのです。どんな小さなステップでも構いません。ほんの少しでも問題を照らせれば、自分のものの見方やエネルギー、身体の状態が変わってくるのがわかるでしょう。即座に奇跡的な癒しを体験することはないかもしれませんが（もしくは体験するかもしれません）、それでもストレスの影響が弱まり始めたと感じられます。医療の緊急性がないのなら、ストレスを自分で弱めて、医師のもとに行って薬を飲まなくても、うまく回復できる場合もあるでしょう。もし自力でやってみても、やはり助けを必要とする緊急な場合には、プロのサポートをぜひ受けてください。いずれにしろ、リラックスした時にどれだけ身体の調子が良くなるかを知ると、あなたはとても満たされた気持ちになって、そのことにきっと驚くでしょう。

英語で病気を意味する「disease」には、癒しへのヒントが隠されています。この単語を切り離してみると「dis-ease（安らぎがない）」となり、そのメッセージが読み取れます。つまりは、安らぎ「ease」は私たちにとって自然な状態であり、生まれながらの状態なのです。恐れや混乱、罪悪感やプレッシャー、抵抗する気持ちに陥った時、安らぎはなくなります。ですから、安らぎを取り戻そうとすれば、生来の健康へと回復を始めるのです。この公式は、わざわざ複雑に考えようとしない限り、とてもシンプルです。

たとえば目の前にあまりに多くの仕事、やるべきこと、プレッシャーがあり、それらを終わらせる時間やお金、体力、必要なものが充分にないというように、一見、状況次第で、ストレスは生まれるように見えます。しかし、実際は、物事への捉え方次第です。人生の全ては捉え方次第なのです。世界がどうであるかは、私たちが世界をどのように見るかによって決まり、その信念を反映します。大変忙しく、数えきれないほどのプロジェクトと責任をこなしながらも、明るく、気持ちよく、豊かなエネルギーと多くの笑顔で、仕事や家庭でのやるべきことを難なくこなしている人たちもいます。一方で、何が目の前に来ても、重荷に感じてしまう人もいます。そんな人たちは、仕事や家族を重たく感じ、疲れ、病的になり、少しも楽しめず、「また虚ろな一日が始まる」と呻《うめ》きながら朝を迎えます。ストレスを作り出しているのは、何をするかではないのです。なぜ、どのようにしてそうするかなのです。

自分の周囲にいる人々や状況を変えたり、やるべきことを減らしたりはできないかもしれませんが、自分の捉え方を向上させるパワーをあなたはもっています。時には、環境を変えることもできますが、自分のマインドは常に変えられます。マインドのレベルから働きかける時、その他のレベルもそれに伴って変わっていくでしょう。
ストレスを減らすため、手始めに、鍵となる左記の質問を自分に投げかけてみましょう。

私は、本当は何がしたいか？　他に選択肢はないだろうか？

どの仕事を今日は終わらせなくてはならないか？　どれを後に回せるか？

本当に必要なもの以上に仕事を抱え込み、
無理な締め切りを決めていないか？

どの仕事が「やるべき」から生まれているか？
またどの仕事が「やりたい」から生まれているか？

目の前のどの仕事が喜びを原動力にしているか？
またどの仕事が恐れによってさせられているか？

自分に必要な仕事を、より明るく楽しめるように
捉え直してやる方法はないか？

自分の価値観や喜び、私らしい選択をして、真の人生を生きるとしたら、
私はこの仕事以外の何をするだろうか？

やるべきリストを破り捨てるとしたら、日々をどう過ごしているだろうか？

これらの質問に答えていくと、きっと今自分が体験しているストレスは、部分的に、または、全部を、自分が自分に課していたと気がつけるでしょう。周囲の人や世界が自分に義務を課して抑圧していると見えても、自分が自分をより押さえつけているのです。たとえ周囲の人があなたにとても多くを求めているようでも、あるレベルにおいて、あなたは彼らに同意し、また自分自身にもそうさせるよう同意しているのです。やるべきことがたくさんそこにあっても、恐れや後ろめたさ、怒り、あるいは完璧主義からくる自己批判が、自分に多くの重荷を背負わせるのかもしれません。あるいは、古い記憶の中で、両親やあなたに権力をもつ人たちが要求し続けた声が、今なおあなたを脅かし、達成に無理な水準にもかかわらず、それを満たせと、自分の心をむち打

ち続けるのかもしれません。しかし、ちょっと後ろに退いてみましょう。そして、自分の終わりのないやるべきリストを、理性をもって見てみれば、決して終えられないリストだとわかるでしょう。目標を達成したとたんに、別の目標が次から次へと現れます。これでは、たとえ死んでも、返信すべきメールが受信箱に残るでしょう。目の前の全ての仕事をやり遂げなければと思うのをやめましょう。そして安心して流れに乗って、もっと楽しんでやれることをするのです。そして、残りは神に調整してもらいましょう。自分で思うよりもはるかに多くのサポートをあなたは受けるはずです。真の成功は、やり遂げることではありません。人生を捉える姿勢を成長させることなのです。

偉大なる回避

ここにあなたの抱えるストレスを帳消しにし、代わりに幸せと癒しを見つけるための方法をいくつかご紹介しましょう。

1　ストレスを感じながらも、やめられない理由を理解する

ストレスを感じながらもやり続けるなら、全ては、常に恐れがベースにあります。他人からの批判を恐れたり、配偶者や上司、あるいは神の期待を満たせないという理由で罰を受けるのを恐

れたり、自分で決めた意味のない基準や目標を達成できないと恐れているのでしょう。終わりのない努力で自分を証明しようとしているかもしれません。あるいは、静かに余裕をもつのを恐ろしいと思っているかもしれません。ブレーズ・パスカルは「人間が抱える全ての問題は、一人静かに部屋で座り続けらないところから生まれている」と言っています。多くの人々は忙しさに中毒になっていて、走り続けなければ、自己懐疑や自己批判、罪悪感を直視しなくてはならなくなると思っています。生活が超多忙ではなくなると、内なる悪魔が目を覚まし、自分を脅かし、攻撃し、破滅させると思っているのです。

しかし仮にそんな悪魔の思考が頭に浮かんでも、もしあなたが、静かに明確な気持ちをもってその恐れに向かい合えば、それらが全て偽りだとわかるでしょう。恐れの下に隠されている自分の真実を発見できます。自分が非の打ちどころのない美しさをもち、愛されるべき、賢く、罪のない存在であるとわかるはずです。用事や仕事、人間関係の混乱、緊急の事態が次々と起こり続け、自分と共に居られなくなるのは、恐れの仕業にほかなりません。そして、皮肉にも、最もあなたが恐れているものこそが、あなたを癒すものである可能性があります。聖なる静寂と共に在る時にこそ、あなたは自身の魂の豊かさや生来の自分の素晴らしさ、そして他に比べようのない貴重な、本当の自分を見つけ出せるのです。あなたの内なる静寂は、呪いではなく、解放を促すものです。

2　すでに充分であるとアファメーションする

ストレスを感じる理由は、自分のパワーを「足りていない」という不足の思考に明け渡しているからです。かつて私は必要な仕事やミーティングを全《まっと》うできる充分な時間など決してないと信じていました。一方で、物質的には豊かに恵まれているとも感じていました。ある日、ふとこんな疑問が湧きました。もし宇宙が物質的な豊かさに溢れているのなら、時間においても同じのはずだ。宇宙は果たして豊かなのだろうか？　と。これは私たちが自分で答えを出さなくてはならない根本的な質問です。宇宙がもし豊かなら、時間も含めて、全ての分野に豊かさは存在します。真実に例外は作れません。「宇宙の原理は宇宙の四分の一には働いているが、その他の部分には働いていない」とは言えないのです。神が創造に手を抜く箇所などありません。お金や時間、スケジュールについては、神は助けてくれないんだと感じることはあるでしょうが、それは真実ではありません。来るべきものを遠ざけているのは自分のマインドです。幸せはまるで大切なギフトのように、ドアの前に置かれていて、あなたがドアを開けて受け取ってくれるのを待っているのです。

ここで、アファメーションを一つご紹介します。あなたがリアルに感じるまで繰り返し試してもらいたいものです。

スピリットが私にさせたいと思っていることができるだけの

充分な時間が私には常にあります。

宇宙があなたに仕事を与えるなら、それを行う時間も与えるはずです。宗教によっては異なる教えを説くかもしれませんが、神は、あなたにプレッシャーを与えたり、要求し、脅かしはしません。また、あなたを罰したり、試すこともなく、自分の幸せに妥協をしてほしいとも思っていません。これらの要求を自分に課しているのは自分なのです。神は関係ありません。これら全ての恐れの体験は、人が自分で編み出してきたのです。あなたが時間も含めて、人生のあらゆる分野で豊かであること、それが神の心からの一番の願いです。どうしても充分な時間がないのなら、きっとやらなくてもよいものまでをリストに詰め込んでいるのでしょう。何が本当にする必要があるのか、反対に、何をする必要はないのか、正直な真実を言いましょう。それが本当に必要なものなら、充分に時間はあるはずです。

3　必須の課題だけを選別する

ここでもう一つ効き目があるアファメーションをご紹介しましょう。

私は常にできると思う仕事の
一つ手前でやめてよいのです。

あなたを混乱させるのは、しなければならない課題そのものではありません。混乱はスプリンクラーがくるくると水をまき散らして焦らせるような状態で、その課題そのものではありません。不必要をそぎ落として、絶対的に必須のものだけをやればよいのです。今日やる必要ない仕事は、明日に残しましょう。もしくは来週に、いいえ、もうやらなくてもよいのかもしれません。あなたの目の前のことに集中しましょう。目の前の課題をうまくこなせば、次の課題もうまくこなせます。自分に課した義務や締め切りを減らしていけば、時間とエネルギーを解放し、あなたが本当にすべきことにしっかりと取り組む時間と空間を与えられるでしょう。

4 スケジュールの自由時間を仕事で埋めないようにする

人は労働力や時間の節約のために奇跡のテクノロジーを発明してきましたが、自由時間についてはどうでしょうか。仕事から解放させるどころか、もっと働け！　と言うばかりではないでしょうか。一日に何回もメールのチェックをする必要が本当にありますか。何度も出かけるような用事がありますか。そんなにたくさんの量の仕事をやる必要がありますか。自分が休む間もなく、そんなに多くの人の助けに回る必要があるのでしょうか。これらは役立ち、やっていて楽しい時もあるかもしれません。ですが、そんな仕事に依存してしまうと、生き生きするどころか、エネルギーを奪われてしまいます。自分の存在を忘れさせるものには全て、恐れのマインドが満ちているのです。心が伴わない行動は私たちを衰弱させ、心と共に行う行動は癒しをもたらします。最期に息を引き取る時、あなたはフェイスブックに何人友だちがいるかは数えないでしょう。あなたはきっと自分が愛する人と一緒にいた時間を数えるはずです。

5　高次の力とパートナーシップを組む

あなたは一人ではありません。目に見えない創造の源からの力のサポートがあります。『奇跡のコース』は「あなたが自分の選んだ道を共に歩く存在が誰なのかを知れば、恐れることなどないはずです」と言っています。孤独感や見放された思いは、心身を衰弱させます。創造の力をもつ宇宙と自分はつながっていて、助けられていると知れば、恐れや恐れのもつ力を消せるでしょう。ストレスを感じ、締め切りがじわじわと迫ってくる仕事に出会ったら、宇宙に向かってこう呼びかけましょう。「さあ、聞いてください。この仕事を終わらせられるか、どう終わらせたらいいかわからないんです。どうぞ助けてください。私は今、高次の力からのサポートに心を開きます。私一人ではできないことを宇宙が助けてくれると信じ、安心し、その導きを受け入れます」

こんな祈りに神が応えないはずはありません。わが子が重たい問題を抱えて自分のところに来て、恐れと心配のあまり、助けを頼んでいるのです。全力でわが子をサポートしたいと思うに違いありません。私たち人間でさえも、わが子に対してこんな思いやりはもっているのですから、私たちを愛し、天国や地球を創造した神は当然それ以上のものをもっているでしょう。私たちを助け、支え、優しくなだめ、癒してくれ、そのうえ私たちが自分では成し得ないことを創造してくれる高次の力はなんと偉大なのでしょう。

6　自己の責任を通して、遊び楽しむ方法を見つける

気が進まない仕事をすべき時には、それに抵抗することで消耗しないようにしましょう。抵抗はむしろ仕事を長引かせ、より困難にします。代わりに、それをゲームだと捉えてはどうでしょうか。そこからうまく動き出せるように、何か心を軽くする方法を見つけるのです。心から軽くなると、仕事の煩わしさも軽減します。時間も早く過ぎ去り、そうなれば、より楽しめる次の行動へと流れていけます。

ストレスはある意味役に立つか？

心理学者の中には、ある種のストレスは役に立つと言う人もいます。良いストレスと悪いストレスがあり、良いストレスは、仕事を締め切り日までに終わらせたり、競争で上に行くためにあなたを動かしてくれるというのです。しかし、ストレスと動機には違いがあります。特にストレスを受けなくても、あなたは動けるのです。ストレスは、プレゼンを失敗するかも、ある年齢までに結婚相手が見つからないかもといった、恐れに根づいたプレッシャーに近いものです。一方

で、価値ある目標への努力を刺激するワクワクする気持ちは、達成できない場合の恐れからくるプレッシャーとは異なるものです。喜びからの直感を受けて行動にうつす時、あなたの身体の中では前章で書いたようなホルモンが喜びを誘発すべく分泌しているのです。ストレスを感じている時、アドレナリンが火を噴き、生き残りをかけて、戦うか逃げるかの第一心理のメカニズムに陥ります。心理学者が、良いストレスとは、虎に追いかけられて生き残るためにアドレナリンが激しく発動することだとしているなら、彼らは正しいと言えるでしょう。しかし、実際はそうではない状況なのに、生死を揺るがす状況と勘違いしている場合が多々あります。最終試験に合格できなくても、あなたは死にはしないでしょう。しかし、恐れに満ちたマインドは、最悪の状況に向けてシナリオを描きます。たとえば、大学を退学させられる、仕事に就けない、橋の下で段ボール箱の中に住むことになる、というように。ちょっと現実的に考えれば、その可能性はとても低いと気づくはずなのです。試験でAの評価の代わりに、Bの評価をもらうかもしれませんが、それは生死を脅かす問題ではありません。しかし、それを生きるか死ぬかの問題だと捉えてしまえば、あなたは恐れにはまり、恐れから力を奪われていくでしょう。

一方で、宇宙飛行士のバズ・オルドリンのように、他人にはストレスが伴うことでも、平然と行える人たちもいます。たとえば、ほとんどの人たちが、サメがたくさんいる海に飛び込むのをとても怖がりますが、中にはそれを楽しんでする人たちもいます。フィジー島に住んでいた時に、自宅近くに有名なスポットがありました。ボートでダイビング好きな人たちをサメの保護区まで連れていき、そこに飛び込み、餌である肉の塊をサメたちに与えるのです。ダイビングの熟練者は、サメはとても友好的で、人を滅多に傷つけないと私に説明してくれました（私は乾いた陸地に住んでいるので、勧められても飛び込めません。よかった！）。彼はある統計を引用して、毎年牛によるなんらかの事故の死者数のほうが、サメによるものよりも多いと言いました。そしてさらに、ニューヨーク州のより多くの住人が人に噛みつかれて、救急処置室に運ばれていると言いました。それはこの地球上のサメに噛まれる人の数よりも多いそうです。危険とは、（ニューヨークで、噛み癖のあるルームメイトと共に暮らさない限り）外の環境よりも恐れに満ちたマインドに隠れ住むものです。

多くの人は適度に困難な状況を、命がけのように捉えるのに慣れてしまっていて、相当レベルのアドレナリンが分泌されるのにも中毒になっています。アドレナリンがある基準値を下回ると、落ちつかなくなり、中毒を満たしてくれるように、何か別のドラマやスリル、大騒ぎを創り出そうとするのです。これは、副腎疲労の原因の一つでもあります。騒ぎがいつも起こっていないと、安心できず、何をしていいかわからない人たちもいるのです。古代ギリシャ人は、賢くも、劇場でのドラマを創作し、人々の恐れを昇華させるためのはけ口としました。それによって、私たちは、現実の生活の中で、恐れに切り刻まれずに助けられています。ステージ上の役者たちが危機を乗り越え、解決していく時、私たちは自分の経験として捉えて、恐れを追い出し、安堵を感じます。架空の登場人物たちを通して、ストレスを解放しますが、自分の一部を彼らが映し出していることに気がつくと、彼らはさほど架空というわけではないとわかるでしょう。だからこそ、ストーリーはほぼハッピーな結末であるものが多く、それによって自分の試練も何らかの形で解決できるだろうという安心を得られるのです。

君！　人生のドラマはなしだよ。

人生のドラマを体験せずに、生きていくことはできるでしょうか。人生のドラマを生み出すストレスから逃げられるでしょうか。ある日のこと、私はオーストラリア人が営んでいる店に、修理に出していた芝刈り機を、取りに行かなくてはなりませんでした。時間に遅れて車を走らせながら、私は彼に電話をして、店が閉まる前に到着できないかもしれないと伝えました。「大丈夫だよ。君！」と、彼は典型的なオーストラリアのゆったりしたスタイルで答えました。「ドラマはなしだよ（No Drama）」この時、私は初めてこの表現を聞きました。アメリカでは、私たちは「問題ない」や「心配ない」と言います。「ドラマはない」とはまさに新しい概念でした。

困難な状況に出合った時、それを捉え直しすれば、人生のドラマを創り上げることはないので、そのドラマが生み出そうとするストレスは避けられます。私たちが頭の中で聞く声は全て、二つに分別できます。それは愛の声と恐れの声です。考えや言葉、感情、行動などは全て二つのうちのどちらかの声から生まれています。コーチングセッションで、クライアントが私にストレスを感じる問題について話す時、私はよくこう聞きます。「これについて、あなたの恐れの声はなんと言っていますか?」その声をクライアントが言った後、私はまたこう聞きます。「これについて、今度は、あなたの愛や真実、そして信頼の声はなんと言っていますか?」と。クライアントが愛に満ちた声に触れると、彼らの態度がクリアに変わっていくのを見ることができます。眉間に寄せていた皺がなくなり、肩の力抜けて、呼吸が前より深くなり、エネルギーがストレスから安心へとシフトしていくのがわかるのです。ドラマから生まれてくるストレスには、常に恐れがベースにあります。恐ろしいドラマを解決する道には、常に愛がベースにあります。困難を伴う状況を、より広い視野から見て、怖がる必要のない状況へと捉え直ししていくのです。その練習を積んでいくほどに、私たちは自身の人生のドラマを鎮めて、癒しへの道を明確にしています。

誰もいない救急処置室

私の友人はハワイにある病院で、情報部門長として働いています。彼女の話によると、コロナパンデミックが激しくなってきた時、病院の救急処置室（ＩＣＵ）は開院以来、最低の利用回数を示したそうです。彼女はこの奇妙な現象の理由を二つ挙げました。第一に、ハワイがアメリカ国内では最もコロナ患者の発症率が低い場所の一つであったこと、そして第二に、これは本当に興味深いことなのですが、人々がコロナ感染を恐れるあまり、ＩＣＵへ来なくなったことです。

そしてさらに、コロナの急患に備えて、スペースを開けておくように上から指示を受けました。「足首をねんざしたり、背中をひねったり、転んであざをつくって、こんなことがなかったら、治療に来ていた人たちも、家で自分で何とかするか、あるいは何か別の方法をやってみたようね」と彼女は説明しました。

ということは、通常私たちが緊急だと考えていた多くは、実は家でも治療できるものだったのでしょうか。ただリラックスし、休息し、自分を充分にケアできたら、多くの病気は自然に、なんの妨害もなく治っていくのでしょうか。医師の治療を必要としない自然療法を私たちは自分で行えるのでしょうか。

本当に緊急の場合は、医学的な処置を求めたほうがよいと私は思います。プロの手が早急に必要な場合はあります。医師やICUに行く必要がある場合には、もちろん行くべきです。しかし、ハワイの病院の例は、私たちが通常、緊急だと感じている多くの状況は、実はさほどストレスを感じる必要はなく、またドラマを作り出さずとも、もっと楽に、簡単に何とかできるのかもしれないとのヒントを与えてくれています。

踏み越える必要のない限界線

健康に害を及ぼすレベルのストレスを感じ始めたら、あなたは身体や感情から、重要な限界線を踏み越えたという、明確なサインを受け取るでしょう。そして、特定の症状を体験し始めるかもしれません。それは、ペースを落として、余裕をもって、別のやり方に変える必要があるとあなたに知らせる危険信号です。たとえば、喉に痛みを覚えたり、頭痛や消化不良、肌荒れがあるかもしれません。イライラし疲れやすかったり、あるいは突っかかるような話し方になるかもしれません。混乱しがちになり、物を落としたり、こぼしたり、壊したり、ぶつかったりもするでしょう。仕事でミスしたり、あるいは事故に遭うかもしれません。こんなことは、あなたが気持ちよく、健康でリラックスして、情熱やヴィジョンに沿って生きていれば、起こらないことです。働きすぎて、ストレスを受け、疲れ切っている時に起こります。そうすると、イライラしたり、あるいは、がっかりするでしょうが、実はこれらの出来事を通して、宇宙はあなたへ大切なメッセージを運んでいるのです。「立ち止まり、息を吸いなさい。そして、動き出す前に、頭をはっきりさせなさい」と。

しかし、この危険信号を聞き入れる代わりに、多くの人はそのサインを避けたり、乗り超えようと無理したり、あるいは全く気がつかない場合もあります。さらに働き、さらに忙しくして、症状を覆い隠すために薬を飲み、お酒やテレビ、ネットサーフィン、メールやSNSに没頭して自分を麻痺させています。あるいは、薬やギャンブル、性、アルコールなどの中毒、潔癖症やその他の依存症に傾いていく場合もあるでしょう。エゴは、自分をケアしなさいと求める愛の声を、とても巧妙にかき消します。エゴの声に従うと、サインを通して、求め続けている愛の声に耳を傾けることなく、問題を一時的に避けてしまいます。しかし、最終的には、あなたは身体の本来の在るべき姿を思い出すでしょう。なぜなら、ある日、病気で横たわっている自分や、家族や仕事、人間関係で難しい状況に直面している自分に気づかされるからです。

少し時間をとって、ここで考えてみましょう。

重要な限界線を踏み越えた時、あなたにそれを知らせるために
あなたの身体はいつもとは違うどんなサインを送ってきますか?

それらのサインに対して、あなたはどんな反応をしがちですか?

あなたが、そのサインに、
より素早く、健康的にまた効果的に反応するならば、
どんなことができますか?

ネガティブな出来事が起こるのを避けるために、
あなたはどのようにしてより深いケアを自分にしてあげられますか?

自分を心から愛しているとしたら、

どのようにしてその大きな思いやりを自分に示してあげられますか？

この世界に生きるほとんどの人たちは、自分をより深くケアしてあげれば、ギフトを得られるのです。自分に優しくし、リラックスを心がけ、有害な状況から離れて、大切にしたい人間関係を深めていけば、それらは身体と心の病気に広く働きかけ、核の部分から癒してくれます。自分により優しくしさえすれば、軌道を外れることはないのです。多くの人は自分に優しくすると、後ろめたさを感じます。なぜなら、自己を犠牲にするほうが、自己を大切にするよりも価値あるものだと教えられてきたからです。ですが、真実は真反対です。あなたがリラックスし、幸せで、健康的で、そして創造性に溢れている時こそ、あなたは家族や仲間、そして世界へポジティブな貢献ができる最も適した場所にいるのです。

もっと幸せになろうとしなくてもよいのです。あなたはすでに全てを祝福され、幸せです。ただ、すでにもっている幸せを否定する行為をやめればよいのです。恐れがベースにあるエゴは、あなたがすでに充分に足りているとは決して認めようとしないでしょう。そして、いつも充分な幸せのためには、あと一つ、あるいはもっとたくさんのことが起こらなくてはならないと言い続けるでしょう。ソウルメイトを見つけなくては、一流の仕事をもたなくては、夢の家を建てなくては、宝くじが当たらなくては、決して幸せになれないと言い続けるでしょう。しかし、もうわかっているとは思いますが、あと一つ、あるいはもっとたくさんのことが起こったとしても、あなたはまた自分を本当に幸せにしてくれる次のものへと手を伸ばし始めます。良いものを求めるのは悪くありませんが、今立っている場所で満ち足りなければ、何もあなたを満たしてはくれないでしょう。そして、もうすでにもっている幸せに気がつくほどに、またより多くの幸せを引き寄せるのです。私たちは幸せを、幸せに向かうことから生み出すのではなく、幸せから生み出していかなくてはなりません。

ストレスとうまく付き合っていくうえで、すでにもっている幸せを知るのは、最も効果的な学びです。神はあなたにストレスを感じたり、病気になってほしいとは思っていません。あなた自身もそうでしょう。あなたのマインドや体験から、ストレスを与えられるものを全て取り除いてください。それが、あなたが行くべき場所へ行けるための一番の近道です。

この章で授けられるマスター・キー

1. ストレスは状況からではなく、捉え方から生まれます。したがって、状況の条件を変えようとするよりも、捉え方を変えることで、最も効果的にストレスは癒されます。

2. ストレスを感じる行動をやめれば、最も効果的に薬の摂取を抑えられます。また薬に過度に依存した治療もより避けられるでしょう。

3. 自分で認知しているよりも、はるかに多くのプレッシャーを自分にかけている場合がありま す。本当に必要なことを後回しにして、必要ないことをしようとしていないか考えてみましょう。

4. 本章にリストアップされている多くのやり方を使えば、あなたはうまくストレスを解消できます。

5. ストレスは役に立つというアイデアは、ほとんどの場合は神話のようなものです。安心やリラックス、そしてセルフケアこそが、プレッシャーや罪悪感、恐れがベースの義務感よりもはるかに物事を達成します。

6. ドラマは選択による体験です。人生におけるドラマは、自分で最小限にし、取り除けます。

7. ストレスが溜まりすぎると、身体があなたに明確な警告のサインを送ってきます。サインに気づくようになりましょう。そして、気づいたらできるだけ早く後ろへ退き、セルフケアを始めましょう。

祈りの力を動かす

時にはたったひとりの祈りの力だけで
全てを変えることができる。
——出典不明

マウイ島のフォーシーズンズホテルでセミナーを開催することになり、宿泊の空き状況を問い合わせした時、ホテルのマネージャーは、クリスマスシーズンの宿泊は全て売り切れだと言いました。施設内の普通の部屋でも一泊五百ドルで、スイートルームに至っては、一泊二万三千ドル以上したはずです。そんなに高いお金を払って、飛行機で豪華なリゾートまでやってきては、贅沢なホテルにどっぷりと浸りたい人がたくさんいるのだとわかり、私は驚きました。

もう一つ別の種類のリゾートがあります。そこは無料で、贅沢三昧のホテルよりももっと深く自分を取り戻せる場所です。それは「祈り」と呼ばれるところです。ほとんどの人たちは祈りに還れば、そこに究極のリゾートを見つけられます。たとえ全てが失敗に終わっても、私たちは祈るのを忘れないでしょう。困難に出合ったとたんに、祈りのリゾートへ向かっても、特に困難がなくても、時間不足を感じ苦しみつつであっても、日々祈りの意識をもち続けてさえいれば、祈りは幸せを現実にしていきます。祈りはその素晴らしい力で癒しを届け続け、世界規模の悲しみから私たちを救い上げ、幸福の全てが湧き出る源を通じて、皆がつながり合っていくよう助けます。祈りは全ての善につながるライフラインなのです。祈りは恩寵へのドアを開き、私たちを悩ましていた問題は愛によってそこで解決されます。そしてその愛は、知性の及ぶところをはるかに超えたやり方で、私たちを大きく受け入れるのです。

真の祈りは、癒しを求めません。祈りは癒しを受け入れるためだけのものです。幸せな状態になるように何かを起こそうとする必要はありません。ただし幸せな状態になるままに任せる必要はあります。神はこの瞬間にも、完全な健康を含めて、あなたが想像でき得る限りの、いいえ、それよりはるかに多くの善を、あなたに対して送り続けているでしょう。あなたはただ喜んでそれを受け取るだけなのです。

多くの人々は、癒されるのも、幸せを受け取るのも苦手です。なぜなら幸せの源とつながるための間違ったやり方を信じているからです。キリストは「あなたの祈りは間違っている」と言いました。人生を変えられる道具を持っているにもかかわらず、使い方を知らないでいては、大損ですね。今一度、原点に戻りましょう。ではここで、私たちと癒しの間に立ちはだかっている偽りの思い込みとその解消法について、いくつか紹介したいと思います。

思い込み1：神は遠いところにいる

今まで私たちは、神はどこか遠くの天国にいるとし、罪と悲しみに満ちた人間と、癒しの源であるその神との間には、埋めようがない溝があると信じてきました。そのうえで、祈りを、まるで離婚して家族と離れて暮らしている父親に子供のサポートを懇願するような、遠距離電話のように捉えてきたと思います。しかし神は人間を見捨てたのではありません。癒しの源である神に背を向けたのは私たち自身なのです（もしあなたが神との距離を感じるのなら、どちらがその距離をとったのでしょうか）。神聖な存在がすでにここに居ることを理解すれば、今一度その存在とつながることができます。詩人のカビールは「水中の魚は喉が渇くと聞いて、私は笑う」と言いました。アルフレッド・テニスンは「呼吸よりも身近で、手足よりも近い存在は神である」と言っています。神がすでに私たちと共に在ると理解すれば、神に近づくために苦しみ、やきもきする必要はなくなります。真の祈りとは、近距離電話と同じなのです。

思い込み２：神は怒りと復讐に満ちているので、私たちは苦しむべきである

『奇跡のコース』は「神の意志が私たちに望むのは、完全な幸せである」と言っています。激怒する神のイメージをもっているとしたら、それは単に人間の執念深さが反映されているものです。ヴォルテールは「神は人間を自分の姿に似せて創造した。したがって、人間は返礼として神を称賛する」と書いています。罰を与える父親の怒りを鎮めようと祈るのではなく、あなたに王国を与えたいとただ願っている父親につながるために祈りましょう。神は私たちの痛みになんら喜びを感じません。私たちに健康で豊かで、愛の中に生きてほしいとただ願っています。祈りの目的

は、自分の思考を高く上げて、視界をクリアにすることです。そして私たちが勝手に作り上げた姿ではなく、ありのままの神の姿を見えるようにするのです。

思い込み3：幸せな施しを受けるためには、神を納得させる必要がある

自分に幸せを届けてもらうために、神を納得させようとする必要はなく、むしろあなた自身が幸せを受け取ってもよいのだと納得しなくてはなりません。あなたが変えなくてはならないのは、神のマインドではなく、あなた自身のマインドなのです。神はすでに私たちの望みを叶えようと決めていて、あなたがそれに参加するのを待っています。神学者のフィリップ・ブルックスは「祈りとは嫌がる神を説き伏せて願いを聞いてもらうことではなく、神が喜んでしようとしていることを自ら受け取りにいくことである」と言っています。もし神に挑んだり、交渉したり、神をおだてたり、騙したり、あるいは説得して、自分には幸せを受け取る権利があると理解してもらわなくてはならないと信じているならば、墓穴を掘っているようなものです。神はすでにあなたの健康や豊かさを心から願い、応援しているのですから。スピリットはあなたが大きな善を受け取るに値するとすでに知っていて、それを届けたいと心から願っています。神への祈りは、神がすでにもっているあなたに関する最高のヴィジョンに、あなた自身が追いつくためのものです。したがって、祈りは、自分を大切にするための最高の行為だと言えるでしょう。

思い込み４：自分は独りぼっちで、助けてはもらえない

目に見えるこの世界においては、愛する友人や家族が、あなたを愛し、信じ、あなたが最高に幸せになるように望み、あなたの助けになれるなら何でもしてあげたいと思ってくれているでしょう。目に見えない世界においても、あなたには天使やガイド、聖人やアセンデットマスターと呼ばれる人たち、亡くなった身内の方などがいて、様々なやり方であなたを助けようとしています。インスピレーションや内なるガイダンス、共時性（シンクロニシティ）のある出来事、人生を拓く鍵となる人たちとのご縁、無条件の奇跡などを通して、彼らはあなたを助けようとしています。これらの目に見えない友人たちは、この瞬間もあなたのそばに立ち、いつでもあなたの代わりに、始まりの紐を引っ張る準備ができています。あなたの役割は彼らの存在を信じ、助けを頼み、機会を逃さないように、サポートが現れた時にサポートを受け取ることです。「あなたが働けば、神は休み、あなたが休む時、神は働く」という言葉があります。「休む」というのは、行動をやめたり、怠けたりを意味しているのではありません。「全てを自力でやろうとせず、高次の力に助けてもらえばよい」という意味です。

思い込み５：自分が受け取ることができる幸せは限られている

クライアントのマーシーは、医師に一度不妊を宣告され、もう子供はもてないだろうと言われていました。ですが、彼女と夫は子供が欲しいと懸命に祈り、奇跡的に妊娠し、子供を授かりま

した。その後また、夫婦はもう一人子供が欲しいと思っていましたが、以後ずっと妊娠できませんでした。「あの最初の子を産んだ時に、私はあてがわれた奇跡を全部使い果たしてしまったのでしょうか」と、彼女は私に聞きました。彼女の質問は、私たちが受け取れる善は決まっていて、それ以上はないという思い込みを示しています。私は彼女に、祈りを聞き届けて一番目の子を授けてくれたのだから、神は、もっと子供が欲しいという祈りにも応える完璧な力をもっていると言いました。この女性が行き詰まっていたのは神が課した制限のせいではありません。彼女自身の思い込みによる制限なのです。彼女が親になっていく人生の旅路は、ただ単にこの世界に子供をもたらすことだけではありません。私たちの親である神は、わが子に限られた食べ物を割り当てていくような、幸せや奇跡の量り売りはしないと知ることでもあります。宇宙は私たちが必要とする全てのものを際限なく与える力をもっています。私たちは単にそれを呼び入れるだけです。決して治らない病気だと言われながらも、完治した多くの例を私は知っています。科学の理解を超えて作用する、より高次の法則があるのです。

思い込み6：物質を求めるのは、自己中心的である

神は、物質界において必要な全てをあなたに手に入れてほしいと思っています。ですから、手に入ったらもっと生活しやすくなると感じるものがあるなら、自分でそれを否定するのはやめましょう。むしろ、それを手に入れるほうが、神の愛を受け取る一つの方法となります。『奇跡の

コース』の原本には、コースの著者とされるイエス・キリストとそれを書き起こしたヘレン・シャックマンとのこんな会話が記録されています。ヘレンは高級なデパートで、冬のコートを買いたいと探していました。しかしキリストは、同じコートがもっと安い値段で買える別の店に行くように、具体的に指示を与えて、彼女を導きました。すると、その店で、ヘレンは障害ある子供がいるセールスマンに会ったのです。彼はアドバイスを求めていて、ヘレンはその障害の専門分野の心理学者だったので、彼を助けることができました。そう、そのガイダンスにはより深い目的があったのです。ヘレンはキリストからのガイダンスに従い、コートを手に入れて、また、祝福も届けられました。

思い込み7：ある特定の方法で祈らなくてはならない

もし、あなたが祈りの言葉があらかじめ決まっているような宗教を信じて育ち、神の注意を引くためには、その特定のやり方で祈らなくてはならないと教えられてきたのなら、結局祈りの本来の部分が抜け落ちて、そこからのギフトを得るチャンスを逃してきたかもしれません。牧師から地獄の恐ろしさを語られ、とても怖くなった記憶や、ゴルフコースや日曜のブランチのことなど、中身のない会話をしている人たちが大勢いる集会に座っていなくてはならないような、面白くない記憶を抱えているでしょう。伝統的な祈りの言葉ややり方にこだわるのをやめて、自分で自由に創り上げてみてはいかがでしょう。神は私たちの祈りの言葉ではなく、その言葉の背後にある誠実さと意図に耳を澄まします。神とつながりたいという真の願いから生まれた心からの言葉は、たった一語であったとしても、何千にも連なる空虚な言葉よりパワフルです。キリストは私たちに気持ちのない空っぽの繰り返しはしないようにと言っています。伝統的な祈りの言葉が好きで、それによって気持ちが高まるのを感じるなら、それを続けてください。あなたが神に心からもっとシンプルに語りかけたいなら、そしてそれによって、最も心地よく神とつながれるなら、その祈りの言葉はあなたにとって充分に意味があります。

感謝、それは最高の祈りです

ほとんどの人は、何かを求めて祈りますが、少数かもしれませんが、中には、何かに感謝して祈る人たちもいます。感謝の祈りは、何かを求める祈りよりもパワフルです。なぜなら、感謝は、神が存在し無条件に愛を注いでいることを認めるものであり、それこそが祈りのより深い目的だからです。

すでにもっている良いものに感謝すれば、より良いものを引き寄せます。幸せに生きれば、より幸せな世界へと導かれます。逆に、不満の中で生きれば、より不満ある世界へと導かれます。科学的な原理はマインドにも働きかけているのです。たとえば、車は、何か別の意志の力がなくては、ただの機械でしかありません。車はあなたという意志の力が運転していくところに向かっていきます。高速道路を走ることもあれば、溝に落ちることもあります。同じことがあなたのマインドにも言えるでしょう。マインドはあなたのリードに従って進み、どんな思考を使ってマインドを動かすかで、結果が現れてくるのです。

癒しの速度を上げる最もパワフルな方法の一つは、すでにもっている健康な部分に感謝することです。自分がもっていない部分に不平を言っていては、行きたい場所へは行けないでしょう。こんな話があります。小さな飛行機で事故を起こしたアマチュアのパイロットの話です。彼は着陸しようとして、電線にひっかかってしまいました。命は無事でしたが、体の大部分に麻痺が残りました。彼の身体の中で動かすことができる部分は、片方の手の小指一本だけでした。ベッドに横になったまま、彼は何週間もこの苦境に落ち込みました。しかし、それから彼は自分が今もっている能力に感謝をしようと決めました。ほとんどないけれど、確かにあると気づいたのです。彼はそれから小指を使ってコミュニケーションを取り始めました。音を立てることで、はいといいえを表現し、アルファベットが書いてあるボードを指さすことで、家族や見舞に来た人たちとも会話をしました。彼が小指の能力に感謝を始めた頃、別の指が動くようになり、彼は自分の能力が広がっていくのではないかとワクワクし始めました。それから、彼は別の指を動かし、また次を動かしました。その間ずっと、次第に動けるようになってきたことへの感謝をし続けていました。最終的に、彼は全ての身体の動きを取り戻しました。ターニングポイントは、彼ができないことに失望することをやめ、できることを幸せだと思い始めた時にやってきたのです。

感謝は最もパワフルな祈りです。なぜならそれは愛が自然に存在する状態まで、私たちを押し上げてくれるからです。過去、あなたが神やスピリチュアルな現実を信じていなかったとしても、反対にあなたが感謝に満ちて生きていたとしても、いずれにしても、あなたは神のすぐ近くに居たのです。今もあなたはすでに神のすぐ近くにいます。そして、感謝の祈りは、私たちの本来在るべき素晴らしい状態を思い出させてくれます。

日々を通して、自分のやり方で祈り続ける

習慣的に祈り続けるのは、とても良いことです。毎日を聖なる神と共に在る時間から始める時、あなたのマインドは日々良いものを受け取っていくように整っていきます。現実の雑然とした時間に入っていく前に、自分のやり方でよいので、祈りましょう。朝起きて最初に触れる指が携帯だとしたら、携帯があなたの神になってしまうでしょう。ベッドを出る前にテレビをつけてニュースを見れば、それが恐れの祭壇となり、テレビを崇拝することになるでしょう。心理学者たちは、子供は生まれてから最初の五年が、その後の人生を形成すると言っています。すなわち、五歳までに人生の心理パターンが刻み込まれるというのです。それと同様に考えると、最初の五分間（あるいは、たとえば二十分間の祈り）があなたの一日の毎分を形成するとも言えますね。日々を高次の力とつながることから始めると、ずっとつながった状態でいられます。たったそれ

だけの時間を祈りに費やすだけで、費やした時間をはるかに超える見返りが生まれるのです。

一日の中で、たとえば、気持ちが逸れたり、混乱したり、とても疲れた場合には、祈りに還りましょう。机から少し離れて、深呼吸を繰り返し、気持ちよいものをイメージしましょう。太陽の光の下に座り、散歩してみたり、高次の力ともう一度つながり直すために必要なことは何でもやりましょう。ポジティブな思考にほんの数分フォーカスするだけで、まるで新しい一日がスタートしたような気持ちにさせてくれる、大切な軌道修正ができるでしょう。そして、自分軸のリセットもできるはずです。

就寝の直前は、スピリットとつながるためのもう一つの重要なタイミングです。一日をニュースやドラマやアクション、ホラー映画などで終えると、あなたは夢の世界でネガティブなものと取り組む必要が出てくるでしょう。一日の活動から安眠の時間へとスムーズに移行するために、少し静かな時間をとりましょう。祈りはあなたのマインドを鎮め、深い眠りへと導いてくれます。悪夢は、その日の体験の感情的な問題がまだ解決されていない時に見ます。ですから、眠る前の祈りは、それらをきれいに浄化するために必要です。夜の安眠を願い、あなたを助けるメッセージを届けてくれるガイドや天使を呼びましょう。そうすれば、時間の効率よく、深く眠ることができ、翌日はすがすがしく、新しい気持ちで癒され、目を覚ませるでしょう。

祈りよりも瞑想を好むのなら、それもよいでしょう。瞑想も効果があります。瞑想は祈りの一つの形であり、静かな場所にあなたを連れていってくれます。騒ぎ立てる雑念がまだ生まれていない場所です。マインドが静かになれば、スピリットと共に居られます。エゴの声を聞くのをやめれば、神の声が聞こえます。瞑想を祈りの言葉で終えるのもよいでしょう。仏教徒は愛と祝福に満ちたこんな言葉で締めくくります。「生きとし生けるものたちが苦しみから解放されますように、幸福でありますように」他人のために祈る時、あなたは他人を助けているだけではありません。自分のマインドを癒しの意識へと高めれば、あなた自身に対してもその祝福が流れ込んでくるのです。現実の問題を超えて、マインドとハートを高めるような、自分と他人を神聖な存在と見なす祈りであれば、どんなものでも、効き目があるでしょう。

たとえそう思えなくても、あなたは神とリアルな関係をもっています。祈りは、私たちにとって、健康という自然な状態に戻るための最もパワフルなツールです。皆に愛された映画『E.T.』では、E.T.が「家に電話して」と頼み続けます。このシーンは、私たち全員が自分の家につながる必要があることを象徴していますね。E.T.同様に、私たちもこの惑星にただ訪れているのです。私たちの真の家は、スピリットの中にあります。祈りは、どんなやり方であろうと、地球上の私たちの人生と神の家とをつないでくれるものなのです。天国から地球に来るために、往復チケットの一枚は使ってしまいましたが、祈りが私たちの家路へのチケットとなるのです。

この章で授けられるマスター・キー

1. 祈りはその素晴らしい力で癒しを届け続け、世界規模の悲しみから私たちを救い上げ、皆が、幸福の全てが湧き出る源を通じて、つながり合っていくのを助けます。

2. 頼みの綱として祈ったとしても、困難に出合った時のみ祈ったとしても、祈りに満ちた態度を日々維持しているとしても、いずれにしても私たちは悲惨な状況になることはないのです。

3. 多くの人は間違った祈りを捧げています。本章にリストアップされている祈りについて、私たちが抱きがちな幻想をよく読んでください。また幻想を帳消しにしてくれる真実についてもよく読んでください。そうすれば、あなたは自身の祈りの力とその結果を拡大できるでしょう。

4. 感謝は最もパワフルな祈りです。なぜなら、感謝は、あなたがすでに受け取っている幸せを認めて、さらに多くの幸せを呼び入れるための扉を開くからです。

5. 一日を通して、祈りに満ちたマインドを維持しましょう。一日を祈りで始め、祈りで終わりましょう。日中に平和から離れた気持ちになった場合は、少し状況から後ろへ退き、正しいマインドを取り戻すために祈りましょう。

6. 瞑想、アファメーション、ヴィジュアライゼーションなどの楽しさを伴うやり方も一つの祈りの形です。あなたを神のマインドとハートにつなげてくれるなら何であっても、祈りの行為と言えます。

明確なヴィジョンが癒しを助ける

医者は、実際は全てを知っているわけではない。
彼らは問題を理解するが、
スピリットについては理解しない。
そしてあなたも私もスピリットと共に生きている。
——ウィリアム・サローヤン

真のヒーラーは、明確なヴィジョンをもちます。彼らは身体が示す症状に気をとられることはありません。そして、患者の内側にある神性は、身体がどんなに重い病に苦しんでいても、完全で損なわれることがないと知っています。ヒーラーは自身がより高い波動を保ち、そこへ患者を引き上げて交わるのです。それはキリストの逸話からわかります。キリストが幼い娘を亡くした両親から請われ、その家に行った時、はっきりとこう言いました。「彼女は死んではいない。眠っているだけである」と。キリストは横たわる少女のそばに座り、言葉を二、三語かけました。すると彼女は目を覚ましました。またキリストが、ラザロが四日前に葬られた墓がある洞穴に行った時の話もあります。キリストは地下の墓室の前に立ち、こう言いました。「ラザロよ！出《い》でよ！」数秒後に、ラザロは現れました。生命の力が今一度彼を動かしたのです。ここで鍵となる問いかけは、「キリストは一体誰に向かって話しかけたのか」というものです。悲しみに暮れる家族のもとへ還ることができないでいる、朽ちて横たわっているラザロに対してでしょうか。それとも、五感では感知できない次元で生きているラザロに対してでしょうか。キリストはラザロが腐敗した肉の塊になったことには関係なく、永遠に死に絶えることのない、神聖なスピリットであることに目を向け、そのラザロに向かって唱えたのです。キリストは、ラザロが本当は誰なのかをはっきりと知っていました。そして、彼を亡者として見ていた人たちに決して影響されることはありませんでした。

あなたが誰かを癒したい、あるいは自身が癒されたいと願うのなら、まずはあなたのマインドを腐敗ではなく、完全性に満たしてください。身体だけに制限して見ないようにしましょう。身体の症状に連動しない光輝く自分自身に注目しましょう。病んだ存在としてではなく、健康な存在として見ましょう。もろさではなく、強さを見るのです。壊れた存在としてではなく、完全な存在として見ましょう。キリストや他の素晴らしいヒーラーたちが見ている高い現実とその波動に、自分の身を置くと、あなたも彼らがしてきたように、明確な結果を生み出せるでしょう。

地獄が天国に変わる時

前にも書きましたが、軍用病院で、私はボランティア活動をしていました。活動の一環として、ヨガを教えていた時のことです。車いす生活を余儀なくされている多くの人たちを見て、私の心はとても乱れました。手や足を切断した人たちも中にはいて、多くの人が弱々しく、また鬱を患う人もいました。彼らの介護用おむつから漏れてくる臭いにも耐えられませんでした。その哀しい現状は病院のスタッフの数が不足していて、医師や看護師が、キャパを超える数の患者を診なくてはならないと物語っていました。人生で、こんな悲惨な現状をそれまで見たことはありませんでした。まるで自分がシッダールタ王子のようだと感じました。隔離された城の中で幸せに暮らしていた王子は、ある時城の周りを病気や老齢の人々、死が取り囲んでいたことを知り、自分がいかに甘やかされて育っていたかを悟ったのです。

あまりの悲惨さに私もすっかり圧倒されてしまい、三週目、クラスの日だったのに、そこへ行くのを忘れてしまいました。きっと、私の深いところにある抵抗心がそうさせたのです。私の中の恐れが、そこへ行くのを押し留めているとわかった時、自分を深く内観しました。そして、それでもあの場所へと自分を押し出し、クラスを継続する方法が何かないだろうかと考えました。その結果、患者の弱さにフォーカスするのをやめて、その代わりに、彼らを身体の障害に関係なく、光輝くスピリットとして見てみようと決めたのです。彼らが不健康だと悲しく感じるのをやめて、彼らと心と心でつながって、ありのままの彼らと共に楽しもうと決めました。

すると、私のこの内側の変化が、そのまま驚くべき現象を生み出しました！　患者たちは冗談を言い、笑いながら、クラスを楽しみ始めました。私はヨガに続けて、彼らと共に誘導瞑想のヴィジュアライゼーションを行いましたが、それは感動的な体験でした。彼らに十九歳に戻り、日没時のビーチを走っているようにイメージしてもらいました。正直、イメージを誘導している時は、頭の中の声が私にこう言ってたしなめました。「なんて残酷なんだ！　彼らは歩けさえしないんだぞ！　お前は彼らにもう決して歩けず、ビーチどころかどこに行っても、自力では走ることはできないと思い出させているんだ」と。しかし、瞑想を終え、目を開けて部屋の中を見渡した時、皆の顔は微笑んでいました。中には喜びの涙を浮かべている人もいました。彼らはこのエクササイズが大好きになり、私に感謝さえしてくれて、その後も、もっとやってほしいと頼んでくるようになりました。

私は、自分が、その病院の中で、彼らを身体的に抱えている問題よりも大きい存在だと見ている数少ない一人であったことを知りました。制限された感覚を飛び越えて、成長し続けるスピリットとして彼らを見て、私は彼らと交わったのです。患者たちは私の彼らに対してもっている健康なヴィジョンをしっかりと受け止め、肯定された感覚をもち、気持ちを高めることができました。

時が経って、私のクラスはその病院で最も高い人気を得ました。毎週、車いすに乗った患者たちが長い列をなして、廊下に並び、入室を待つようになりました。それは映画化された『フィールド・オブ・ドリームス』のような、実話の後に起こった、あの果てしなく長い車の列を思い出させました。かつては、愚かさの対象とされながらも、今は魂の生まれ変わりの入り口として伝説になった野球場に向かおうとする車の列です。その光景さながらに、病院のミーティンググルームには人がぎっしり集まり、多くの常連の参加者に恵まれ、また彼らとの素晴らしい関係性にも恵まれました。かつては避けていたその人たちを私は大好きになりました。七年間教えた後、私はその地域から引っ越しましたが、私が他でやっていたヨガクラスの生徒の一人が、後を引き継ぎました。その病院のミーティングルームは、まさに地獄の底から天国へと変容したのです。全ては、シンプルに見方を変えたことから始まりました。

あなたのヴィジョンを明確にする

あなたはあるがままの自分自身を見てはいません。他人に対しても同じです。昔からの文化の中で人々によって積み上げられてきた限界の意識が、あなたにも投影されています。それによって、重いヴェールに覆われ歪められたイメージの自分を見ているでしょう。あなたが、誰かを見る時も、その人の身体、人格、経歴、名前や自分の印象などで見ていると思われます。もし自分や他人をクリアに見ることができれば、そこにただ輝く光が見えるはずです。そして、絶えない愛の中に居ることができるでしょう。愛の目を通してのみ、真実が見えるのです。

つまりは、あなたを愛している人は、本当のあなたを見ているのです。彼らは、他の人が言うあなたについての否定的な意見に賛同しません。たとえ、あなた自身が自分に否定的であったとしても、です。真の友人とは、あなたの身体的な特徴や、性格の欠点やあなたがたまたま犯した間違いに関係なく、それ以上の存在として、本当のあなたを理解している人たちです。「友人とは、あなたを通して見える景色を楽しむ人のことです」（ウィルマ・アスキナスの言葉より）あなたの本質は神聖なものです。すなわちその他のものは全て、枝葉であり、外見を通して見えるものです。この真実を知れば、手近なものしか見えなかった目が、大きな絵を見る視力を取り戻します。

それと同じように、あなたが友人やクライアントに与えることができる一番のギフトは、彼らの最高の姿をヴィジョンとして思い描くことです。人間関係の目的は、お互いに最高のものを与え合うことにあります。配偶者や家族、身近な人たちが内側にもっている美しい炎にもっと風を送ってあげるならば、あなたは彼らとの人間関係を運命的なものへと満たしていけるでしょう。反対に、欠点や間違いにフォーカスし続けるのなら、彼らや自分に偽りや幻想を押しつけているのと同じです。痛みや限界を目の前の状況に感じるなら、それは、あなたの描くヴィジョンをもっと上げなさいというシグナルです。癒されたヴィジョンは、癒された関係性を導き、その関係性は癒された身体を導きます。その関係性が暗く、より痛みに満ちたものであったのなら、なおさら自然な関係性へと回復し、癒された時の解放や安堵はより大きく、またギフトも大きいのです。『奇跡のコース』は「この世で最も神聖なところは、いにしえから続く憎しみが愛へと変わったところである」と言っています。

人生を通しての冒険

本当の自分を見つけるのは、人生を通しての冒険です。あなたにとって最も切実な人生の目的でもあります。自分が誰であるかを知る時、全ての人が誰であるかを知ります。すなわち、私たちは皆、神からこの世界に生を受けた表現者であり、自分を認め、可能性を開き、そして幸せになっていくべきなのです。真のヴィジョンとは、世の人がギフトだと思い込み追い求めているつまらないものを軽々と超えて、値がつけられない宝石を目の前に置かれるようなものです。世界一高価なダイヤモンドも、あなたの真の価値には及ばないでしょう。今の人生を通じて、いいえ、多くの過去世からずっと、そこで起きた体験の全てが、真の自分を理解させようとあなたを導いています。その他の理由から、あなたの身に起こることなど何もありません。

たとえ世間から限界を押しつけられても、自分や他人の真のアイデンティティを肯定し続けることが、人生における究極の使命です。自分に優しく、また自分を愛していると感じられれば、より簡単に、自分や相手の内側に最善を見出せるでしょう。また、相手が反対に、あまり優しくないやり方で、あなたへの愛や行動を避けようとする時こそ、彼らの内側の最善を見出す大きなチャンスとも言えます。あなたの探求の旅路は、物事を正しく直すのではなく、彼らを正しく見ることにあります。愛によって立ち上がったヴィジョンが癒しの波動を動かし始めれば、衰弱したもう一つのヴィジョンは二度と立ち上がれないでしょう。

あなたは、問題ある人や状況を正すべきだと信じているかもしれませんが、そうとは限りません。より深いレベルでやるべきは、相手に対する自分のマインドを変えることなのです。あなたのできる範囲で、もちろん彼らを助けてあげてください。しかし、その一方で、彼らの最善のヴィジョンをもち続けてください。友人や患者を、何かが欠落して壊れた、あるいは犠牲を強いられている存在だと見なし、そのヴィジョンをもってしまうと、彼らを限界に留めてしまうのです。相手へ与えるギフトは、あなた自身のギフトでもあります。相手とあなたの双方が完全で、力強く、有能な存在だと理解する時、あなたも解放されるでしょう。癒すために、手をかざしたり、クリスタルの波動を使ったり、祈りやまじないを唱える必要はありません。もちろんあなたがそれらの方法が役に立つと思うのなら、使ってください。ですが、もっと根本的な面で大切なのは、彼らの病気ではない、健康なヴィジョンをもち続けることです。それをもち続けられれば、より多くの結果を見ることができるでしょう。

ラム・ダスは、意識の変革者として世界的に知られ、長く活動をしていましたが、ある日脳梗塞になり、その後は様々な身体的問題を抱えながら、車いす生活を余儀なくされました。身体の不自由さにかかわらず、ラム・ダスは八十八歳でこの世を去るまで、大きな喜びと愛、陽気さ、そして、スピリットとのつながりをもち続けました。亡くなる直前まで、とても情熱的に生徒たちに教えを与え、彼の笑顔とその存在で、その場を照らしました。ラム・ダスは、身体を超越した真の光の姿を生きながら見せてくれた人であり、今もなお、より高次の次元から私たちを祝福してくれています。

ラム・ダスと一緒に開催したセミナーで、私は悪魔の言い分を演じたことがあります。「もしあなたに誰かがこう言ったら、どうしますか。『この世はあまりにも痛みと苦しみ、そして喪失感に溢れています。こんなひどい状態の中で、私はどうしたら、幸せで健全でいられますか』」ラム・ダスは少し考えて、にっこりとし、こう答えました。「自分のマインドを変えなさい」

私たちは、平和のためには、世界が先に変わらなくてはならないと簡単に信じ込んでいます。しかし、私たち自身が偉大な内側の力を得れば、世界が変わり、平和へ向かう道になるのは間違いのない真実です。マインドをうまく使えば、外的な条件をうまく調整するよりはるかに納得できる結果を生むでしょう。ヴィジョンの向上が、外側を変化させ続けます。外側を照らしていたスポットライトを内側に向けるだけで、自分の役目や他人の代わりに何ができるかも含め、癒しへの道筋がよりはっきりと示されます。自分の見方次第で、世の中が改善されると知り、それが一番大切だと理解した時、全ての素晴らしいヒーラーたちがアクセスしてきた聖なる力は、あなたのものになります。

今居るこの世界にしっくりとこないものを感じるなら、
新しい世界の創造を助けるべく、君は生まれたのだ。
——ロス・カリギウリ

The Master Keys

この章で授けられるマスター・キー

1. 真のヒーラーは明確なヴィジョンをもっています。彼らは患者の身体の状態や症状に関係なく、患者の中に完全性を見出し、スピリチュアルな現実をヴィジョンとして見ることができます。

2. 誰かを、弱々しく何かが欠落した不自由な存在として見ることは、その体験を彼と自分自身に押しつけます。反対に、その人を完全で、強く、内側の力をもつ存在として見れば、彼と自分自身をその体験へと押し上げます。

3. 身体や人格、経歴や外見からの判断によって、私たちは、自分自身やお互いをクリアに見られない場合があります。そういう場合は、私たちはお互いのその時々の解釈を通して、相手を見ているのであり、魂を見ているのではありません。真の癒しは、魂を理解したうえで成り立ちます。

4. あなたを愛している人々は真のあなたを見ています。彼らはあなたの過ちに騙されることはありません。真に人を愛するためには、その人の真の姿を見ましょう。

5. 痛みや人間関係における葛藤が大きいほどに、それが癒された時には、より大きな解放が起こり、より光が拡大します。「この世で最も神聖なところは、いにしえから続く憎しみが愛へと変わったところである」

6. 自己発見は、あなたにとっての最も深い人生の目的であり、それはあなたの患者や愛する人々にとっても同様です。自分が何者であるかを知れば、あなたのヴィジョンはクリアになり、今ここで何をすべきかもクリアになるでしょう。

7. スピリチュアルの真の秘訣は、外側の環境の調整ではなく、自身のマインドの変化にあります。マインドが変われば、外側もそれに従って変化するのです。

癒されたら何をしたいか？

感謝の意を表す時に、
最高の感謝となるものとは、
感謝の言葉を発することではなく、
その言葉に従って生きることである。
——ジョン・F・ケネディ

ヒルダ・チャールトンの住むマンハッタンのアパートの前には、様々な問題からの解放を願う人たちの長蛇の列ができました。彼らがもち込む問題は、身体的なものから、感情的、経済的、また人間関係にまで及んでいました。ヒルダは、パワーの源とずっとつながり続ける魂をもつ、稀な人物でした。多くの人々は癒され、彼女からのポジティブな影響を受けて、人生の深いシフトを経験しました。

ある日、私は、ヒルダがカウンセリング中に、身体的な問題を抱えて訪れた女性と話しているのを聞きました。「健康になったら、これからの人生で何をしたいの？」とヒルダは彼女に尋ねました。すぐに女性は答えました。「自分を大切にして、自分以外の人も楽に生きられるように助けたいです」

ヒルダはにっこりと微笑み、彼女の健康を回復させるために祈りを続けました。

長い年月が経った今、ヒルダのその時の質問に私はもっと深い気づきを得ました。多くの人は、健康が損なわれるまで、自分の健康に感謝をしていません。失ってから初めて、自分がなぜここにいるのか、大切なものは何か、生きている時間をどのように有効に使うべきかを考え始めるのです。もし自分を痛めつける行動や無意識の行動の何かが、病気へと導いているとしたら、たとえ彼らが治ったとしても、ネガティブな習慣を続けてしまい、病気は表面に現れなくても残り続けるでしょう。人の身体が機能を取り戻したように見えても、彼らのマインドが恐れや幻想の中に留まり続けているとしたら、彼らは真に癒されたとは言えないのです。サインに気づき目覚めるまで、同じ問題が起こり続け、また形は違っても同じ本質の問題に直面する場合があります。裏を返すと、私たちは、自分の考え方や生活の質を向上させるために、わざわざ病気になる必要もないと言えます。警告音が鳴るまで、痛みを感じる必要はなく、むしろ正しいマインドさえもっていれば、それが自然に、最高の状態で生きることに貢献してくれます。しかし、多くの人は頑固で、なかなか人生を変えようとはしません。ですから、小さくても時々きっかけが必要になるのです。

身体的な健康や物質的な豊かさは、実は癒しのプロセスの最終目標ではありません。それはマインドが変わるために必要な一つの通過点でしかありません。病気が治り、ソウルメイトに出会い、夢の家を手に入れたとしても、あなたのその現実を創り出してくれた源である高次の力の存在を理解しないのなら、マインドはあなたの祈りが叶えられる前の状態と変わりはなく、一番大切なステップまでは到達していないと言えます。ブルーノ・グルーニングは、何千という人々の身体に、癒しを施しながら、自分の究極の目的は、人々が神の存在に気がつき、そこへ戻るようサポートをすることだと言い続けました。全ての体験は、神性を理解するためにあります。それに私たちが気づいた時、全ての人生の旅路に納得がいき、困難な体験でさえも、家へ還るための布石であると理解できるのです。

英雄のギフト

癒しを体験した多くの人々が、今度は同じ困難を抱える人々を助けたいという気持ちに動かされます。尊敬する神学者、ジョーゼフ・キャンベルは、私たちが試練を通して成長していく道を「英雄の旅」と呼び、そのサイクルを地図として作りました。旅の最後には、英雄は（と言っても、英雄とは私たち一人一人のことなのですが）ギフトを携えて帰還します。冒険の旅を始める前までにはわからなかった何かを、私たちは見、知り、また感じるようになります。そして、その自分の学びを他人へ手渡すことで、自分の人生が改善されたように、他人の人生も改善されるように導いていけます。このようにして、私たちは聖なるサイクルを完了させるのです。

したがって、何か特定の困難を克服した人は、そのレッスンを教え、伝えるために最も適した人物だと言えます。たとえば、アルコールからの依存を脱した人は、依存症に苦しむ人たちをサポートするのに、最も適した人たちでしょう。ダイエットに成功した人は、他の人にも教えられます。虐待から抜け出る道を得た人たちは、同じように自由を求める人々にその道のりを示せるのです。

このような道を示す人々は、他人を助けて満足を得るばかりではなく、教えを与えて、自分自身が強くなっていくのです。癒しが自分自身を通して流れ出るほどに、友人や患者が受け取るギフトを、自分も受け取れます。『奇跡のコース』の中の有名なヒーラーの祈りの一節には、こう書かれています。「大いなる存在が癒し方を教えてくれるので、私も癒されます」本物の癒しは、ただ受け取る者のためのみに働くのでは決してなく、ヒーラー自身も自分が与えるものを受け取るのです。

誰に語るかに気をつける

キリストがハンセン病の患者を治した時、キリストは「誰にもこのことを言わないように」と彼に言いました。この指示は奇妙に聞こえるかもしれません。なぜなら、キリストがこの者に堂々と証言をするようにアドバイスすれば、ヒーリングを祝福し、神への信頼を強め、自分も癒されたいと思う人たちを増やせると感じるからです。ですが、この言葉の意味を知るためには、キリストを宗教的な象徴としてではなく、形而上学に通じる人として見たほうがよいでしょう。

癒しの達人であるキリストは、同様に人のマインドの作用がどのような結果を生み出していくのかを理解する心理学の達人でもありました。ハンセン病を治癒した患者は、それを世の中へ公言する前に、まずは自分が受けた癒しについて具体的に納得する必要があったのです。

同じように、癒しやポジティブな出来事が起こった直後に、それを言い回ると、周囲から決めつけや抵抗を受けることがよくあります。批判的なマインドは、自分が理解できないことに出くわすと、敵意をもちます。そのことが、今まで信じてきたことに合致しない場合には、思い込みにもかかわらず、それを形ないまでに切り刻もうとします。要するにキリストは「豚の前に真珠を投げるな」と指示したのです。ここでいう豚とは、自分以外の人の成功に我慢できない、恐れと悪意と嫉妬に満ちたエゴです。不幸は、喜びを怖がります。そして、頑強な牢獄の中にいる者に、わずかな光が差そうとすることさえ、必死で遮ろうとするのです。あなたの癒しの体験を聞いて、「君の単なる想像にすぎないよ」と言う人もいるでしょう。「騙されているんだよ、現実的になりなさい」「そういうヒーリングを受けて良くなった人を知っているけれど、すぐにまたもとに戻ったよ」などと言う人もいるでしょう。実際にこんなことがありました。私がある女性の見舞いに病院を訪れた時のことです。彼女が受けた手術はとても簡単でしたが、ベッドの横で、親戚が彼女に「あなたと同じ病気で亡くなった人を知ってるわ」と話しているのを聞きました。治ろうとしている彼女に、そんなひどい言葉を言うなんて、信じられません。おそらく、だからこそ「神は、親戚の代わりに、あなたに友人をもたらすことで謝罪している」との一節が生まれたのでしょうね。

癒しを受けたばかりで、あなたのマインドがまだ半信半疑の時に、敵意あるコメントを聞くと、自信が揺らぎ、回復を遅らせることになるでしょう。自分が受けた癒しがしっかりと体験として染み入るまで、それについて語らず、あるいは、自分をサポートしてくれる人たちのみに語るようにしましょう。ヨガの教えでは、牛が草をはむ場所に苗木を植えるたとえ話があります。小さな苗木をなんの保護もないまま植えれば、牛が踏みにじったり、食べてしまったりするでしょう。若木のうちは、フェンスで囲ってあげて、成長を助けてあげなくてはなりません。大きく、しっかりと育ったら、フェンスを取り払います。すると、いつの間にか、木はとても高く強くなり、牛が身体をこすりつけ、木陰で休むことさえできるようになります。私のメンターは、以前ヒーリングや新たな気づきを、子宮内の胚芽にたとえて言いました。「誰もそれに触れることは許されません」と。そしてその後、もっと強くこうたとえました。「自分自身でさえも、妊娠中にスカイダイビングはしてはいけないのです」と。

最も深いレベルにおいて、誰もあなたの癒しや癒しのプロセスは破壊できません。しかし、あなたのマインドがしっかりとその体験を理解しないうちは、まだそのパワーを癒しを疑う人々に明け渡してしまう可能性があります。だからこそ、先述のキリストがハンセン病患者に言ったアドバイスは、周囲の人が癒しの結果を左右するというのでなく、人間のマインド、結局は私たち自身のマインドが左右すると意味しているのです。

すでに癒されている人を、癒そうとしてはいけない

ヒルダはいつもクラスの最後に、祈りやアファメーションをしたり、手をかざしたりすることで、ヒーリングを生徒たちに施していました。ある夜、痛みがひどい若い女性に、ヒルダが集中的にヒーリングをした結果、女性はとても気分が良くなったと言いました。

次の週に、ヒルダは生徒たちにこう言って諭しました。「先週のヒーリングの後、帰ろうとする彼女に、『あなたの痛みによく効くおすすめのハーブがある』と声を掛けた人がいます。なぜ、良くなった人にまた他のヒーリングを勧めるのですか？　それは、彼女はまだ病気で、もっと治療が必要であると肯定することになるのです。私のヒーリングを無駄にしないでください。ヒーリングで癒された人には、癒された人として接してください」

ヒルダはそれから、自分や他人が癒しの意識をもち続ける方法について、以下のような上級のレッスンを教えてくれました。

癒されているか、癒されていないか。あなたたちはそのどちらかの状態でしかないのです。あなたが癒されているなら、あなたはその道にいて、癒されていないのなら、あなたはもう一つの道にいます。癒しと病気は、全く異なる二つの波動の上で作用するのです。癒しの波動と共に在るなら、自分の波動を落とさないようにしましょう。そして、癒しの波動をさらに強める何かをするのです。

このレッスンは、癒しを強く信頼し、マインドの力を理解するのにとても役立ちました。何らかのヒーリングの施術を受けた後もなお、ハーブや薬や他の施術が必要だと、自分自身が感じるのなら、そうすればよいでしょう。あなたが信じるものを許可証として使えばよいのです。受け取った癒しを信頼できないなら、あなたがより信頼できる別のところへ行きましょう。ヒルダからの学びは、さらに繊細なレベルにあります。最も本質的であり、効果的な究極の癒しについてです。癒しは、単に病気の症状が良くなったり、外的に操作できたりするレベルではなく、全ての不健康と健康を生み出す源がある、マインドのレベルで起こるのです。

滑り台とはしご

エゴはいったんハンドルをつかんだら、簡単には放さず、上手につかみ続けます。トリックを自由自在に使って、その運転席に座り続けようとこだわり、あなたの人生をコントロールしようとします。せっかく癒しを体験しても、エゴからの様々な誘惑を受けるかもしれません。そうやって、エゴはもとの道に戻そうとし、受け取った癒しのギフトを使い損ねるようにするのです。癒しは、私たちに、より高次へと導くはしごを見せてくれます。しかし、それと同時に、エゴは私たちの前に滑り台を作り上げて誘います。これから、そのいくつかの例をご紹介します。

1　ひとりよがりになりすぎてしまう

気分が良くなってきたのに、病気を誘発する古い習慣にまた滑り落ちることがあります。「もう良くなったのだから、やりたいことは何でもやれるな」と思い、不健康な食事や怠惰な生活に戻ってしまうのです。あるいは、働きすぎて、ストレスを感じる生活に戻ってしまうかもしれません。不健康な環境で否定的な人たちとつるんだり、自分を痛めつけるような、恐れがベースの思考や行動、快楽に耽《ふけ》る可能性もあるでしょう。もしそんなパターンに陥りそうになっていると感じたら、謙虚な気持ちを思い出しましょう。あなたが受け取った癒しは、神からのギフトだと感謝し、癒しを維持するための自分の役目を果たしましょう。癒しを当然だと見ないことです。そこには、自分の健康を取り戻すための学びがあったはずです。そのレッスンを有効に使いましょう。

2　何が癒しの源であるかを忘れてしまう

「苦しい時の神頼み」と言うぐらいですから、何か窮地に陥ると、私たちは神に求めます。しかし、いったん窮地を脱すると、善を生み出してくれる源をすっかり忘れてしまうことも多々あります。映画『ロンゲスト・ヤード』では、主人公のポール・クローは、最初は海で溺れ死のうとしますが、気持ちが変わります。そして、今度は海岸まで必死で泳ぎながら、「命を助けてくれたら、俺の稼ぎの五十パーセントをやろう」と神と交渉し始めます。段々と岸が近づいてくるにつれて、そのパーセンテージは少なくなり、ついに岸に到着した時には、彼は「よし、もし欲しいなら、十パーセントくれてやろう」と言うまでになっていました。その後、岸から上がりしっかりと地面に立った時、自分を救ってくれた神に感謝をするかと思いきや、彼は神を責め始めるのです。「お前のせいで、こんな目に遭ったんだ」と。

ポールは自分の身が危うい時、高次の力の助けが必要だと思いました。しかし、いったん危険を脱すると、高次の力を否定し始めました。しかし、誰も自分で自分を生かすことはできません。神のみが私たちの命を支えています。なぜなら、心臓や肺を動かし続ける方法や、食したものを生きるエネルギーに変える方法を私たちは知りません。私たちはそれらのプロセスに参加して、神に協力してはいますが、最終的には神の恩寵によって生かされています。もしあなたがそれら全部を自分の力でできていると思うなら、それは神からの分離を感じていて、創造の源の存在や幸せな体験を見落としていると言えるでしょう。

私たちを創造したのは、私たち自身ではありません。ですから、私たちは自分で人生を支えてはいないのです。私たちが受け取る全ての幸せは、神の愛から生まれます。そして、幸運にも、その愛は途絶えることなく、無償です。感謝すべきことに、正当に感謝しましょう。謙虚さは、内側から最も力を与えられる美徳です。

3　自分の病気に基づいたアイデンティティを発展させてしまう

友人のピーターは長年ひどい鬱に悩まされていましたが、病のパターンから抜け出る方法を見つけ出し、前よりも幸せで、健康になりました。そして、ピーターは鬱を乗り超えた体験をもとに、講義を行ったり、本を書いたりして、素晴らしい成功を手にしたのです。私も何回か出席しましたが、参加者の気づきを大きく促す講義でした。しかし、彼が鬱だった頃の同じ体験談を何度も何度も話すのを聞きながら、私はこう思いました。「もし私だったら、自分の鬱の体験談を終わりなく話すと、また鬱々とした気持ちになるだろう」と。彼が自分の癒しのやり方を語っていたのは確かですが、私だったら同じ話を何度も繰り返し語りたくないし、また「鬱病の人」として知られたくないと個人的に思いました。ですので、私はピーターに、ブランド戦略を少し変えてみるのはどうかと提案してみました。もっと何か別のことを話すようにして、より大きなアイデンティティを広げてみたら、と言ったのです。鬱を克服した事実は、彼のスピリチュアルな旅路においては重要な節目には違いありませんが、今の彼は全く違う人間なのです。過去の自分ではなく、それから変化した今の自分をアイデンティティにしないのはなぜでしょうか。特に自分がそれから利益を得ている場合には、人は過去の古いアイデンティティに固執したがるでしょう。しかし新しく、より大きなセルフイメージに踏み入っていくほうが、もっと大きな利益を得られるに違いないのです。しばらくして、ピーターに再会しましたが、彼は講義の主題をもっと広げて、もっと楽しんで教えていました。

4　別のことに気を逸らしてしまう

たとえ自分が癒されたと納得し、自分はヒーラーだからと思っていても、お金や力、名声、性などといった様々な誘惑がやってきて、あなたを軌道から逸らそうとするかもしれません。癒しを求める人々があなたを崇めて、自分をあなたに明け渡し、そして、依存するようになるかもしれません。あなたに会いさえすれば、自分は救済されると思い込むかもしれません。気をつけなくては、あなたは危なく重たい役目を負ってしまいます。自分の癒しの体験や手法をもとに、製品、ビジネス、そして仕事のキャリアを発展させていくこともできます。ですが、それを作った場合にも、それらに自分を明け渡さないようにしましょう。ヒーラーの中には、癒し関連のビジネスに没頭するあまり、真の癒しの力や原理を見失ってしまう人もいます。多忙になり、ストレスを抱え、欲張りになり、関係者と性的にかかわりをもったり、法的な問題に巻き込まれたり、世界を救済する使命感が強すぎて、結局自身の内なる平和を失ってしまうのです。内なる平和を失えば、あなたはもう癒されている状態ではありません。そんなポイントに来たら、立ち止まらなくてはなりません。そして、自分のマインドと身体の健全さを取り戻すため、できることは何でもやりましょう。

キリストは「狭き門から入りなさい」と言いました。その言葉は、癒しを受け、癒しを維持するためには、絶対的に癒しを強め続けなければならず、道を逸れてはいけないと意味し、その反面では、少し注意を欠くと、すぐに癒しの道から逸れてしまうとも意味しています。健康からあなたを遠ざけようと、エゴは、終わりのないトリックを仕掛けてくるのです。そんなことを許してはいけません。自分が癒しの道から気を逸らしていたと気がついた時には、素直に認め、できるだけ早く正しい道に戻りましょう。あなたを癒してくれるものを選び続ければよいのです。

5　人間関係や周囲からの影響において、どこまでが健全で、どこからが不健全であるかの見分けがつかなくなってしまう

有名なヒーラーやスピリチュアルな師は、彼らを利用しようとする人たちからの被害に遭いやすいものです。そんな人たちはヒーラーたちを「金のなる樹」として見、彼らの職務や仕事のサポートを装い、個人的な利益を得ようと水をじゃぶじゃぶ注ぎ続けます。エドガー・ケイシーは世界的に知られているヒーラーの一人で、何千にも及ぶトランス状態からのリーディングを人々に与えました。その慎重で正確なリーディングから提案されたホリスティックな対処法は、多くの人を助け、健康を回復させました。しかし、才能ある預言者の多くによく見られるのですが、彼もまた、経済などの物質的な事柄に関しては、器用にこなすことができませんでした。結果、彼は自分をうまく騙して利益を得ようとする人たちを引き寄せてしまい、その才能で、世の中に大きな功績をもたらしたにもかかわらず、金銭的に彼は常に苦しむことになりました。ブルーノ・グルーニングも、彼の奉仕のマネージメントを申し出た人たちから同じような被害を受けました。グルーニングが全くお金のことを気にせず、一ペニーも要求しない一方で、グルーニング

との面会の口利《き》きとして、多額のお金を自分のポケットに入れた人たちがいました。自分が癒されたうえで、周囲の人に自分の癒しの技術や奉仕をしたいと思ったら、自分やクライアントから不誠実に利益を得ようとする人たちを許すことなく、自分自身がまずお金に対して賢くなりましょう。

6　自分のやり方を説いて回ってしまう

自分のやり方を説いて回るのは、不安の表れです。エゴは、自分の信念を承認させるために、人々を賛同させ、従わせなさいとあなたに言います。スピリチュアルな真実への気づきは、大多数の賛成ではなく、それぞれの体験の質が決めます。もしあなたが自分のやり方を人々に要求するなら、あなたは完全には癒されてはいないと言えるでしょう。身体は癒されたのかもしれませんが、マインドはまだ癒しを求めているに違いありません。あなたの歩いて来た道のりを分かち合ってほしいと真に願う多くの人がいるなら、それは素晴らしいことです。しかし、一方で誰もそう思わなくても、全く構いません。エゴは同類を求めますが、スピリットは同志を求めます。自分が何であり、何を信じているかをはっきりと言えれば、あなたを理解し、あなたに合う人たちが集まってきて自然に隣を歩いてくれるでしょう。そんな人たちこそが、重要なのです。あなたと通じない大人数のグループよりも、少数でもあなたのヴィジョンに沿うグループと共に活動しましょう。大人数でも、それがスピリットの導きであれば、その時はそれがあなたに任された職務です。私の大好きな十二ステップ［癒しへと導くために必要だとされている十二のステップのこと。依存症からの立ち直りプログラムなどで使われている］の教訓の中に「広報活動の法則は、プロモーションではなく、アトラクション（引き寄せ）である」という言葉があります。あなたのポジティブなエネルギーと誠実さが自然に人を納得させて、その人がもつ信念に変化をもたらします。癒しはそれ自体ですでに饒舌です。他人に売り込もうとして、それを妨害しないでください。真の癒しは、伝染していきます。必要な人が癒しをもつ人から自然に得ていくでしょう。言葉ではなく、在り方が変容をもたらすのです。

7　復讐心に燃える活動家になってしまう

自分の正しさの証明のために、誰かの間違いの証明は必要ありません。ただ自分の信じるものを表現すればよいのです。ホリスティックヒーリングの勝利のために、逆症療法の薬を攻撃する必要はありません。菜食主義を応援するために、肉食の人やその生産者を拒絶する必要もありません。人種や性別の平等を訴えていきたいのなら、まだそう思えない人たちを憎んではいけません。支持者でいることは、もう一方の反対者になることではないのです。もちろん、解消したい問題を他人に教えたり、システムの機能していない部分を指摘してもよいでしょう。世界を変えてきた多くの人たちは、正されるべきところを示した後で、正しています。ですが、ここでの問いかけは「ポジティブな変化を望むヴィジョンに突き動かされて、あなたは声をあげているか。それとも、自分が反対するものへの怒りに突き動かされて、声をあげているか」というものです。

過激な菜食主義者ほど矛盾して聞こえるものはありません。孔子はこう警告しました。「復讐の旅に出る前に、墓穴を二つ掘っておきなさい」と。変容に成熟している者は、どこから来たかではなく、どこに行くかにフォーカスをし続けます。マーティン・ルーサー・キング牧師は有名なスピーチのタイトルを「私は悪夢を見ている」ではなく、「私には夢がある」としました。そして、こう言いました。「潜在的に少しでも軽蔑する気持ちをもっている相手には、事実上、ほとんど説得力をもち得ない」

癒された人生を送るためにすべきことはたった一つです。癒しを生きることです。あなたの癒しを経験し、その例を示し、見本となるのです。健康なマインドをもち続けるのです。癒しとは一回の出来事ではなく、現在も進行中のプロセスです。単に病気の終焉ではなく、新しい人生のパターンの始まりです。神があなたを癒してくれたら、その癒しを維持するという自分の役目を果たしましょう。あなたがスピリットや自分自身を信頼すれば、神はあなたを信頼します。自分がどこから来たのかを思い出し、あなたの癒しの力を自分の人生の向上と、他人の人生のそれを助けるために使いましょう。癒しはあなたが自然でいられる場所へと帰還させてくれます。そこにあなたの家を建てて、感謝に満ちて住まうのです。

The Master Keys

この章で授けられるマスター・キー

1. 癒しの目的の一つは、患者の人生の質を改善するための軌道修正です。

2. 患者が病につながるような習慣や生活パターン、マインドを変えずにもち続けるのなら、癒しはその一番の目的をまだ達成していません。

3. 病気の症状が取り除かれたとしても、クライアントが人生への姿勢やライフスタイルを改善しようとしないのなら、症状はまたぶり返す可能性があります。

4. 最高のヒーラーは、患者の身体を癒すことで、患者のスピリチュアルな成長を刺激する大きなきっかけを与えることができます。

5. 癒しと癒しによる魂の成長を体験した人々は、自分の学びを他人に伝えることになります。

これらの人々は似たような困難を体験している人たちをサポートするのに、最も適していると言えるでしょう。

6. たとえヒーリングが公に認められていたとしても、それがまだ新しく、世間に定着していない場合、あなたの癒しを打ち消すような、他人から否定的なコメントを言われ抵抗される場合があります。自分がしっかりと納得するまではヒーリングについて多くの人に話さないほうがよいでしょう。あるいは、あなたをサポートしてくれる人たちにのみ話しましょう。

7. 誰かが癒しを経験した後で、さらに他の癒しの方法を勧めるのはやめましょう。その人の癒しと癒しの結果を否定することになります。

8. 本章にリストアップされた改善法を使えば、癒しの後に、エゴの影響から生じる誤りを防いだり、帳消しにしたりできます。

パート3　癒されたヒーラーになる

傷ついたヒーラー

癒せるのは、傷ついたヒーラーのみである。
スピリチュアルな指導者は
完璧でなくてはならないと思っている限りは、
私たちは不足の中に生き続ける。
私の内側には完璧な教師がいる。
私の外側には完璧な教師など一人もいない。
――エンジェル・ウィリアムズ

スピリチュアル系の大きなイベントのステージ裏の控室で、私は他の講師たちとおしゃべりをしながら出番を待っていました。舞台では、世界的に有名な作家でもある講師が、参加者にその日のテーマの「幸せになるための鍵」について重要な説明をしていました。全国各地から集まったおよそ三千人余りの参加者たちは、皆熱心なファンばかりでした。やがて大きな喝采と共に、講演は終わり、数分後、控室に戻ってきた彼は、ほっと満足しているように見えました。しかし、彼はソファにどっと沈み込み、水の入ったボトルをつかむと、こう告白したのです。「なぜ、こんな講演ができたんだろう。私は人生で一日だって幸せだったことはないのに」

教師たちやヒーラー、指導者が人生をうまく生きているように見えていても、彼らもまた、あなたや私と同じように、人間関係や金銭的な問題、仕事や健康に関する試練や葛藤に向き合って苦しんでいます。世間は彼らを、自立して、やる気に燃えた、自分を触発してくれる教師として偶像化し、神様のように扱いがちです。しかし、彼らも私たちと同じように、霊的に目覚めるための学びの分岐点にいる人間なのです。彼らの深い人生への洞察から学ぶかたわらで、私たちはまた彼らの試練から、そして、彼らが試練にどのように向き合っているかを学べるでしょう。そして、そのほうがむしろ重要なのです。

私はかつて彼らを人間的な部分より先に、スピリチュアル界の有名人として見ていました。そのため、彼らの性格の欠点を目にした時には、私も幻滅を感じました。彼らの生き方が、発信しているメッセージに沿っていないじゃないか、と思ったのです。たとえば、ベストセラーのスピリチュアル作家が滞在先のホテルに娼婦を呼んだつもりが、彼女はイベント会場のほうへ行き、その作家に呼ばれてきたと主催者に言ってしまったこともありました。また、あるチャネラーがいつまで待っても講演に現れないので、主催者が様子を見に行ったところ、酔いつぶれていたというようなこともありました。ある大きな教会組織の牧師は、役員会のメンバーの配偶者と関係を結んだことがばれて辞職を求められ、「禁煙する方法」という講座をしていた講師は、休み時間に路地でタバコを吸っていました。菜食栄養学の第一人者なのに、有名なバーベキュー店にこっそり入っていく写真を撮られた人もいました。

この章では、発信している教えにそぐわないヒーラーをどのように理解すればよいか、そして、私たちと同じように欠点をもつ彼らを、どのように捉え直せばよいか見ていきましょう。そうすれば、彼らも私たちにとってのギフトとなります。彼らを信用できないと軽んじているわけでは決してありません。それがここでの私の目的ではありません。彼らは皆、どんな人であっても重要なギフトを届けていて、多くの人の人生の向上を助けています。反対に、私は⑴ヒーラーと呼ばれる人たちも、私たちと同じように、強さと弱さの両方を抱えているのだということを明らかにし、⑵彼らの過ちから学びを受け取り、⑶彼らと自分自身の短所へ思いやりの気持ちをもち、そして⑷試練を通して、彼らがどのようにして良い教師と成長したのか、そして他人の試練の克服を助けるために、自身の試練をから得た洞察力をどのように使っているかを、明らかにしたいと思うのです。

そしてまた、たとえ完璧でなくても、人に教え、癒しを与える能力が、あなたにもあることをわかってほしいと思います。多くの人々は、教師やヒーラーは自分たちよりもより神に近い存在だと信じ、自分と尊敬する彼らとを比べる傾向があります。それは、自分をまだ足りない存在だと思い込ませます。そんな偏った崇拝心をもつと、私たちは間違った思い込みの入り口に立ちます。そして、無意識に闇の部分を正当化し、結果、ギフトを受け取れなくなるでしょう。たとえ偉大だとされるヒーラーや教師であっても私たちと同じような問題に苦労していると理解すれば、彼らと自分の間に上下関係をつけるような思い込みは外れるでしょう。そして、「そんな人でも他人を助け、成功を手にしているのなら、自分にもできるはずだ」と理解できるに違いありません。

また私は、彼らや彼らが抱えているような状況は、自分には当てはまらないと言っているのでもありません。私ももちろん同じように、私なりの欠点や取り組むべきものをもっています。それらは私自身の学びの道の曲がり角を静かに教えてくれています。もし私が恐れを感じ、混乱する瞬間を見たら、あるいは、そうした無意識の行動を見たら、私も皆さんと一緒に、同じように学んでいるとわかってもらえるでしょう。スピリチュアルな成長の道のりで、私は自分では見えていない部分を見つけ、それらをクリアにしていこうと学んでいます。自分自身の痛みに取り組み、過ちに対峙するからこそ、それらについて教えることができ、また、時には厳しい道ではあっても、私が見つけたより高い場所へと続く道を照らし、導けるのです。

傷ついたヒーラーの過ちを見つけた時、どう捉えるか

自分が賞賛していた誰かの過ちや偽善的な部分を発見すると、気持ちが萎えてしまいます。しかし一方で、それはまた気づきのきっかけを与えてくれるものでもあります。全ての体験は、失望させられるものも含めて、学びと癒しを与えてくれているのです。ここで、マイナスをプラスに変えてくれるようなヒントをいくつかご説明しましょう。

1　その教師を自分の基盤にしない

誰かを偶像化すれば、自分のパワーをその人に明け渡します。その人を自分以上だと考えれば、自分をその人以下だと考えます。これは自分の価値を低く見ることになり、健全な関係性が土台であるとは言えません。プラトンは「真の友情は対等な間柄にのみ生まれ得る」と言っています。自分は内なる教師と共にいるのだと思えれば、優越感や劣等感を取り去ってくれます。そして、あなたはその人のファンではなく、同志になるのです。確かに、その人をお手本として尊敬するのはよいですが、それで自分の価値や才能を犠牲にしてはいけません。

2　その教師の過ちから学ぶ

全員があなたの教師です。あなたが何を成すべきかを教えてくれる人もいれば、何を成すべきでないかを教えてくれる人もいます。あなたの一足先を歩いて、困難に向きあう姿を見せてくれている彼らに感謝しましょう。あなたは彼らの経験を観察して、成長できるのです。

3　正直であることに敬意を払う

その教師が自らの試練について話したなら、彼、あるいは彼女が成長のプロセスにしっかりと取り組んでいると褒めたたえましょう。そのことを他の誰かから聞いた時も、そのことに感謝しましょう。

4　思いやりの気持ちをもつ

倫理に反したひどいことをする人たちは皆、痛みを抱えています。その人はどんな恐れや痛みがあって、そんな行動をしたのでしょうか？　それがもし無意識でしたことなら、どのように受け止めればよいでしょう。思いやりとは、無遠慮で暴力的な行いを大目に見ることではありません。その行動の原因を理解しようとすることです。それによって、自分自身もまた同じような行動を改善し、他人も助けられるかもしれません。

5　最善を受け取り、残りは手放す

過ちがあったからといって、全ての教えを捨ててしまうのはやめましょう。もしその人からの教えや実践の多くが役に立つなら、少しの過ちではなく役立つものへと視点を変えましょう。過ちを犯した全てのヒーラーを除外していったら、私たちの前に誰も残らなくなります。

6　真のヒーラーは神であることを思い出す

あなたが「ヒーラー」と呼ぶその人は、人間であり、真のヒーラーである神が癒しを行うための導き手です。人間はもろく、過ちを犯します。その人を通して流れる善の源としての神にフォーカスし、その人の人間性にはあまり注意を払わないようにしましょう。尊敬していた人や自分自身に過ちを見つけてがっかりした時には、あなたは内側か、あるいは天に視線を向けるように軌道修正されているのです。なぜなら全ての祝福はそこからやってくるからです。

正直とは誠実であること

誠実とは、物事を冷静に見ることではなく、その物事を通して、気づきまでの道のりをいかに正直に歩くかにあります。なので、自分の人間性にしっかりと向き合う教師は、最も説得力があります。あるパネルディスカッションの場で、私は三人の有名なスピリチュアル系の作家と一緒に座っていました。その中の一人は、あの有名な『神との対話』シリーズの著者、ニール・ドナルド・ウォルシュでした。進行役の人が私たちそれぞれに質問をしました。「あなたについて皆がまだ知らないことを教えてください」ニールはマイクを取ってこう答えました。「ほとんどの人は私が自分の書いた通りに生きていないことを知らないと思います」数秒間、奇妙な静けさが起こった後、会場がどっと沸き、拍手が起こりました。ニールの正直さはとても場を和らげるものでした。自分自身の成長のプロセスについて、真正面から正直に話す人には敬意をもたなくてはなりません。どの教師も、自分の教え通りに四六時中生きられるわけではありませんが、それを自ら認める者は、ほとんどいないでしょう。彼は自分の教え通りには生きていないと言いましたが、ニールはあるがままでいることで、彼の教え通りに生きています。そして、そのことは、彼が稀代の素晴らしい教師だと物語っています。神との対話は、難しく形而上学的なものばかりではありません。それは、ただシンプルに心身を爽快な気持ちにさせるものです。

優れた判断力を発揮し続ける

ヒーラーの中には、ある地点で堕落してしまった人たちもいます。エゴからの行動が、自分の教えよりも優先された挙句に、良い仕事までも浸食されてしまうのです。お金やパワーの問題で自分を見失う人や、クライアントと肉体的な快楽の関係を結ぶ人や、自分で勝手に救世主と名乗る人、競争欲や物欲にはまっていく人、あるいは、多くの人を混乱させ、傷つける大規模なドラマに関与していく人もいます。このようなヒーラーは、大きく道から外れてしまっています。ですから、私たちは彼らが堕落したことを認め、避けなければなりません。しかし、同時に、彼らが私たちに教師として、こうした失敗を示してくれたことも忘れてはいけません。彼らの例から恩寵を受け取れば、彼と同様の過ちを避けられる方法を学べ、自身の人生の道のりを誠実に歩み続けられるでしょう。

ヒーラーの価値を判断すると、混乱や失望を生みますが、あなたには万一のための安全装置があり、それが答えを出し、霧や嵐の海を渡るあなたの船を導いてくれるでしょう。私たちには皆、自分の内側に教師がいます。それこそが真のグルであり、真実と幻想の違いを知り、何を信じるべきか、何を偽りとして否定すべきかを示してくれます。教師やヒーラーに対して、何かしっくりこないものや混乱を感じたら、自分の内側に目を向けましょう。そして、その教えや施術があなたを共振させるものであるかないかをよく見ましょう。あなたの内なるガイドはあなたを失敗させはしません。真実が語られれば、あなたはクリアになり、元気づけられ、そして満ち足りた気持ちになるでしょう。真実が欠如すると、あなたは空っぽな気持ちになり、混乱し、魂が飢えていくのを感じるはずです。あなたがヒーラーであろうと、患者であろうと、マインドではなく、ハート（心）の言うことをよく聞き、心に話しかけてください。マインドは簡単に欺かれますが、心は神の心と結ばれ続けています。心に耳を傾ければ、あなたは知る必要がある時に、必要なことを知るでしょう。

メッセージとメッセンジャー

完璧なメッセージは、完璧ではないメッセンジャーからもたらされることがあります。メッセージの内容とそれを伝える人を混同しないでください。多くの傷ついたヒーラーたちは、あなたを輝かせ、人生を変える、素晴らしい普遍的な真実を伝えてくれます。メッセンジャーが充分にその真実を理解せず、真実に沿って生きていなくても、あなたがその真実を使い、恩恵を生み出すほうがより重要です。荷車がぼろぼろだからといって、運ばれてくる黄金を見逃さないようにしましょう。絶え間ない幻想が続くこの世の中で、どんな時であれ真実が手に入る時は、たとえ、微かな光や燃えさしであっても見つけなくてはなりません。ヒーラーが彼らの教えのモデルであれば理想的ですが、そうでなくても、あなたが学びや成長をやめる理由にはなりません。真実とは、とても濃縮されたオレンジジュースのようなもので、水を加えて、飲みやすくしなくてはなりません。たとえ、ヒーラー自身が濃縮された教えに水を加えなくても、あなたが自分で水を加えて、甘い味わいを楽しめばよいのです。

自分軸のパワー

癒されたヒーラーが輝く瞬間は、二つあります。一つは、彼らがスピリチュアルの源と一体になる瞬間です。天国の窓が開かれ、神から与えられた癒しの力が彼らを通して注がれ、この世の思い込みや幻想をはるかに超えて、クライアントへ祝福がもたらされる時です。このようなエネルギーの流れは、才能ある芸術家や俳優、ダンサー、音楽家、講師や作家にも起こります。誰かが直感を受け刺激された才能を発揮するのを見る時、私たちはシンプルに畏敬の念を抱きます。なぜなら人間の表現を借りて、神が姿をここに現わしているからです。このような瞬間こそ、人生で体験する最善の時です。物質界と霊界の境界のヴェールが溶け落ち、人間が到達でき得る限りの、魂が滋養を受ける最も高い場所に上がっていくような時です。

癒されたヒーラーが輝くもう一つの瞬間は、過ちを犯し学んだ後、クライアントや生徒自身が成長できるように、自らの体験からの気づきを彼らに手渡す瞬間です。スピリチュアルマスターと呼ばれる人たちは、軸足を保ちつつ、誤った歩みを見せてくれ、同じことが起こった時の対処の手本を私たちに見せてくれます。苦労や失敗の末の成功も、今のその場所まで、いかにたどり着いたかを知るヒーラーが最も説得力をもつでしょう。自分の人間性を神性に近づくための布石として使うことで、あなたを導いてくれているのです。彼らを尊敬し、彼らから学びましょう。

あなた自身が教師やヒーラーや指導者の場合は、成功だけでなく、過ちについても正直でいてください。そうすれば、生徒や患者があなたを全ての手本とはしないでしょう。誠実な生徒は、自分と同じ道を歩いた経験のある教師を得たいと思うでしょう。自身の神性をしっかりと表現する一方で、自身の人間性についても正直でいましょう。その両方がスピリチュアルな旅路の要素であり、私たちが皆互いに分かち合えるものなのです。そうすることで、他人に対しても高いヴィジョンと直感を授けることができ、また同じような困難を乗り越えるツールも授けられます。

いつか私たちは皆、傷を負うことなく、道を歩くようになる日がやってきます。その時まで、試練を導きに変えていきましょう。

The Master Keys

この章で授けられるマスター・キー

1. ヒーラーは皆、神聖な素晴らしい才能と共に、人間としての欠点も併せもっています。
2. 単に人格上の欠点があるからといって、そのヒーラーのもつ真のヒーリングの力を低く見ないようにしましょう。
3. 偉大なヒーラーが人間的な間違いを犯しても、あなたがヒーリングの仕事を始めるためには完璧でなくてはならないと思う必要はありません。
4. 成熟したヒーラーは自分の犯した間違いにもオープンです。そこからの学びを自分の生徒や患者へと手渡します。
5. 尊敬しているヒーラーが癒されていないと気がついて、気持ちが萎えた時には、本章を参考にして、経験をうまく活用し、経験を通して成長しましょう。

6. ヒーラーやそれに関与するグループがばらばらで、倫理に反しており、有害に感じた時には、そこから離れましょう。

7. メッセージとそれを伝えるメッセンジャーを混同しないようにしましょう。たとえヒーラーが教えに沿った生き方をしていなくても、あなたは彼らの教えからは学べます。その教えが価値あるものかどうかは、あなたがどのように実践するかで決まります。

癒されたヒーラー

医者よ、自分自身を癒せ。
――『新約聖書』ルカによる福音書　四章二十三節

パトリシア・サンは、才能あるヒーラーで、多くの人を助けてきました。元夫が脳梗塞になった時も、彼女は病院に行き、そばで数時間ヒーリングを続けました。それを見た看護師がパトリシアに「患者さんとのご関係は?」と聞きました。パトリシアは「私は彼の元妻です」と答えました。看護師は驚き、「元配偶者を見舞う方はあまりいらっしゃいません。またあなたのように愛をもって患者の横に座り続ける方もいらっしゃいません」と言いました。

パトリシアは微笑み、こう返しました。「私たちはもう結婚はしていませんが、もし、私が彼を助けられるのなら、そうします。夫婦だった頃の歴史や思い込みよりも大切なことがあるのです」

真のヒーラーの奉仕は、患者の内側を刺激して人生を変容させるばかりではなく、その奉仕の姿を通して、私たちの直感を促してくれます。人生において大切なものやそれを手に入れるためのスキルを見つけるようにと促してくれるのです。

以下は、癒されたヒーラーの特徴です。

1 癒されたヒーラーは、自分は癒しの導き手であり、高次の力が彼らを通して奉仕すると知っています。真のヒーラーは、行ったヒーリングを自分の力として受け取らず、その力が宇宙の生命力に帰属し、全ての人が使えることを知っています。

2 癒されたヒーラーは、自分本位の利益のために、お金やパワー、エゴ、名声や権力を得るよりも、患者を助けることを目的としています。

3 癒されたヒーラーは、癒しを受ける価値の有無で、患者を区別しません。宗教や人種、性別、年齢、文化、貧富、カースト制度や国籍、個人的な経歴も関係ありません。助けが必要で、それを受け取りたいと思う人は誰でも、施術を受ける価値があります。

4 癒されたヒーラーは、自分の人生の旅路に関しても、謙虚で正直です。自身の人格を露《あら》わにして、スピリチュアルな自己を成長させ続けます。

5 癒されたヒーラーは、他のヒーラーと競いません。また、自分と異なる手法を批判せず、他人の間違いを指摘することで自分を正当化したりもしません。

6 癒されたヒーラーは、自身のリフレッシュや魂の滋養と、仕事のバランスをうまくとっています。ストレスが生じた時は、少し後ろに退いて、自分をケアしています。ですので、燃え尽きることなどありません。

7 癒されたヒーラーは、自分を支持する人たちを集めたり、自分の価値や成功を支持者の人数で計ろうとしたりはしません。引き寄せの法則を信頼し、少なかろうが、多かろうが、助けるために最善を尽くします。

8 癒されたヒーラーは、自分が使うテクニックを自由に進化させると共に、変化させたり、広めることにも寛大です。また、さらに新しく、より素晴らしい信念を手に入れるために、古い思い込みを手放します。

9 癒されたヒーラーは、癒しを受けるか否か、患者の選択の権利を尊重し、患者自身の学びの分岐点があり、その人にとって正しいやり方とタイミングで、癒しを受けられると理解しています。

10 癒されたヒーラーは、患者の完全性や健康において高いヴィジョンをもち、患者を制限したアイデンティティで見ません。また患者に依存をさせないようにします。ヒーラーの目的は、最終的にクライアントが治療に頼らなくても良くなることです。

偉大なるヒーラーからの学び

多くの素晴らしいヒーラーたちがこの地球に降り立ちました。有名な人もいれば、無名のまま奉仕し続けた人もいます。ここに私に最も深く影響を与えてくれたヒーラーの名前を連ねてみようと思います。そして、特に、私が学びと刺激を受けた、彼らの才能について書き、あなたの旅路も同じように照らされるよう願います。

イエス・キリスト

彼は私たち一人一人が神と一体だと理解し、同志として加わるように、今なお呼びかけています。キリストは当時の偏狭な宗教的な指導者たちに屈服しませんでした。その時代の指導者たちは神の象徴とされていましたが、実際は真実からかけ離れた行いをする人たちでした。彼は真実にそぐわない伝統やカルマの考え方を、思いやりと恩寵をもって捉え直しました。愛の法則のもとに立ち続け、優しさを優先すべきとしました。キリストは病気を癒し、死人を生き返らせることもできました。なぜなら、健康と命は、神の意志だと知っていたからです。彼は自身のスピリチュアルな血統についても明確に理解していて、人々が自分の神性に気づくように促しました。彼は自ら、自身の身を捨てて、私たちが身体以上の存在だと証明しました。キリストの癒しの力は、宇宙を通して波紋を広げ、彼を愛し、彼を求める全ての人々へ祝福を届け続けています。

メヘル・ババ

「思いやりの父」である彼は、愛こそが偉大なるヒーラーであると証明しました。彼のモットーは「奉仕を通じての習得」でした。ババは全インドを旅して、「神に酔う者」と呼ばれる人たちを見つけました。彼らは、物質界にはほんのわずかな接触しかもたず、スピリット界に居続ける人たちでした。当時、そんな人たちは正気ではないとされていましたが、ババは彼らの神性に敬意を表しました。彼らの足を洗い、食を賄い、彼らのもつ神聖さにフォーカスし、話しかけました。メヘル・ババは人生の大半を沈黙して過ごしつつ、言葉ではなく存在そのものの力で、数々の教えを残したのです。

ブルーノ・グルーニング

彼は、全てのものを癒せると証明しました。数えきれない人々の健康を奇跡的に復活させ、その身体的な癒しを通じて、人々をスピリチュアルな旅路に目覚めさせました。彼は癒しと引き換えに金銭を受け取らず、全ては神の御業だと告げました。彼がこの世を去った後もなお、彼の放ったパワーに多くの人たちが癒され続けています。グルーニングの教えは、まっさらでシンプルであり、謙虚でいて純粋であり、そして知性的な理論を一切伴いません。個人的には様々な困難に耐えなければならない人生でしたが、その一方で、彼自身は喜びに溢れ、信頼を強くもち、ポジティブな姿勢を保ち続けました。

パラマハンサ・ヨガナンダ

彼は勇敢にも、ヨガのメッセージとテクニックを西洋に伝えるため、故郷のインドを後にしました。良くは思わない人たちもいましたが、多くの人がそのスキルを学び、自分の人生を変容させました。ヨガナンダは優れた技量をもち、熟練した高潔な教師であり、世間的な批判を超越して、自分の信念に忠実に在り続けました。真実の最高峰へ向かおうとするものなら、彼はどんな道筋にも敬意を示し、良しとしました。彼の著書である『あるヨギの自叙伝』（森北出版）は形而上学の名著として知られています。彼が設立した組織である「セルフ－リアライゼーション・フェローシップ（ＳＲＦ）」は、ヨガのメッセージを分かち合おうとする人たちによって今日まで続いています。

ヒルダ・チャールトン

私のメンターであるヒルダは、求めてくる全ての人たちに、常に癒しをもって接していました。クライアントへの助けと解放が彼女の一番の願いであり、ブルーノ・グルーニングと同様に、彼女も自身の奉仕に対して一切の金銭を受け取りませんでした。彼女は外側のどんな権威よりも自身の内なるガイダンスを信頼していて、それが彼女のスピリチュアルな道のりを他に類似するもののないユニークなものにしていました。彼女の教えは、まるで「薬を砂糖で包んだ」ようで、そのユーモアのセンスと共に生徒たちをとても喜ばせました。ヒルダは重病の人たちからの依頼も快く受けて寄り添い、ヒーリングの施術を集中的に行っていました。ニューヨークの犯罪多発地域で教えている時でさえも、彼女は高い波動を維持していました。この世での問題を巧みにこなしながらも、彼女はいつも神と共に在り、頭を天につなげたまま、しっかりと地に足をつけて生きているような存在でした。

純粋なヒーラーは、この地球上に居ます。そういうヒーラーを一人でも知っているのなら、その人が与えてくれる恩寵を受け取ってください。実際に個人的に知る人が誰もいなくても、あなたが信じるヒーラーからの祝福を受け取りましょう。癒しに物理的な距離は関係ありません。スピリットには、時間も空間も関係ないのです。歴史上のどのヒーラーからも今、癒しを受け取ることができます。彼らのギフトはあなたに無料で差し出されています。スピリチュアルマスターと呼ばれる彼らは、自分への崇拝を求めてはいません。代わりに、私たち自身の価値を崇拝する大切さを知ってほしいと願っています。彼らは自分に従う者を求めているのではなく、私たちそれぞれがリーダーであると言っているのです。彼らが道先案内人となって、私たちに手本を示してくれています。彼らのように行えば、彼らと同じ癒しの力にアクセスし、それを待ちわびる世界へと手渡せます。

癒しは人数ではない

癒されたヒーラーの関心は、仕事の質であって、クライアントの数ではありません。受け取る人たちの数は、副産物であり、仕事の目的そのものではありません。私も自分のプログラムへの参加者の数について、特に願ったり、祈ったことは一度もありません。むしろ、その時のグループの目的に貢献し、最も深い学びを受け取れる適切な人たちが来てくれるように祈ります。大人数の時もありますし、少数の時もありますが、私が価値を置くのは、信頼や絆、良い人間関係を築くこと、そして、癒しです。大人数のグループでは、これらの価値が満たされないと言っているのではありません。ただ他の何よりも、仕事の質の高さを一番に考え、貢献し続けなければなりません。多くの人数を得ても、あなたの心の平穏が失われていては、成功とは言えないでしょう。クライアントの数にかかわらず、頭をクリアにし、心を開いてのぞむのなら、素晴らしいギフトを得られるでしょう。そのようにして、ヒーリングを行えば、自分への奇跡的なサポートがあるとわかるはずです。そして、自分自身と宇宙、その両方への誠実さが証明されて、夜もきっとぐっすり眠れるはずです。

聖なる使命に敬礼！

多くの人々が、ヘレン・シャックマンがチャネリングした最初の言葉が「これは奇跡のコースです」であると信じていますが、実際に彼女が最初に受け取った呼びかけは、もっと感動的で、個人的なものでした。それは「私はあなたの手を通して、奇跡を働きかけます」というものです。この言葉は「私」が奇跡を行う神のことであり、「あなたの手」が神からの癒しの力の導き手としての人間だと読み取れます。神は人間が変容するように求めており、だからこそ、私たちの癒しにおける役割もまた重要なのです。

『奇跡のコース』のレッスン三五三では、以下のようなアファメーションを求められます。「私の目、私の舌、私の手、私の足にはただ一つの目的しかありません。その目的とは奇跡でこの世を祝福するために、それらをキリストに委ねて活用してもらうということです」このアファメーションは、私たちの身体を神の道具として役立てるところまで高めるものです。宗派によっては、身体を悪として攻撃し、心理的身体的に自責を行うことで悪を屈服させることもあります。しかし、身体は中庸なものであり、私たちが良し悪しを決めたものに、ただ使われるだけです。そして、身体の最も素晴らしい機能は、身体が創造するコミュニケーションを通して、この世で神を表現できることです。身体と共に生きる限り、それを最大限に有効に使わなくてはなりません。そして、最大限に有効に使われた時こそ、神が私たちの手を通して、奇跡を働きかける時です。

あなたもすでにこの世界に奇跡を放っています。思いやりや優しい言葉や行動を通して、友人に安心をもたらし、恐れを和らげ、そして、批判に向かい合いながらも、克服していけるように励ましてきたでしょう。エゴはあなたに自分には価値がなく、不十分で無力だと信じ込ませようとするかもしれません。そして、自分の悪いところやうまくいかないところにばかりフォーカスさせ、あなたを限られた世界に閉じ込めようとするでしょう。もちろん、思い通りにならない問題もあり、皆がそうであるように、過ちも犯します。しかし、あなたの内側には、何よりもはるかに完璧に息づくものがあります。あなたは神の計画において、とても重要な役割をもっているのです。自分の使命の大きさに気がつくと、人生の罪悪感や苦痛は一気に覆り、出会うもの全てが祝福に変わるでしょう。

先延ばしにしない

多くの人は、自分は完璧ではないという理由で、躊躇し、癒しを行いません。つまりは、完璧になるまで待っているのです。しかしながら、自分自身の成長のプロセスを進めつつも、世界は救えるのです。今までのコーチングの体験の中で、新しい仕事を始めたいという人たちにたくさん出会いました。西洋医学以外の療法や、エネルギーワーク、コーチング、ティーチング、セミナー開催やメンタープログラム、新規事業の企業、執筆や他の芸術的な創作活動などです。しかし自分はまだその資格がないと感じていました。まだ全てを充分にマスターしていないという理由からです。なので、私は彼らに、学びの道の途中にいることに正直でいれば、完全に習得していないスキルを教えても、偽りにはならないのだと伝えました。ただあなたの知っていることを教えなさい、と。その道の先駆者になるまで待つよりも、今すぐに始めるほうが救える人の数は多いのです。また、先駆者になるための一つの方法は、教えることです。なぜなら、私たちは教えることを通して学んでいくからです。アルベルト・アインシュタインは、物理学上の問題点を発見した時、結論が出ないとわかっても、その時点までに得た途中経過を公表しています。ある子供がアインシュタインに、数学のクラスで苦労していると嘆いて手紙を書いた時、アインシュタインはこう返事をしました。「心配しなくていいんだよ。なぜなら、君がもっている可能性は、もっともっととても大きいのだから」

あなたが癒しやそれを教えるための活動をしようと決めたら、宇宙がその詳細部分は調整してくれるでしょう。クライアントや生徒のほうが、あなたを見つけてくれるでしょう。「生徒の準備ができた時に、教師は現れる」ということわざがありますが、それは絶対に真実です。同じように、教師の準備ができた時に、生徒も現れます。引き寄せの法則によって、あなたが最も素晴らしいサービスを提供できる人たちやあなたから最もギフトをもらえる人たちが、あなたのもとに集まってくるでしょう。ヒーラーとクライアントの関係性は、偶然ではありません。その関係性は、あなたや私が推測するよりもはるかに深いところで、宇宙によって巧みに計画されています。神があなたに人と分かち合うべき才能を与えたのなら、その意志に沿った人たちがあなたのもとへやってきます。この完璧に組み合わされたシステムには、少しのずれもないのです。

自己へのケア＝《イコール》クライアントへのケア

ヒーラーの中には、クライアントのために自分の健康を犠牲にする人が多数見受けられます。これはエゴがあなたの聖なる使命を乗っ取った現象だと言ってよいでしょう。燃え尽きたヒーラーとは、矛盾のある言葉です。熟練したヒーラーは、自己の再生とそのための行動の大切さをしっかりとわかっています。自己犠牲が素晴らしいものだという家庭や宗教の下で育ったのなら、他人を勝たせてあげ、自分が負けるべきだと信じているかもしれません。しかし、これは全く真実ではありません。正しくは、双方が共に勝つか、あるいは、どちらも負けるかです。

人を元気づけたいと思うのなら、自分がまず元気でいなくてはなりません。エイブラハムは、「自分以外の誰かを健康でいさせるために、自分が病気になるべきではない。誰かをお金持ちにさせるために自分が貧しくなるべきではない。誰かに幸せを感じさせるために、自分が貧しくなるべきではない。誰かを生かすために、自分が死ぬべきではない」と言いました。自己犠牲は全て古い思い込みからくる時代遅れのプログラミングであり、王国に入るためには、これらを超えて成長しなければなりません。自分自身の健康によって他人の健康を、自分自身の喜びによって他人の喜びを、あなたが豊かさの手本になって、他人の豊かさを刺激するのです。クライアントや患者に得たものの素晴らしさを見せられたら、今度は彼らが、自分自身が得たいものを具現化していくための直感を受けられるでしょう。ヒーラーや教師にとっての一番の褒め言葉は、「あなたは輝いていて、幸せそうですね。どうすれば、あなたのようになれますか」です。

自分を大事にするのは罪ではありません。自分を虐《いじ》めるのが罪なのです。健全な境界線を設定し、休みをとり、休日を楽しみ、あなたの愛する人たちと集まり、マッサージやヒーリング、あるいはその他の自分を大切にする活動を楽しみましょう。それら全てが他人への助けや癒しにとても大きな貢献をしてくれるでしょう。幸せのお手本になれば、うまく人にも教えられます。

真の喜びの息づく場所

人生における最も大きなギフトの一つは、他人の苦しみを和らげ、より大きな喜びを見つける手伝いをすることです。あなたが、神の偉大な仕事の導き手となれば、あなた自身の問題も消失していきます。「私」の中にいるエゴが溶けていき、エゴが消えた場所に代わりに愛が満ちていくでしょう。

ダスカというドイツ人女性がいます。彼女は私が今まで知る人たちの中で、最も幸せな人の一人です。彼女はペルーのアルバンバという貧しい村で、児童養護施設を運営しています。冒険家のレオン・ロゴセティスが彼の Netflix の番組『The Kindness Diaries（優しさの記録）・シーズン3エピソード#8』で、彼女を紹介しました。ダスカは両親のいない子たちを心から愛していて、彼女の顔はまるで聖人のように輝いていました。癒しを行う者も、その癒しを通して癒されるという証明があるとするなら、それがダスカです。

ライフコーチ養成プログラムの生徒たちの多くが、似たような経験を報告してきます。コーチングの練習セッションを数か月行うと、多くが「私は何をするために生まれてきたかがやっと今わかりました。人生の最も素晴らしいギフトを今得ています」と書いてくるのです。人道主義者のアルベルト・シュバイツァーは「本当に幸せになれる唯一の者とは、人に奉仕する道を探し求め、それをついに見出した者である」と言っています。

世界は正気を失い、段々と常軌を逸してきているように見えます。光と闇、幻想と真実、恐れと愛のコントラストはどんどん強まり、明らかになっています。だからこそ、どんな形であっても、高い価値観に基づいて、癒しや励ましを与えられる人は誰でも、この惑星の変容には欠かせなくなっているのです。この大きな気づきが起こる時、あなたの役割はとても重要です。今こそ、あなたが自分のギフトを惜しみなく、躊躇なく行使する時です。

癒されたヒーラーは存在します。誰かを見つけることもできますし、あなた自身がそうなることもできます。癒しを行う人を探すのではなく、癒しそのものを見つけましょう。人を探すのではなく、真実を見つけるのです。癒しを受け入れれば、あなたは癒されます。それが、あなたがこの世界にやってきた理由です。結局は、人生の出来事や体験は全て、あなたの黄金の真実を探す旅において、大切な役割をもっていたことがわかるでしょう。

The Master Keys

この章で授けられるマスター・キー

1. 誠実さと共に、神聖な仕事を行うヒーラーはこの世にいます。もしそんなヒーラーを見つけられれば、あなたの人生も祝福されるでしょう。

2. 本章の最初に記載した癒されたヒーラーの特徴のリストは、大変重要です。傷ついたヒーラーと癒されたヒーラーを見分けるために、これらの特徴を深く考え、自分が行うヒーリングを最大限に高めるのに役立ててください。

3. ヒーラーの教えの質は、生徒の数で決まるものではありません。人生がポジティブに変化していけば、人数の大小に関係なく、ヒーラーが接していく人々は自然に生まれます。

4. 大いなるスピリットがあなたを通して、癒しや奇跡を働きかけます。あなたの人生の目的は、神の世界への祝福をこの世に送り出すことです。

5. 癒しの仕事を始めるに際し、躊躇する必要はありません。高次の力があなたをサポートし、引き寄せの法則があなたにとって適切な人を連れてきてくれるでしょう。

6. 自己をケアすることは、癒されたヒーラーの人生にとって本質的な要素です。燃え尽きたヒーラーという言葉は、矛盾をはらみます。あなた自身がその存在をもって幸せの手本となれば、最も効果的に癒しを行えるのです。

7. ヒーリングに競争などありません。他のヒーラーの誤りを指摘して、自分の正当性を証明する必要はありません。癒されたヒーラーたちはむしろ患者を癒すという一点で、団結しています。

8. この世で最も幸せな人たちとは、他人を生きやすくする人たちです。

魂の医師たち

小さなロウソクがなんと遠くまで照らすことだろう！
同じように、善き行いも
疲れ切ったこの世界を照らすのだ。
――ウィリアム・シェイクスピア

医師である友人のマークがマウイ島で休暇を楽しんでいた時に、ホノルルに休暇に来ていた甥が心臓発作で倒れたという電話を受けました。彼の甥は集中治療室で、危険な状態でした。マークはすぐにホノルルに向かい、取り乱す甥の妻と一緒に、彼の状態が安定するまで、二十四時間ベッドの横に座り続けました。

マークがこの話をしてくれた時、私は医師とヒーラーの違いがわかったような気がしました。医師は身体を扱いますが、ヒーラーは魂を扱います。マークが彼の甥とその妻のために行ったことは、身体の治療をはるかに超えています。彼のギフトは、彼らの魂を鎮《しず》めることに発揮されたのです。

『奇跡のコース』は、癒しとは恐れの解放であると定義しています。誰かの愛を高め、恐れを少しでも鎮めた時、あなたはその人に癒しを行使しているのです。クライアントが恐れを抱き、あなたと交流することでまた恐れが高まったとしたら、それは彼らに癒しを施しているのではなく、彼らの病を深めているのです。癒しを受けるか受けないかの選択はクライアントが行うもので、あなたが代わりに選ぶことはできませんが、クライアントが最大限に癒しを受け取れるような神聖なスペースを提供することはできます。

ヒーラーとは魂を鎮める者のことです。健康や幸せへ向かうために、クライアントをリラックスさせられるなら、全て癒しと言えるでしょう。ある日、私の犬のマンシーが大型犬に噛まれてしまい、胴体に大きな傷を負いました。私はマンシーを連れて、近くの獣医のもとへと急ぎました。仮に、その獣医の名前をブラウン医師としましょう。彼は良い人でしたが、心配性でもありました。ブラウン医師はマンシーを手術し、彼の皮膚を縫い合わせ、家に帰しました。ところが、数日後、縫った場所から膿が流れ出てきました。これは何かに感染しているのを意味しています。さらに、縫い合わせた皮膚がまた離れてずれてきていました。私は再度ブラウン医師を訪ねました。彼はこのエリアで糞便からのバクテリアが急増してきた理由と、それが感染を増やしていると説明しました。そのうえで、彼はもう一度マンシーに手術を施して、抗生物質と共に家に帰しました。それから数日後また、残念なことに、同じ症状が現れたので、私は再度ブラウン医師のもとへマンシーを連れていき、三回目の手術をしました。しかし、その後またも同じ症状が起こったのです。

この時点で、私はこの獣医の治療では、マンシーは回復しないと気づき始めました。また、これ以上の手術はあまりにつらくて、想像もできませんでした。もっと他に良い方法があるはずです。そこで、もう一人の獣医を訪ねました。仮に彼をグリーン医師と呼びましょう。彼は長い間、主に馬を診てきましたが、他の動物の治療も少ししていました。私は、グリーン医師のクリニックに行き、マンシーを診察台に置いて、不安になりながら医師を待ちました。やっと彼が入ってきました。グリーン医師は、日に焼けた肌の年配で、ジーンズにフランネルのシャツを着ていて、ベルトの上に少しお腹がのっかっているカウボーイでした。私たち皆が大好きになるような、瞳に優しい光をきらめかせているおじいちゃんを思わせる人でした。彼はマンシーの傷を診て、私のほうへ向き直りました。その時、私の顔を見て心配しているのを読み取ったのでしょう。微笑みながら、優しく私にこう言いました。「自然の治癒力は素晴らしいよ。そう思わないかい」

彼のコメントに呆然して、私は彼を見たまま、何も言い返せずにいました。

しかし、さらに、彼はもう一度微笑んで「君の犬は良くなります」と言ってくれたのです。

その時感じた魂が洗い流されるような安堵の気持ちは、到底表現できません。

「もう手術は必要ないのですか」私がそう聞くと、獣医は頭を振りました。

「必要ないよ。このまま傷を開けたままにしておけばいい。ハッカ油を少し出しておきましょう。それを一日に数回傷口に塗ってあげて。家の中で休ませるようにしてください。常に清潔にね。そうすれば、一、二週間後は皮膚が傷を覆うまでになって、治ってくるでしょう」

私はこの人にキスしたいと思いました。いえ、たぶんキスしたと思います！　私はマンシーを抱きかかえて、家に連れて帰りました。もうこれで充分です！　グリーン医師の指示に従ったところ、数週間をかけて、皮膚は少しずつ回復して傷を覆い、自然に完璧な状態に戻ったのです。手術なし。感染なし。ただ癒しのみです。数年後、私は自分の書籍の一つを、「世界中で最も豊かな人から学んだこと」というサブタイトルをつけて、グリーン医師に捧げました。本のタイトルは『ある成功者の秘密』（牧野・M・美枝訳、ダイヤモンド社）です。

この体験はつらいものでしたが、同時に導きを与えてくれました。私は貴重な学びを得たのです。一つ目の学びは、病よりも癒しにフォーカスしながら、熱心に診てくれると信じられる医師を自分で選ぶことです。二番目の学びは、意図と結果のパワフルな結びつきについてです。自分の思うような結果にならなくてストレスが溜まり、耐えがたいまでになった時に、私の意図はとても強くなり、その結果、もし必要であれば医師の変更も含めて、マンシーを回復させようと何でも進んでやりました。三番目の学びは、時には医学のテクノロジーによる治療ではなく、古くからの、自然で有機的な治療法が効き目を発する場合があることです。最後の学びは、私の核のレベルに留まり続け、忘れられない学びとなりました。つまりは、ヒーラーとは魂を鎮める者だという学びです。真のヒーラーは、単にクライアントの身体だけに触れるのではなく、魂にも触れます。グリーン医師は、私と愛する家族であるマンシーの両方の魂に語りかけてくれました。

癒しと治療の出会う場所

魂の医師であるなら、身体の医師ではないわけではありません。医師は両方の医師になれます。問題は、どちらを優先すべきかなのです。身体の回復がより重要でしょうか。それとも魂の回復のほうでしょうか。明らかに言えるのは、両方が大切だということです。しかし、身体だけ回復させたとしても、それは一時的なものになるでしょう。魂の回復に力を注がなければ、症状はまた同じところに、あるいは、至るところに現れてくるでしょう。魂が癒されると、身体も通常は従います。

詩篇（旧約聖書）二十三章では、「神が私の魂を回復させる」と書かれています。このアファメーションは単に聖書の中の詩の一編に聞こえるかもしれませんが、これは、最も実践的で、しっかりした現実的な癒しのツールの一つです。魂が放置されると、私たちは病気になります。つまり、病気は痛みや人生の重荷が、喜びよりも上回ってしまった時の状態です。多くの場合、病は、身体的な、あるいは心理的な兆候に現れますが、それらの背後には病んだ魂があるのです。とはいえ、あなたの魂自体は、本当は病気にはなりません。なぜなら、魂は完璧な神の表現そのものだからです。しかし、あなたが自分の魂とあまりにも分断されてしまうと、魂があなたへと差し出している生命力に触れられなくなってしまうのです。

私のプログラムの参加者たち、特に対面のリトリート合宿に参加した人たちの多くは、自分の魂とのつながりを取り戻しています。彼らはリラックスして、重荷を手放し、同じマインドをもつ仲間と共につながり、情熱を表現し、遊び、スピリチュアルな道のりへ前向きになります。自然の中に充分に溶け入り、生気を取り戻すのです。一週間のプログラムで、彼らの多くが十歳も二十歳も若返っていくのを見てきました。苦しみは年を取らせ、リラックスは若返りを与えます。だからといって、魂を取り戻すために私のプログラムに参加する必要はありません。ストレスを感じることをやめて、自分自身を愛し、気遣うことができれば、あなたはいつでも自分の生命力を取り戻せるのです。またもしあなたが誰か他の人の魂を取り戻すのを助けてあげたいなら、あなたが医師であろうと店員であろうと、何であっても、あなたはヒーラーなのです。

癒しの循環

私の友人のドンは、もう長い間、大都市で人気のある音楽番組のラジオパーソナリティをやっています。ヒットソングを流すだけでなく、彼は毎日番組中に、心を動かすメッセージを読んでいます。彼は有名人であり、誰からも好かれています。

最近になって、ドンはひどい鬱症状に見舞われました。ある日、彼はラジオで自分は鬱病であり、今大変つらい状態であると告白しました。次の日、ドンは精神病院の院長からメールを受け取りました。そのメールには次のように書かれていました。「今あなたが感じている試練について、勇気をもって話してくれてどうもありがとう。それがどんなに困難なプロセスであるか、私にはわかります。あなたは、同じ体験をしている多くの視聴者に、あるがまま正直に感じたことを話してもよいのだと示してくれました。それは彼らの力になったに違いありません。そして、それは癒しの最初の一歩です。私はあなたの番組を長い間楽しみに聴いてきました。特にあなたが読んでくれるメッセージはとても楽しみにしています。あなたが前進し続け、良くなるように願っています」

ドンはこのメールに深く感動しました。そして、彼がこのことを私に話してくれた時、私も同じように深く感動しました。この精神科医はとても重要なポジションにいるのですから、きっととても忙しかったはずです。彼女は本来わざわざ時間をかけて、こんな励ましのメールをドンに送る必要はないのです。しかし、彼女はそれをあえてやりました。私はドンに言いました。「この女性は真のヒーラーだね」と。

この癒しのプロセスは、力強いサイクルの上に成り立っています。まずドンが自身の困難をラジオで話したところから始まりました。それは勇気ある行動でしたが、同時に危ういものでもありました。多くのラジオ番組のパーソナリティは、ばかげた冷やかしや偽りの笑い声で編集された浅いストーリーを話し、それに甘んじていたからです。にもかかわらず、ドンの誠実な告白は、彼の聴衆の心をつかみました。そして、その代表として、精神科医が彼にメールを書き、彼の話が同じ境遇にいる人々に正直に話をする勇気を与えるような前向きな結果を生んだと教えてくれました。医師がドンにサポートと励ましのギフトを送ったその時に、祝福は完璧な円を描いて、ドンのもとへと戻ってきたのです。

今立っているその場所で癒す

魂の医師になるために、プロのヒーラーになる必要はありません。あなたは今立っているその場所で、魂を鎮められます。『奇跡のコース』には、奇跡を起こす時―あなたが恐れではなく愛を選択することで、前向きな結果を創造する時を意味します―、「奇跡は、あなたが一度も会ったことすらない数多くの人々にまで及び、あなたが自覚していない状況においてさえ、夢にも思わぬような変化をもたらすだろう」と書かれています。学校の通学路の指導員としても、不動産の仲介業者としても、あるいは、タクシーの運転手としても、何であっても、あなたは癒しを行えます。私のコーチ養成プログラムの卒業生の一人は、離婚専門の弁護士をしていますが、彼女はホリスティッククライフコーチングのスキルを使って、クライアントが結婚を続けられるように、あるいは、クライアントが離婚を望む場合には、調和と尊敬、そして相互にサポートし合いながら、離婚ができるように導いています。別の卒業生も、ライフコーチングのスキルを使いながら、フィナンシャルプランナーとして働いています。YouTubeで、驚くような親切な行為の記録を並べているチャンネルがありますが、その中で、タイの警察官が錯乱状態でナイフを持って向かってくる者に優しく対応した動画があります。警察官は、彼に優しくナイフを渡すように言い、グラス一杯の水を渡し、彼を抱きしめ、彼にギターを与え、最後に共にディナーに向かいました（動画「Thai Police Officer Disarms Man with Knife with a Hug」）。またそれとは別に、ある宝石商の感動的な動画もあります。家族を養うお金を捻出するために、ずっと大切にしていた指輪を売ろうと店を訪れた疲れ切った女性に、彼は自分のポケットから、紙幣をひとつかみ取り出し、彼女に渡しました。そして、指輪は大切にとっておくように言ったのです（動画「Syrian Muslim Man Pays for U.S. Woman Desperate to Sell her Ring in Dallas」）。

私たちには毎日のように、癒しを提供できる機会がたくさんあります。薬を処方してもらい、提供の準備をしておく必要はありません。ただ、あなたが目の前の人たちと、彼らの身体を超えた魂を通して出会う必要があります。そして、彼らがその時最も必要とするところに、思いやりを差し出すのです。

機械以上のもの

患者の魂を見落とす医師は、また自分自身の魂も見落としています。反対に、患者の魂の存在を忘れない医師は、自分自身も救えます。西洋医学は、人々を単なる機械のように扱い始めた時点で、その根幹を失い始めました。身体は機械のようなものですが、身体の内側にはそこに住まう人が居るのです。それは、部位を組み合わせてできあがる身体の概念をはるかに超えたもっと貴重な存在です。全ての人間は、身体を創造し、それを維持し続ける大いなる叡智が生んだ表現そのものです。魂の存在を忘れた医師は哀れな状態になります。なぜなら、毎日毎日やってくる自分のヴィジョンを身体に閉じ込めようとするのは不可能ですし、一方では、スピリットが目覚めを待ち続けるからです。悲しいことですが、数ある職業の中で、医師本人による薬物乱用の割合は、最も高い数値を行き来しています。医師も多くのストレスを抱えているのです。医師がストレスを超えて立ち上がる術《すべ》をもたなかったら、とても悲劇的な結果を生むでしょう。もし彼らが自身のストレスについて健全な方法で語れたら、彼らもまた自身の魂を取り戻し、そして、患者も同じように助けられるでしょう。

魂のことを神秘的で、エーテル的なものであり、曖昧な別の世界の何かだと思っている人もいます。しかし、魂が見せる現実は、私たちがこの地球に生きているという点では、とても確かなものです。「一体誰なのだろうか」という問いかけへの答えの本質が、私たちそのものです。子供の目を初めて覗き込む時、小さな子供をはるかに超えるものを内側に見る時があります。才能ある歌手、ダンサー、俳優、ライター、講演者や画家などが、自身の中核から溢れ出るパフォーマンスをしている時、彼らの単なる動きを超えたもっととても豊かな何かを感じられるでしょう。心のどこか深いところで、私たちは皆、魂が何であるかを知っています。なぜなら、それが私たちの存在の核だからです。ですから、お互いを身体ではなく魂を通して見ていけばいくほど、自分の人生の意味をより見つけられるようになります。物質界が様々な機会を通して、私たちにスピリチュアルな気づきを与えていることを知らなければ、物質界は虚ろな場所に感じるでしょう。しかし一度知れば、物質界を不思議さと可能性が備わった生き生きした世界に感じるはずです。魂の存在をいつも覚えていれば、自分がなぜここにいるのかがわかります。そして、他の誰かの魂に触れれば、その人もここにいる理由を思い出すのです。そしてその時、ずっと探していた究極の幸福感を得るでしょう。

The Master Keys

この章で授けられるマスター・キー

1. 医師は身体と症状に目を向けますが、ヒーラーは魂に目を向けます。最高の医師は、ヒーラーでもあります。

2. ヒーラーとは魂を鎮める者です。患者の恐れを和らげ、患者のマインドに内なる平和をもたらします。

3. 魂につながって魂から生きる時、物質的や感情的、経済的な面で、また人間関係の側面でも、自然に癒しが発生します。短期間で、とても若々しくなれるのです。

4. 癒しを行うと、あなたが全く知らない人々も含めて、多くの人々へ届く波紋が広がります。あなたが送った善はあなたに戻ってくるでしょう。

5. 癒しを行うために、特別な資格や地位は必要ありません。毎日の出来事を通じて、幸せを世の中に与えていけば、今立っているその場所から癒しを行えます。

6. 真のヒーラーは、身体を機械とは捉えません。彼らは身体はスピリットによって動かされていると理解していて、全ての健康と幸せの源として、神聖な生命の力に敬意を示します。

7. 自分が身体だけでなく魂の存在だと理解すれば、人生が意味をもつようになります。

完全性を選択する

真実はこうである。
半生はもう過ぎた。終わったのだ。
あと半分の心ある人生、あと半分の真実と共に
人生をきれいに小分けにする時間などない。
今ここで成すべきことがある。
それは、私たちを完全なものとして見ようとし、
私たちの存在とこれからを全て引き受けることで
内側から外側へと具現化されていくのだ。
——ドーン・リチャードソン

興味深いドキュメンタリー番組『ノーブランド（Unbranded）』では、四人のテキサス出身の若者の話が語られています。馬に乗って出発し、国境から国境へとメキシコからカナダまで渡っていった冒険の物語です。何か月もかけて、野生の馬を調教し、食料を用意し、三千マイルに及ぶ州から州への道のりを確認し、彼らは綿密に旅の準備をしました。春になり、ようやく記念すべき出発の日がやってきました。彼らは未知の旅を、困難を克服しながら進み始めたのです。カウボーイたちは、驚くようなたくさんの場所を訪れながら、進んでいきました。衣食住を共にし、自然のゆりかごの中で眠り、お互いに、またそれぞれの馬との絆を深めていきました。ひどい天

気に耐え、そそり立つ山を登り、内なる葛藤にも耐えました。自分の土地を横切らせまいとする冷たい農場経営者によって、何日もかかって過酷な回り道を余儀なくされることもありました。その挙句、彼らは馬を一頭失う経験もしました。

ついに、四か月かけて、一行はカナダの国境近くまで、やっとたどり着きました。国境を越えたところには、彼らの家族が、到着を祝うために待っていました。国境まであとほんの一マイルに近づいた時、仲間の一人がとてもおかしな行動をとり始めました。彼は歩みを止めて、この旅を終わらせることを拒んだのです。仲間たちが彼にその理由を問いただすと、彼は「全て終わらせるのではなく、何か次の機会のために残しておいたほうがいい」と言いました。彼の行動とこの言葉は、全く理解できませんでした。しかし、確かなのは、彼は旅の終わりへ恐れを抱き、その薄いヴェールがかかった恐れの思考が、前進を拒否する理由づけをしたということです。

私たちは時々、どこかに向かうという目的に夢中になってしまうあまり、到着後には何をしていいかわからない状態になります。エゴは、何かが不足しているという思い込みを私たちにもたせ、目標と現実との間に格差があると思わせて、偽りのアイデンティティを維持させようとします。対照的に、スピリットは私たちの完全性を認めたうえで、前進させようとします。エゴは目標をまだ到達していないものとして見ますが、スピリットは、目標は到達可能であり、あるいは、すでに到達しているとして見ています。エゴは「いつか、私はそこに行きます」と誓うでしょうが、スピリットは「私はすでにそこにいます」と宣言するでしょう。

病気とは、「いまだ完了していない」状態です。「身体の一部が機能しなくなった。治すか、移植が必要だ。この臓器がもしちゃんと動いてくれれば、もっと気分が良くなり、人生もうまくいくのに」と、人は言います。もちろん、それはその通りでしょう。しかし、癒しのプロセスでは、自分自身をどのように捉えるかが、そのプロセスの進行に大きく影響します。あなたの臓器の一つは、よく機能していないかもしれません。しかし、その臓器よりも偉大で、強く、自由な存在としてのあなたがいるのです。つまりは、身体に何かが起こったからといって、あなたの存在は制限されません。身体が病気の体験をしている間でさえも、スピリチュアルな現実の中では、あなたは病や傷などない、空っぽでもなく、壊れてもいない存在のままです。真のあなたは、病気になったことなど決してなく、またこれからも病気になることは決してありません。あなたの永遠なるスピリットは、身体が訴える諸条件に影響は受けないのです。真のあなたは、神そのものです。神の傑作に、懲罰を与えられるものは何もありません。

あなたは完全であるか、そうでないかの二つに一つしか選べません。それが癒しを受け取れるか受け取れないかの違いを生みます。もちろん、私たちにはそれぞれ人間としての旅路がありま す。健康や安全な家、経済的な成功、仕事の充実、愛する人間関係や家族、人生が差し出してくれる多くの素敵なものを求めて努力します。しかし、このような努力に終わりはありません。いつでも、何か次に手を伸ばすべきものが現れるでしょう。たぶんお気づきでしょうが、ずっと手を伸ばし続けなければならないのです。終わりは決してありません。前に、スティングのバンドのギタリストである、ドミニク・ミラー氏にインタビューしたことがあります。何年もの間、彼は豪華な装備のプライベートジェット機で、超人気のグループと地球上を飛び回ったそうです。「どんなに素晴らしいものを手に入れても、いつももっと素晴らしいものがあるに違いないと思っていた」と彼は語りました。「バンドの仲間と輝く小型ジェット機六十型で飛んでいた時も、私たちの会話は『七十型を手に入れたら、本当にすごいと思わないか』でした」どんなに素晴らしいものを手に入れたとしても、エゴはもっとできるはずだと小言を言い続けます。そして、そのための努力が自然で健全なものかどうかは、その努力の背後にある私たちの人生への姿勢を見ればわかります。なぜなら、その姿勢が、その行為は不安への旅路なのか、あるいはギフトへの旅路なのかを決定づけるからです。目標に手を伸ばしている間、あなたが感謝と祝福の意識をもち続けているのなら、あなたは満たされるでしょう。ですが、自分を充分に完全にしてくれるような次のものを待ち望んでいるとしたら、あなたは満たされない状態を続けることになるでしょう。私たちは自分の環境を常に選べるとは限りませんが、代わりにその環境をどのように捉えるか、その選択権はいつももっています。

D・H・ローレンスは、このようにうまく表現しています。

愛を探し求める者たちは

ただ自身の愛の無さを現実に見せられるだけである。
愛の無いものは愛を見つけることはできない。
愛をもつ者のみが愛を見つけ、
彼らは決して愛を探す必要もない。

そして、これは健康についても同じことです。つまりは、健康を求める人たちは、健康を求め続ける傾向がありますが、健康を見つけている人たちは、健康を見つけ続けるのです。これは、病気になっても、健康を求めるべきではないと言っているのではありません。逆に、健康を見つけるための鍵をここから学ぶことができます。健康になろうとするよりも、健康は、健康であることからより引き寄せられるのです。有名なバスケットボール選手が「どうしたらそんなに得点を取れるのですか?」と聞かれた時、こう答えました。「私の手を離れる前に、すでにボールはバスケットの中にあるのです」と。あなたが自分を健康だと見ることができると、健康な自分になります。

終わりを恐れずに終わらせる

エゴは、あなたが今居る場所とあなたが行きたい場所の間に思い込みを作り上げます。それによって、あなたは何かを終わらせることがとても怖くなるのです。その恐れによって、プロジェクトの終了を妨害され、完了させせまいと、終わりを否定します。そしてこれが、価値を置く場所への到着を先延ばしにして、歩みを止める原因の一つです。物事を終わらせずに、残しておくほうが、より快適に感じてしまうのです。しかし結局は、終わらないことで、活力が徐々に奪われていきます。前に私の家の天井の照明器具に修理が必要になったことがありました。交換するために新しい照明器具を買って、そのまま物置に置きました。壊れた照明が目に入るたびに、「交換しなくては」とは思っていましたが、長い間放置していました。やっと私が重い腰を上げて、交換すると、たったの二十分で済みました。振り返ると「交換しなくては」と思いつつ実行しなかった時間や、家の心地よさを整えるより先に、他にやることがあると、漠然と空虚な感覚を味わっていた時間はもちろん、それらを合計すると、二十分ははるかに超えています。私たちは、何かを実際に終わらせるよりももっと、何か（時間や気持ちなど）を犠牲にしていることがよくあります。

「何かを終わらせる」ことは、行動ではなく、マインドの状態であると覚えておきましょう。そうすれば、プロジェクトを全部今終わらせなくては、と思い込まず、またやるべきリストの奴隷にもならないで済みます。エンドレスにやるべき仕事があったとしても、あなたは、自ら選択することで、終わったと感じられるのです。私のコンピュータの修理を請け負ってくれるゲリーの仕事部屋は、とても雑然として見えます。ゲリーは、彼の籠もり部屋の床から天井まで、数えきれないほどのキーボードや、ハードドライブ、ケーブル、そして使えなくなったコンピュータを持っていて、それらをびっしりと積み重ねて保管しています。彼を訪れるには、デスクまで、ウエストあたりまでの高さの機械の迷路をかき分けて進んでいかなくてはなりませんでした。しかし、驚くことに、必要な部品があると、彼はそれがどこにあるかをはっきりと知っていました。隅っこに積み上げてある山のところに行き、そこからその部品を引き抜きました。その様子は、まるで、きちんと整頓されているキャビネットからラベルのついた一冊のファイルを取り出すように鮮やかでした。散らかったスペースの中でしたが、ゲリーは彼自身にも、自分のやり方にも安心していました。同時に、彼は頭が良く、有能でもありました。私がハードウェアやソフトウェアの修理を必要とする時にはいつも、問題点をすぐに見抜いてくれました。他人から見て、どんなにかけ離れているように見えたとしても、彼独自のやり方で、ゲリーは「終わらせる」ことができるように生きていたのだと思います。

あなたが完璧に自分の仕事を終わらせたとしても、空虚で、心配で、何かをまだ待ち続けるような気持ちになるのなら、あなたはまだ「終わらせていない」マインドにいます。一方で、自分の仕事が散らかっているように見えても、充分である感覚をもっているならば、あなたは効果的に、安心して働いています。私たちは外見で判断はできません。「マインドがどういう状態か」と比べたら、「身体が何をしているか」は全く重要ではないのです。ここで、私が好んで使っているパワフルなアファメーションをご紹介しましょう。

完全になる前にまずやらなくてはならないことなど何もありません。
私はすでに完全であり、完璧であり、
今この時の自分自身と自分の人生に安心を感じています。

山頂で

今よりももっと行動を起こしても、自分を完全にはできません。自分自身をより深く知ることで、自分を完全にできるのです。だからこそ、スピリチュアルなマスターたちは、悟りを「自己への目覚め」や「自己実現」と呼んでいるのです。人生とは、本当の自分への帰還の旅路です。『奇跡のコース』では、あなたがもし「すでに充分である」感覚にほんの数秒間でも深く溶け入ることができたら、あなたは千年分の苦痛を伴う努力から救われると書いてあります。ならば、その瞬間を手に入れましょう！　求めていた完全性がすでに内側にあるのを理解し、その完全性こそが自分であると理解すれば、あなたは生涯のカルマを避けられます。自分の目を外側へ水平に向けるのではなく、内側へ垂直に向けることに集中するべきです。これは悟りへの近道です。しかも、とても効果的で、登りたい山の下をぐるぐる回ることをやめて、頂上に到着できます。あるいは、登るべき山があるという思考自体が幻想でもあります。山などはありません。なぜなら、あなたはすでに頂上に立っているからです。エゴはストーリーを作り上げ、どこかに行かなくてはならないとあなたに思わせます。それによって、あなたは大変な努力を要する旅路を行こうとするのです。しかも、自分がすでにいる場所に向かうのですから、それは滑稽でさえあります。エゴが完了を恐れるのは、エゴにとって、完了することは死を意味するからです。生き延びるために、死を避けるために、エゴはプロジェクトを見つけ続けます。銃のビジネスで成功をおさめたウィリアム・ワート・ウィンチェスターの未亡人、サラ・ウィンチェスターは家の建築をし続けなければ、自分は死ぬと信じて込んでいました。その結果、莫大な遺産を相続した彼女は、死神を避けるために、二十四時間一日も休むことなく、常軌を逸して全力で部屋を増やし続けました。カルフォルニア州のサンノゼに、その無秩序に建てられた豪邸は存在し、今も訪ねることができます。噂では、ウィンチェスター銃で命を落とした全ての人々の幽霊に取りつかれた豪邸だと言われています。しかし、より形而上学的には、サラ・ウィンチェスターが、建築を完了させたら死んでしまうとの恐れに取りつかれた全結果だと言えます。幻想に基づく思考は、幽霊よりもはるかに危険です。あなたが真剣に幽霊を退治したいと思うなら、自分のもつ「充分ではない」という思考をまず退治しましょう。

サラ・ウィンチェスターのように、私たちのマインドの一部は、終わらせることを受け入れたら死んでしまうと思い込んでいます。しかし、真実は、終わらせても、私たちは生き続けます。むしろ、何かを追いかけ続ける代わりに、完全な自分のままで生きられるのです。ある意味では、求めることを終わらせれば、私たちは死ぬとも言えます。なぜなら、求めるものは外側で決して見つけられず、すでに内側にあったのに、それを手に入れようともがくことで成り立っていた世界だったと理解する時、その世界への興味は失われるからです。そして、私たちは外側の世界で生きることをやめ、一度はりつけになってから、完全な内側の世界において蘇り、完全に復活します。内側に帰着していけばよいことがわかり満足すれば、もう決して外側に手を伸ばしたいと思わなくなるでしょう。つらい努力の世界を手放し、自分は空っぽであるという思い込みも手放せるでしょう。「終わらせることは死と同じだ」というエゴの言い分は、正しいとも言えます。しかし、それは身体の死ではなく、恐れを終わらせるという意味においてです。死ぬのは恐れそのものなのです。

キリストは「あなたは当然、私よりももっと素晴らしいことさえできるのだ」と言っています。これは、私たちが、自身が「充分であること」を彼と同じくらいにクリアに理解すれば、彼を通して流れる高次の力と同じ力が、私たちを通しても流れていると示唆しています。キリストや名だたるマスターたちが他人を癒せたのは、彼らが自分自身と高次の力の間になんら隔たりを見ていないからです。そして、これらのヒーラーたちは、患者の完全性を見続け、それによって、患者は完全となり、身体を回復できたのです。あなたが自分自身や他人を癒したいと願うなら、まずは自分自身が完全だと知り、完全になりましょう。大きな目で見れば、何も欠けてはいないことがわかるでしょう。国境はもうすぐそこなのです。もう境界です。次の機会のために、と何かをやり残すのはやめましょう。次はもうありません。癒されるべきは今です。

The Master Keys

この章で授けられるマスター・キー

1. エゴは、あなたが居る場所と行きたい場所の間に距離があるように見せかけ、不完全であるという偽りの思い込みを作り上げます。そうした「距離」の存在自体が嘘なので、決してそこに行くことはできません。すでに完全であるものを、直すことなどできません。

2. あなたがより高みを目指して、何かを探したり、努力している時でさえも、あなたはすでに完全なのです。

3. 病気は、「いまだ完了していない」状態です。なぜなら、人は生まれながらに完全であるにもかかわらず、その真実を否定している状態だからです。

4. 健康を求めれば求めるほど、健康はあなたから離れていきます。健康を肯定すればするほど、あなたは健康を体験できます。

5. 充足感は、外側の諸条件ではなく、マインドの状態が生み出します。この世界で何かを成し遂げようと頑張る時でも、神聖な充足感をもって生きられます。

6. 悟りとは、努力しなければ到達できないと思っていた山の頂上に、実はすでに立っていると知ることです。

死と癒し

確かなことが一つある。
身体は癒しの尺度ではない。
平和がその尺度である。
――フィリス・マッギンリー

アルベルト・アグアスは素晴らしいヒーラーです。ある時、彼はクラスで今までで一番パワフルだったヒーリングについて話しました。それは二件あり、どちらの患者もヒーリングを施すと、まもなく亡くなったそうです。生徒の一人が「その方たちは亡くなったのに、どうして癒されたと言えるのですか」と聞きました。アルベルトはこう答えました。「二人は深い内なる平和に向かったのです。身体は置いていきましたが、彼らの魂は上昇していきました」と。健康な身体は望ましいものですが、健康なマインドのほうが重要です。魂が平和と共にあるのなら、あなたは外側の身体が何をしていようとも、内側に高価な真珠を抱えている貝のようなものです。

死に関して、私は決して好ましいとは思っていませんし、むしろ死を避けてきました。ディーと私は、奥地に引っ越して、しばらく住んだことがあります。そこは現地の人たちばかりで、私たちはすっかりよそ者でした。周囲に多くの動物、馬、牛、豚、山羊、羊、野良猫、ヤモリ、いろいろな種類の鳥たちがいて、そして数えきれないほど多くの虫たちも這い回っていました。私たちはすぐにこの生き物たちが、ある者は食物連鎖によって、ある者は自然に、日々死んでいく姿を見るようになりました。その土地に生まれ育った隣のハワイアンたちも、狩りをして暮らしていました。その時、私は目の前の大海原を見ながら、毎秒ごとに、数えきれないほどの生き物たちが、食べて食べられて生きている事実を通じて、死は決して回避できないと感じたのです。

この発見によって、私はかつてない見方で死と向き合いました。そして「この世はこんなに多くの死が共にある。では、命とは一体何だろうか」と疑問をもちました。この問いに、私のコーチ養成プログラムの生徒の一人が、恐ろしいけれどもっともな説明で、簡潔に答えてくれました。「陸軍にいた頃、私はチームの一員に任命されて、飛行機事故の現場に駆けつけました。ばらばらになった遺体を拾い上げるのが、私の仕事でした。ぞっとするほど恐ろしい仕事でしたが、同時にはっとするような気づきがあったのです。体の一部を拾い上げた時、かつてそこにいたはずの何かはもういないと感じました。スピリチュアルな存在は、それが動かしていた肉や骨などより、もっと偉大なのだ、と。腐敗していく内臓よりももっと命に近いものがあったはずだと。そして、その深い感覚に気づいたとたんに、とても大きな平和と安心が私を通して流れ始めました。そして、自分自身のスピリチュアルな旅路へと大きな一歩を踏み出したのです」と。

私も同じような、しかし、もっと優しい方法で、気づきを体験しました。友人のレイモンドは二十代後半で、背が高く、がっしりしていて、ルックスの良い男性でした。生き生きした魅力に溢れていて、彼が現れると、私はいつも気持ちが高まりました。ある日、実はレイモンドがずっと長年珍しい病気に苦しんでいて、亡くなったと知りました。それは本当に突然のことで、声が出ないほどの驚きでした。なぜなら、数日前に、私は彼と笑い、食事をし、いろいろな話をしていたからです。それなのに、一瞬で彼は居なくなってしまったのです。この不意をつかれた衝撃的な出来事を理解するまで、かなりの時間がかかりました。

私はこの出来事をじっくりと深く考えて、レイモンドはもう生きてはおらず、死んでしまったのだと理解をしました。彼の身体は、そうです。死んでしまいました。ですが、彼には身体以上に、もっともっと彼である何かがあったはずだとも思いました。そこで私はさらに、レイモンドがいつもここに存在しているか、あるいは、もう存在していないか、どちらだろうかと考えてみました。すると、今なお、彼の生命力を感じ、さらにそれは、あまりにもリアルで、否定できませんでした。そのことから、彼のエネルギッシュな存在感は、彼の身体によって生み出されたものではなく、身体は単なる乗り物のようなものだったのだと思いました。彼の存在感は身体を通り、魂から流れ出ていたもので、レイモンドの魂はいまだリアルであり、したがって、彼は死んではいないという結論に至ったのです。身体の感覚によって定義づけられる現実では、身体が機能しないのは死であると見なされ、私の考えは理解されないと思います。しかし、より高次の視点から言うと、あなたのエネルギーが生きているうちは、あなたは常に生きているのです。

癒しについて、あなたも私もまだ多くを知りません。人生は、物質的ではなく、もっと抽象的です。私たちは、内側から外側へと人生を創造し、体験もマインドから感情へと創造されます。身体のみを癒そうとしても、それはほんの一時的な回復に終わるでしょう。真の癒しは、私たちの中核にまで到達するものです。

選択としての死

死とは闇から突然投げ込まれるようなものだと、あるいは、よく理解できず、恐ろしくて太刀打ちできないものだと私たちは信じ込んでいます。そして、これが死に恐れを感じる一つの理由でしょう。スピリチュアルな師たちは、寿命や死ぬ瞬間は自分で選択できるのだとも言います。しかし、病気や戦争、犯罪や事故で命を落とす人々を見ると、これは真実には全く思えないかもしれません。人生の表面のレベルではそう思えるかもしれませんが、「選択」という表現は、目や知性では見抜けない、魂のレベルから使われています。ある生徒がエイブラハムに自殺した友人について尋ねた時、エイブラハムは「全ての死は自殺である」と説明しました。このことは、全ての人間は外側の何かからの犠牲者ではなく、その出来事の中で自ら死を選択したのだと言っています。明白な自殺行為は、私たちがいつかはいずれにしても体験する「旅立ち」を選択し、それが単に劇的に表現されただけかもしれません。飲酒や薬の過剰摂取によって死に至る人もいます。それによって判断力を失い、車の事故で死に至る人もいます。ストレスが原因で病気を発症した挙句の人もいれば、ただ老衰で死を迎える人もいます。
私の友人の犬は、なんと二十二歳まで生きました。その犬の身体は、獣医が安楽死を勧めるほどのひどい状態でした。友人は安楽死には気が進まず、ぎりぎりの状態になるまで避けていました。ある日とうとうその日がやってきたので、彼らは、溢れる愛と共にその弱り切った犬を車の後部座席に乗せ、獣医のもとへ行きました。しかし、現地に到着しドアを開けた時には、その犬は亡くなっていたそうです。きっと、もう準備ができたと彼らに知らせたのでしょう。そして彼らの安楽死を選ばざるを得ない心が、痛みや罪悪感をもたなくてもよいように旅立ったのでしょう。

ペットを安楽死させるべきではないと言うわけではありません。それが最も優しい行為の場合もあります。私がこのエピソードをお話ししたのは、ふわふわのペットたち同様に、私たち人間の旅立ちにも、思っている以上の選択肢がある証明だと思ったからです。愛する人がよく面倒を見てくれるから生きていよう、息子が結婚するまで、あるいは孫の顔を見るまで生きていようと思う人もいれば、生きる情熱を失って、わかっていても命を脅かす病気へと自分を明け渡す人もいるでしょう。しかし、彼らも一度、恋に落ちたり、スピリチュアルな目覚めを体験したり、愛する人たちの祈りの力を感じたり、何か他に生命力を感じる体験をするとまた、突然元気になることがあります。医師はなぜ病気が消えたのかと驚くでしょう。私たちが思っている以上に、健康や病気、そして死も選択によるところが大きいのです。

優雅に人生を終える

隣人のトムは、つい最近八十八歳の生涯を終えました。ある日の午後に横になって昼寝を始めたまま、もう二度と起き上がりませんでした。それは、本当に優雅な逝き方で、彼は死ぬ直前まで人生を丸ごと生きていて、とても行動的でした。彼は州の消防団で、最年長のボランティアとして精力的に働いていました。同僚が引退を勧めた時、彼はこう答えました。「その時が来たと思ったら、引退するよ。でもその直前まではしない」と。エイブラハムが前に生徒に勧めていた「幸せで、健康で、幸せで、健康で、幸せで、健康で……そして死を迎える」という言葉通りに生きたトムは、そのお手本です。

トムの静かな死は、ほとんどの人が迎える死とは異なっています。ほとんどの人の死は、病が長引いた末にやってきたり、あるいは劇的な瞬間を伴ったりします。なぜトムのような逝き方が少ないのか、今一度考えてみましょう。今まで教えられてきた健康や病気について、そこから来る思い込みを乗り超えて成長するためには、自身に問いかけ続けなければならないと私はここに書いてきました。人の逝き方についても、私たちは今一度同じ問いかけをして、今までずっと見てきた思い込みを超えて、考えて成長する必要があります。たくさんの死を今まで見て、私たちは、死には痛みや苦しみがドラマチックに伴うのだと学んできたでしょう。しかし、そんなものは必要はなく、死を迎えられるとしたらどうでしょう。トムのように、静かに痛みなく逝くことができるとしたら？　痛みに満ちたやり方を選ぶのではなく、優しい静かなやり方を選んでこの世を去っていけると想像してみてください。それを思い描く時、自由に解き放たれる気持ちになりませんか？

あなたの旅立ちの方法やタイミングに影響する要素は他にもあります。愛する人々の願いや執着は、あなたの旅立ちの計画に影響するかもしれません。エイブラハムの生徒の一人が、エスター・ヒックスに、なぜエスターの夫のジェリーは長患いをし、一年をかけてこの世を旅立ったのかと聞きました（エスター・ヒックスは、エイブラハムのチャネラーです）。エイブラハムは、ジェリーはエスターに彼の死を受け入れるだけの時間の猶予を与えたのだと言いました。もし突然逝ってしまったら、彼女にとっては耐えられないものだったからと言うのです。

周囲がどうであろうと、タイミングをしっかりと決める人もいます。私の師の一人は、「私は年を取った。そしてもう疲れた。家に帰りたい」と言いました。そして、一年もしないうちに、彼はこの世を去りました。

「家に帰る」というこの考え方は、最も適切で、死を捉え直すうえで、気持ちの安らぐ比喩です。地球は私たちのホームではありません。私たちは霊的な存在で、一時的にこの惑星を訪れているだけです。この世は多くの美しさや感動を見せてくれますが、その一方で痛みや悲しみも生み出します。ブッダが最初に知った高尚な真実は、人生は苦痛を伴う、というものでした。「皆、何らかの形で傷ついている。しかし、傷づいたふりをするのが上手な人々も中にはいる」という言葉を聞いたことがあります。私たちは不老不死の身体を願うかもしれませんが、結局は、なんら魅力的ではないはずです。なぜなら、周知のように、この世では、ほぼスピリットの存在は否定されています。そして、スピリットを否定すれば、苦しみは絶えないからです。あなたは、身体の中に永遠に住み続けたいと本当に思いますか？　あるいは、ある時点で、縛りつけられていた殻を脱ぎ去って、純粋なポジティブなエネルギーに戻りたいと思いますか？

最終的には、全ての人が神のもとへ、家へ帰ると選択します。それを私たちは「死」と呼んでいます。中には「偉大なる帰還」と呼ぶ人もいます。私のメンターはよくこう言っていました。「赤ん坊が生まれる時、人々は喜び、天使は泣く。誰かが死ぬ時、人々は泣き、天使は喜ぶ」と。『奇跡のコース』は、この世は天国と正反対だと言っています。つまり、ここで現実的でしっかりして見えるものは、天国では実体もなく、意味もないのです。「この世で信じられているものは、一つとして真実のものはない」と『奇跡のコース』には書かれています。世の中では、身体こそが私たちのホームであると教えられていますが、高次の叡智は私たちに、スピリットこそがホームであると教えています。身体を通しての意識に没頭するのがこの世のルールであっても、私たちが満たされた気持ちになれるのは、スピリットに意識を合わせ、共に在る時のみです。

魂にはそれぞれ旅路の目的がある

長く生きて、寿命を全うした人々について考える時、「偉大なる帰還」という言葉は心地よく響きます。彼らは地球での旅路を終え、身体は老いて動かなくなり、そして、次に進む準備ができたのです。しかし、若くして亡くなる子供たちには何が言えるでしょう？ 彼らには長く生き、命を全うする権利がないのでしょうか。

この場合、その子は地球でやるべきことが少しだけだったと言えるかもしれません。私のメンターの一人は、そのような魂は「一瞬、命の水の中に足を浸したかっただけだった」と言っていました。人として見た場合は、この考え方は理解できないでしょう。生まれてまもなくこの世を去っていく子供に対して、私たちは深い悲しみを感じます。しかし、永遠な存在のスピリットとしてこれを見た場合、一年は八十年よりもとても短い期間だと言えるでしょうか。人間の目で見た場合には、もちろんそうでしょう。しかしより高い視点から見ると、私たちは皆永遠で、無限の存在なのです。神性において生き続ける命は、地球における人間としての命をはるかに超えていて、人間の長短の概念では計り切れません。私たちは魂の旅路の目的について知る由もありません。それはその魂と神の間で交わされた約束です。物質界をナビゲートし、生き抜いていくために創られた知性は、スピリットについて理解しようとすると、見えない壁にぶつかります。なぜなら、スピリットを理解するには、もっと深い洞察力をもつマインドが必要とされるからです。

スピリチュアルな疑問には知性では答えを見つけられないでしょう。魂のみがその答えと理由を知っているのです。

「死」に取り組んでいく時、私たちはより深い疑問と直面し、また答えていく必要があります。そして、私たちを突き動かし、本当に大切なものは何であるかを考えさせられます。愛する人の死を体験した人や、自分自身の死を考えざるを得ない体験をした人は、思いやりを深め、人生に感謝し、自分の人間関係の価値を知ります。仏教徒はこう促しました。「あなたの人生の質を高めるために、自分の死について深く考えなさい」

愛は死なない

愛する人との関係性は、彼らの、あるいは私たちの身体が失われる時が、終わりではありません。その関係性は、単に、より高次のものへと移行するだけです。その人のより近くに行くことができます。なぜならもう身体に制限されずに、動けるからです。あなたの愛する人はきっとあなたのすぐ近くにいるでしょう。彼らは遠くに行ってしまうのではなく、カーテンを挟んですぐ隣にいるのです。セミナーで、私は生徒によくこう聞きます。「愛する人を亡くした後、その人から何らかの形でメッセージを受け取ったことはありますか」そうすると、ほとんどの人が手を挙げます。愛する人が物質界を去った後も、私たちとつながり続けている時、スピリチュアルなことが現実となって、証明してくれます。

物質界は創造された世界のほんの一部を切り取ったもので、目覚めた瞬間に溶けていく夢のようなものです。もちろん身体は年を取り、死んでいきます。でも、それが何だというのでしょう？　あなたのスピリットは生まれたことすらないのですから、年を取ることもありません。そして、死ぬことも決してないのです。死はもちろん身体にとっては現実です。しかし、その身体を動かしている魂にとっては現実ではありません。そして、魂は不老不死であるとの真実が、癒しへの扉を開きます。自分は身体だけの存在だと信じるなら、あなたの癒しは身体のレベルにのみ留まり続け、薬やあらゆる術《すべ》を使って、物理的な手段で症状を取り除こうとするでしょう。それもある程度は助けてくれるでしょう。しかし、永遠に癒された状態になるためには、私たちは内側から働きかける必要があります。自分の霊的な本質にあなたが気づく時、身体的なレベルのみで行う癒しとは比べものにならないほどの癒しの力を発揮し、受け取れるのです。

大学の図書館で化学物質の残留物の粉の山を見てから何年も経った後、あの身体をもっていた人について、生前の心拍数や性体験以外には何か見つけられなかったのだろうか、と私は不思議に思いました。人間としての旅路を通して、遺された身体が語るよりも、彼自身、自分はもっと大きな存在だと知ることはなかったのでしょうか。自分の存在は、とても大きいのだと感じる瞬間を少しでも感じたことはなかったのでしょうか？　彼の自己を知る旅がどれだけのものだったのか、私にはわかりません。彼の遺した残留物は、私や、そして、たぶん今あなたにもたくさんの想像を与え、ギフトを与えてくれました。しかし、それも彼は決して知ることはないのです。いいえ、今、彼はすでにちゃんと知っているかもしれません。

The Master Keys

この章で授けられるマスター・キー

1. 死は形が変化するこの世では現実に思えます。しかし、霊界では、死は存在せず、現実ではありません。
2. たとえ身体が弱まり、死んでしまっても、その人の意識が内なる平和に住まうのなら、その人は癒された状態だと言えます。
3. 魂は常に生きているか、あるいは、全く存在もしないかのどちらかです。そして、魂は常に生きています。

4. 身体は結果であり、原因ではありません。マインドが唯一の原因です。癒しはマインドとボディではなく、マインドとスピリットが一体となった結果です。

5. 死は選択の結果です。外側の作用からの事故や運命的結果では決してありません。

6. 全ての魂は、生まれて死ぬ時間や条件を含めて、目的に沿った計画をもって生まれてきます。短い人生は、人間の目から見ると困惑し、悲しいものではありますが、その魂のもってきた意図は満たしているのです。

7. 身体を静かに、優雅に離れて逝くことは可能です。

8. 私たちは身体ではなく、魂の存在です。したがって、関係性は永遠です。愛は決して死にません。

9. 愛する人が亡くなった後も、その人との関係性を維持し、コミュニケーションを続けて、絆を深めていくことも可能です。

世界を救済するために

毎日全ての人に優しくすれば、
自分が今すでに天国にいるとわかることでしょう。
——ジャック・ケルアック

友人のデニスは、ずっと天才と狂気の間を行ったり来たりしていました。繊細で内省的で、崇高なヴィジョンに触れると、情熱的な詩を生み出すような人で、彼はまた思いやりにも溢れていました。しかしその一方で、影の部分が全面に出ると、ひどい鬱になり、時には何か月も部屋に引きこもっていました。

ある日デニスから私に電話がかかってきました。病院に入れられてしまったらしく、私に面会に来てほしいとのことでした。車で駆けつけて、彼と静かに語り合いました。「どうしてこんなことになったの？」と私が聞くと、彼はこう答えました。「とても頭が混乱してしまって、救急治療室に運ばれたんだ」

それを聞いて、私は過去を思い出して言いました。「でも、確か前にも同じことがあって、その時は薬をもらって、セラピストの紹介を受けて、自宅に戻ったと思う。今回は何が違ったんだ？」

デニスは少しの間考えて答えました。「たぶん、運ばれてすぐに記入したフォームに書いたことが原因だと思う」

「なんて書いたの？」

「『あなたの職業はなんですか？』という欄に、『この世の救世主』と書いたんだ」

やれやれ、それでは当然こうなるでしょう。

誰かが自分は世界を救うのだと公言したら、その人は正気ではないと思われるのが普通です。嘲笑を受け、薬を与えられ、あるいは誰かから撃たれることになるかもしれません。世界を救おうとする人ほど、世の人々が怖がるものはありません。人間は社会の秩序を乱すような者に対しての守りは堅いのです。現代で大きく世界を変えた人物の一人、マハトマ・ガンジーは、「私たちがこの世で見たいと思う変化した姿に、私たち自身がまずはならなくてはならない」と言いました。この地球の生活を大きく改善したいと思う人々は、通常生きている間は、ひどく反発を受け、亡くなった後に聖人とされます。世の中の人々は、真実をリアルタイムでは認めようとしません。その真実が自分を煩わせる間は、認めようとしないのです。キリストは「預言者は自分の町では、決して受け入れてもらえない」と言いましたが、「預言者は彼が生きているうちは、決して受け入れてはもらえない」とも言えますね。

『奇跡のコース』の大いなるレッスンの一つに、「この世界の救いは、私にかかっています」というものがあります。一見、この言葉は傲慢で、妄想的にも見えますが、自身のもつ癒しの力を否定するほうが、結局は傲慢だと言えます。なぜなら、それは、神があなたに信頼と共に授けたギフトに反論することだからです。謙虚な人だけが、自分を通しての神からの働きかけを認められます。なぜなら、自身の癒しの力は、身体の感覚や社会的な位置づけを受けた小さな自己を超えて、創造の源から沸き起こっていると理解しているからです。

一人の人間がどうやって世界を救うのでしょうか？　世界はとても広くて、そのうえ、悲しみや苦痛がはびこっている場所です。とても複雑で、邪悪なまやかしに満ちています。もちろん、一人の人間の影響力は、人類の苦悩の海においてはわずかかもしれません。お金や力、影響力、そして銃をより多く持っている人は、他にもたくさんいます。あなたは、あまりの規模の大きさに圧倒されて感じるかもしれません。

しかし、あまり知られてはいませんが、真に世界を救う道具が一つあります。それは、「内なる知覚のシフト」です。本物のヒーラーは、外見にとらわれず、物事を見、ひどい状態の中にも神を見つけ、問題の中に可能性を見つけ、攻撃する者の中に愛を求める姿を見つけます。目に映るそのままの世界に同意をしていては、世界を救うことはできないでしょう。決して人を貶《おとし》めない偉大なる創造の源と同意しなくてはなりません。世界を救うためには、幻想を超えて真実を見、誰がなんと言おうと、神の存在を信じ、理解しなくてはなりません。そうやって、世界を別の目を通して見るように選択すれば、それが世界を救うための種になります。

平凡から、特別な素晴らしさへ

私の最も尊重するメンターの一人は、類まれな洞察力をもつドン・キホーテです。平凡を特別な素晴らしさへと肯定する力をその魂にもっています。出会う人々は皆、彼を気が狂っていると嘲笑しましたが、むしろ、狂気をもっているのは彼らのほうであると気づかせる道をドン・キホーテは与えました。ドン・キホーテがアルドンサという娼婦にあった時、世間は彼女を卑しく見下していましたが、彼は彼女をそうは見ませんでした。彼にとって、彼女は貴婦人ドゥルシネーアでした。「愛する人よ」とドン・キホーテが言って、彼女にひざまずいて愛を告白した時、彼女は「私が誰か知っているの？」とにらみつけて言いました。「はい。あなたは私の妻。そして私はあなたの騎士です」と彼は言いました。ドン・キホーテの世界は世間の人の見る目をはるかに超越していたのです。彼はその女性を、彼が求める女性として見ていました。すなわち、反逆児の騎士は、周囲が彼に押しつけた世界ではなく、自分自身の世界を選択していたのです。

何度も何度も、ドン・キホーテの見る世界は人々によってばかにされました。彼の世界を恐れ、それを妄想とし、それをやめさせて自分たちの世界に引き込もうとする人たちです。最後には、彼の瞳のきらめきは消え失せ、彼の生命力は弱まり、夢を捨てた多くの人がそうなってしまうように、病に倒れます。アルドンサは、危篤状態のドン・キホーテのもとを訪ね、彼の姿に驚きます。かつては堂々と生き生きとした冒険者だった彼は、変わり果てていました。彼の純粋な愛によって変わったのか、今度は彼女が、彼に代わって夢を描きます。「冒険を覚えていないの？」

「なんの冒険だ？」彼は力なく聞き返しました。

「あなたはドン・キホーテでしょう。ラ・マンチャの主人よ。そして、私はあなたの妻、ドゥルシネーア」

それを聞いた時、彼の目に微かな光が戻りました。そして魂がまた少し震え始めました。消える寸前の燃えさしが今一度息を吹き返したのです。ドゥルシネーアはドン・キホーテがかつて描いていた崇高なヴィジョンを思い出させようと話を続け、彼の記憶は目覚め、弾みがつきました。彼はがばりと起き上がり、相棒のサンチョに向かって叫びました。「私の鎧をこれへ持て！」

まるで新しい人生が爆発するようにして、ドン・キホーテとドゥルシネーア、サンチョは、輝かしいヴィジョンを取り戻したのです。幻想の壁はもろくも崩れ、騎士と彼の愛はしっかりとまた結ばれました。その先は小説に書かれている通りです。騎士は死んでいきます。

しかし、読んでいる側としては、彼の冒険が失敗に終わったようには感じられません。むしろ、ドン・キホーテは彼の使命を取り戻し、真の自分と愛をもう一度理解して、勝者になったと思えます。身体は失われましたが、彼のスピリットは生き続けています。

私たちの身体は、いつかは朽ちていきます。しかし、私たちのスピリットは生き続けるでしょう。身体がある間、地球に生きる間、私たちは真実に生き続けるようにと求められています。私たちは皆、ドン・キホーテであり、ドゥルシネーアであり、この世で真の自分の目的を取り戻すために聖なる旅路に出て、迷子になったようなものです。目的を取り戻せば、かつて不可能に思えたものを癒す力を得ます。キリストも他の素晴らしいマスターたちも、人間の運命の例外ではありませんでした。彼らは私たちが皆行くことになっている約束の地、天国へと向かった先駆者です。今、彼らは私たちにマントを手渡しました。これから、私たちは馬に乗り、恐れを牙にして襲いかかってくるドラゴンを倒し、過去ではなく、未来の自分のあるべき姿を守るように求められています。

私たちは、どんな時も救世主としての使命を果たせる準備が半分は整っています。なぜなら、あなたの最も本質的な部分は、決して力をなくすことはないからです。あなたの使命がぼろぼろになってしまうのは、幻想の世界で生きる時のみです。恐れは、愛のギフトを阻止することはできません。愛は伝えられるために私たちのもとへやってきます。『奇跡のコース』は、あなたの使命はその物事からあなたが救済されることではなく、あなたがなんのため救済されたかに気づくことだと言っています。

倉庫から出してきた鎧を身に着けて、馬に乗る時が来ました。スピリチュアルな戦士が身に着ける鎧は金属ではなく、誠実さでできています。あなたはこれから、でっちあげた自分ではなく、真の自分によって守られるのです。真のあなたは決して汚されません。たとえマインドが眠ってしまっていても、あなたの魂はずっと意識をもち続けます。さあ、ドン・キホーテのように、記憶を取り戻しましょう。記憶の部屋のカーテンが開けられて、真実という太陽の光が差し込み、まやかしの霧を消していきます。隠されていたアイデンティティが立ち上がり、あなたは目覚めの時を迎えるのです。

癒しを必要としているのは誰か？

自分が変わる前に世の中が変わればいいのに、とよく思うものです。しかし、あなた自身の意識を高めることが、世の中を改善していく鍵なのです。『奇跡のコース』は奇跡の担い手の根本的な目標は、担い手自身のマインドの癒しであると言っています。もし世界が救済されなくてはと思うのなら、あなたが今もっている世界のヴィジョンは完全ではありません。自分にとって目の前の世界がとてもリアルであり、変わりようがないように見えていたとしても、そのイメージは自身の制限された部分が作り出したものであり、スピリットに対してはなんら意味をもちません。なぜなら、作り出されたその世界は足りないものばかりだからです。スピリットは充分である世界しか知りません。神がもっているヴィジョンは、分離や葛藤、幻想が映し出すものを超えて広がっています。世界は「恐れ」という私たちの内なる悪魔が卑しいドラマを演じるステージです。私たちの内側から悪魔を追い出し、別の場所へと去ってもらわなくてはなりません。外側の世界の対立を終わらせたいのなら、私たちの内側の対立を終わらせなければ、結果は望めないでしょう。ただ単に映画館で上映されている戦争ものを終わりにするようなものです。まずは、何が映し出されているのかをはっきりと知らなくてはなりません。そして、映写機からそのフィルムを取り除きましょう。あるいは、映画館の電気をつけるのが、もっと良いかもしれません。

多くの人々は、自己を見つけるなんてそっちのけで、人類を救おうと始めます。自分自身の痛みや恐れに向き合うよりも、周囲を正そうとするほうがより簡単に見えるのかもしれません。『奇跡のコース』は「あなたが救われることなくして、世界が救われるだろうか?」と問いかけています。もし穴に落ちてしまった人を助けたいのなら、まずはあなたがより高い場所から、その人に手を差し伸べなければなりません。それで、あなたはさらに力を使えます。反対に、一緒に穴に落ちてしまえば、あなたも含めた両者に救いが必要になるのです。ある意味、神との永遠なつながりを忘れてしまってから、私たちは皆ずっと穴に落ちているだけなのです。そのつながりを思い出すまでは、私たちは穴の中で位置を変えているだけであり、逃れるために這い上がることはありません。縦に動くまで、横に動き続けているだけなのです。自分の創造の源へのつながりを思い出した者だけが、救済できる立場にいるのです。

すでに在《あ》る

世界を救済するという考え方には、あるパラドックスがあります。そして、それを理解する必要があります。つまりは、あなたが救済を考える世界はすでに救済されていて、癒しもすでに完了しているということです。幸せも実はあなたがニュースで目にするよりも、かなり近い現実にあります。恐れがベースにあるマインドでこの真実を考えた場合には、ばかばかしく思えるでしょう。もちろん、世の中には解決されていない数えきれないほどの問題があり、救いを待っています。しかし、事実は問題だけで成り立ってはおらず、したがって問題だけを見ても本当のところはわかりません。私たちが抱えている問題は、実在はなく、何かをどう捉えたかによって生まれるものです。依存からの回復を行う十二ステップのグループは、参加者に「私は（アルコール）（ドラッグ）（ギャンブル）に関する問題をもっています」と認めさせます。全員が認めると、次はこうです。「私の問題は捉え方です」「私は完全であるところに、欠落を見ています。充分であるところに不足を見ています。愛が住まうところに愛の不在を見ています。命あるところに、死を見ています」すでに完全なものの欠落を埋めることはできません。ですから、見る目を変えれば、捉え方が変わり、完全性を理解し、喜べるのです。

壊れていなければ修理はできません。そして、完全なものは決して壊れません。偽りを真実に変えることはできないのです。また、身体を永遠にもできません。恐れと愛は同時には感じられません。恐れを信じるなら、愛を否定し、恐れを否定するなら、愛を信じることになります。『奇跡のコース』では、この原理を序章でこのように伝えています。

実在するものは存在を脅かされることはありません。

非実在なるものは存在しません。

ここに「神」の安らぎがあります。

壊れた世界を救うためには、まずあなたが癒された世界に足を踏み入れなくてはなりません。まずあなたが癒された思考を選択する必要があります。生きている間は、人々の傷に絆創膏を貼り続けられるでしょう。しかし、人間を神の存在として見るようにならなければ、傷は次から次へと現れます。そうやって世界を救うのをやめた時に、やっと今まで受け取ったことのない安らぎを見つけられるでしょう。しかし、その時こそが、本当にあなたが世界を救う完璧なポジションに立ったと言えます。なぜならあなた自身が、自分が望んだ幸せと共に在るからです。

「いつも何か足りない」がベースにある世界救済の試みをやめたとしても、ぼーっとしているわけではありません。間が抜けて、周囲の苦しみの声も聞かなくなり、助けを求める声を無視し、何もしないわけではないのです。自分の内側の静かなところで、できるだけ多くの人の役に立てるように、効果的に行動できるようにガイダンスにアクセスするのです。真の共感力とは、相手の痛みある部分のみに感じるのではなく、その相手そのものに対して発揮されます。あなたは行く先々で誰かを助けられますが、自身の内なる平和はどこに行っても失ってはいけません。ティーチング、医学的なサービス、自分の製品の販売、講義、執筆など、何であっても求められるものを通して、助けられるでしょう。しかし、絶望から生み出していくのではなく、直感から生み出していきましょう。一人でやろうとするのではなく、高次の力と共に行いましょう。自分を気持ちよくするために、相手の変えようとするのではなく、その前に自分が気持ちよくなるように、自分の思考を変えましょう。あなたが内側から力を得ると、必ず周囲にも力を与えられます。

『オー、ゴッド！』という気の利《き》いた映画があります。神が人間としてスーパーに現れ、混乱している店長のジェリーに人間へのメッセージを伝えてほしいと願います。神は彼に世の中に「うまくいく」という言葉について伝えてほしいと言い、私たちが暗闇に突っ込んでいる頭を抜いて、空を見上げさえすれば、世界は平和で、ギフトに溢れていて、健全な場所になると言いました。最初ジェリーは信じようとしませんでしたが、実際にこの人が神であると確信した時、神の言うことに同意しました。神がジェリーを車に乗せて、そのメッセージを伝える場所に向かう道々、ジェリーは緊張します。すると神は温かな手をジェリーの肩に置いて、こう言うのです。「君には叡智から生まれ出る力があるのだよ」と。

あなたも叡智から生まれ出る力をもっています。たとえ現世の試練に苦しんでいたとしても、あなたの一部はちゃんと自分が知るべきことを知っています。叡智の力を借りましょう。最初はなじみがなく、嘘っぽく、押しつけがましさを感じるかもしれません。しかし、一度わずかでも表現してみれば、そしてそれが現実となっていくのを見れば、その本質が恐れに満ちた思考よりも、はるかに真実につながっているとわかるでしょう。あなたを通して、内なる神を表現しましょう。そうすれば、あなた自身の人生が癒され、他人が心から願っている幸せを見つけるよう助けられます。

メッセージを伝えるために、キリストやモーゼ、モハメッド、アルベルト・シュバイツァーやマザー・テレサは必要ありません。神の存在を信じる必要もなく、自分自身をスピリチュアルな人間と考える必要さえありません。私が知る最もスピリチュアルな人々の中には、無神論者だという人もいます。しかし、彼らは優しく、愛に溢れていて、周囲の人やこの地球に対してとても心を配っています。ただ単に自分が小さな存在だと思うのをやめて、自分のアイデンティティを完全で、賢い、愛の存在だと認めればよいのです。そうすれば、他は全て自然に整います。

世界はあなたの在り方によって救われます。たとえ何か特別な奇跡が起こらなくても、あなたを通して、何かを通して、毎日奇跡が起こり続けていると理解すれば救われるでしょう。愛が表現される時、神がこの世に現れます。あなたが奇跡へ心を開けば、奇跡はどこにいてもあなたを見つけてくれるでしょう。恩寵の中にスピリチュアルな存在としてあなたが生きる限り、あなたは癒され続けるでしょう。あなたが他人を身体や人格、レッテルや偽りのイメージを超えた、自分と同じような完全な存在だと理解すれば、あなたは彼らを癒せるのです。神はあなたを待ち望んでいる世界へと送りました。光をもち続けるだけではなく、あなたに光そのものになってほしいと願っています。

さあ、あなた次第です。

この章で授けられるマスター・キー

The Master Keys

1. 世界を救う癒しは、内側から生まれます。世界を救済しなくてはならないように見えても、まずは私たちのそれぞれがもっと根本的に自分自身を癒さなくてはなりません。そうすれば、世界の苦しみを和らげるために最も貢献できます。

2. 世界が救済を拒んでいるのは、恐れに満たされているからです。そのため愛が恐れの敵と考えられ、追いやられつつあります。

3. 世界は、私たちが世界を見るマインドを変えた時に変わります。新しい世界に生きるためにすべき最初の一歩は、新しい目で世界を見ることです。

4. 一人一人が世界の癒しのために、不可欠です。このことは達成不可能で、傲慢に聞こえるかもしれませんが、それが、私たち全員の生まれながらの使命なのです。

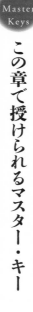

5. 完全に戻そうとしているものが、すでに完全であると理解した時、自然に外側が癒されます。完全性をもつものは、傷つくことはなく、脅かされることも決してありません。

6. 私たちはそれぞれ、世界を変えるための力をもち、そのサポートができます。自分の才能を受け入れ、それらを行使する勇気があれば、真の変容は起こります。

祈りの言葉、アファメーション、祝福の言葉

ヒーラーの祈り

（『奇跡のコース』テキスト第二章より）

あなたが患者やクライアントに会う前、重要なミーティングや大勢の前でプレゼンする前など、不安な気持ちになる状況で、この祈りの言葉を唱えると、とてもパワフルな効果を発揮します。魂を優しくなだめ、奇跡的な結果を創造してくれるでしょう。


私は真の助けとなるためにここにいます。

私は、私をここへと送り出した「彼」を代表してここにいます。

「彼」が教えてくれるので、何をすべきか、何を言うべきか、私は心配する必要はありません。

「彼」がいつもそばに居てくれるので、どこにいても私は満ち足りていて幸せです。

「彼」が、癒し方を教えてくれるので、私は癒されます。

「彼」を「大いなる存在」「高次の力」「スピリット」「愛」など、神を象徴するような、より言い易《やす》い言葉に自由に変えて使ってください。私は最後の一文を「大いなる存在が、私を通して癒してくれるので、私は癒されます」と変えるのが好きです。

祈りの言葉：自分自身の身体への癒しのために

私の身体の完璧な癒しと健康を現実のものとするために、神の純粋かつ完璧な力に向けて、今、私自身を開きます。全宇宙を創造している愛と叡智が、私の身体の細胞と臓器を導き、今すぐあるべき機能を回復させます。私はリラックスし、神の光となって輝き、神を体現する真の本質に戻ります。神は病気を知りません。完全なる神のイメージで、神と同様に創造された私もまた病気を知りません。私は今ここに全ての健康を求め、私の身体とその表現のための永遠なるエネルギー、活力、安らぎ、喜び、そしてそのための充分な機能を身体に求めます。

祈りの言葉：感情への癒しのために

私は自分の人生が神の秩序によって開かれていくと信頼します。私は何も心配する必要はありません。なぜなら、私は神にとって愛すべき子であり、神は私を気にかけてくれているからです。

必要なものは全て、完璧な方法とタイミングで、私のもとへもたらされます。恐れは神に属しません。したがって、恐れは私にも属しません。深い平和と自信、そして情熱が私の本質です。私は人や出来事をコントロールすることを手放します。そしてその代わりに、全てを神の手に委ねます。私の本質は愛です。その他の全ての感情は私とは関係ありません。心を幸せへと開き、静かに喜びに満ちて、私は進んでいきます。私の魂は平和の中に在ります。そして、全てがうまくいっています。

祈りの言葉：人間関係への癒しのために

○○さん（名前を入れる）、私たちは愛と調和と幸福に向かって、同じ意図を分かち合っています。私はあなたの魂の素晴らしさを認め、あなたは私の魂の素晴らしさを認めています。喜びに溢れ、平和的で、互いに支え合える人間関係は、私にとってこの世の他のどんなことよりも大切です。どのように見えたとしても、私たちは愛すべき存在であり、完璧に交流しています。私の神性があなたの神性に話しかけています。神のもとに、不協和音はありません。したがって、私たちの間にも不調和はあり得ません。私はあなたを愛し、祝福します。あなたにとっての最善を望みます。そして、あなたも私にとっての最善を望んでいると知っています。私は私たちの関係性を高次の力へと委ねます。なぜなら、神は全ての関係性を祝福に向かうように司《つかさど》り、幸せな結果は約束されているからです。

祈りの言葉：他人の身体や思考、感情への癒しと豊かさへの癒しのために

○○さん（名前を入れる）、あなたは、完全で、完璧に神を表現しています。私は病や問題の背後にある幻想を超えて、今、あなたのために、あなたを健康だとします。私の中の最高のあなたのヴィジョンが、あなたを力づけ、あなた自身に最高の自分を気づかせ、それを現実のものとします。あなたは神聖なる光の存在です。そしてそれがあなたの唯一の真実です。私は、人生の全ての次元で、あなたが健康で過ごしている姿を見ています。あなたのガイドと天使はあなたと共に居て、あなたが必要としている癒しや進むべき道を指し示しています。私には、あなたの内側にも外側にも完璧なものしか見えません。あなたは癒されています。あなたは完全で、神の純粋なる愛の光によって力を与えられています。

豊かさへの祈り

私は完全で際限のない豊かな宇宙の中に生きています。神はわが子全員が豊かであると約束して、生きとし生けるものを創造しました。私は王国の後継者であり、そこでは必要な時にはいつ

でも必要な良いものを全て手に入れられます。不足や空っぽの思考は全て幻想であると理解したうえで、今それらを手放します。あらゆる面で豊かになることを私の神聖な権利として肯定します。心配し苦労するのをやめ、私はリラックスし、素晴らしい奇跡的な方法で、はっきりと私の善へと向かいます。生計の手段にこだわることなく、豊かさの具現化までの道のりを全て、大いなる善の源に委ねます。宇宙は全ての人に充分を超えるものを生み出し、むしろ贅沢すぎるほどです。私は、自分に素晴らしい豊かさを楽しむ価値があることを受け入れ、他人へのサポートも惜しみません。私は宇宙が流れを維持していくための、この神聖な豊かさの循環に参加できることを光栄に思います。

ガイダンスを求める祈り

どの瞬間も、私を創造した神は、私を最善へと導いています。私が出会う全ての状況において、聖なる叡智が私にもたらされています。神のマインドは私のマインドです。つまり、私は神が知ることは全て知っています。聖なるスピリットは、私の道を照らすために、私の人生にやってきます。私は自分のハートとつながっているので、私自身と私と縁ある全ての人々にとっての最善の結果を創造する方法を知っています。必要な答えを知るために、知性のみで人生を渡ろうとするのをやめ、私は、自身の魂の叡智を使います。私が知る必要があることは全て、完璧に選択されて起こっています。神は今も、常に完璧な方法とタイミングで私を導いています。

正しい収入源を求める祈り

私の才能と情熱を表現するための正しく完璧な道があります。その道は、魂の内側に深く埋め込まれたヴィジョンから生まれ、マインドとハートの共同創造です。私は今、自分のためにその道を求めます。私にとってそれが少しでも満足できない、誠実に反する、自分の真のギフトに合わないものなら、収入源として必要としません。私は神から直感を受けたアイデアとサービスを行い、宇宙は私にそれを表現するために必要な手段を完璧に与えます。私には自分らしさを世界へ発信してやってくる豊かさや報酬を受ける資格があります。私は自分の才能と情熱を、他人の生活の向上のために、喜んで使います。私は今、自分にとっての正しい収入源を求め、神が詳細を調整してくれることを受け入れます。

プロジェクトの成功を求める祈り

私はこのプロジェクトが必要とされる全ての人たちへと届けられるよう、高次の力へ委ねます。引き寄せの法則が、適切な人々へ働きかけ、彼らの人生を豊かにし、そのうえで私やプロジェクトの全関係者に対して、精神的、物質的な報酬が戻ってきます。私はこのプロジェクトに参加するという自分が受け取ったガイダンスを信頼します。そして、私の内側にあるこのアイデアの種をもつマインドが、絶妙なタイミングで、引き寄せの法則を働かせ、このプロジェクトを必要とする全ての人々へ、ポジティブな結果をもたらしてくれます。

安全で、実りある旅行のための祈り

私は私の行くところがどこであっても、神が一緒であり、サポートしてくれると理解し、信頼とポジティブなヴィジョンをもって、旅へと出発します。喜びと実りある旅行を創造するために、多くのシンクロニシティが、適切な人々や出来事、体験と共に私のために用意されています。私はいつも安全に幸せの流れの中に居ます。私は自分の目標を達成し、満ち足りて、リラックスし、気持ちを高めて戻ってきます。

世界平和への祈り

私はこの惑星、地球とそこに住まう全ての国の人々の繁栄を見守ります。神が意図したように、地球上の生命への高いヴィジョンをもち続けます。あらゆる欠如と不調和、暗闇から生まれるものの代わりに、私は地球を癒しの光で包みます。全ての文化は、他文化との調和と共に、それぞれがありのままのギフトと美しさを偽ることなく、繁栄していきます。神のもつ平安が全ての人々のハートを満たします。私は地球という天国での体験を受け入れ、どこにいても、他人を元気づけるために自分の人生を捧げます。この世界と世界で起こる出来事の全てを神の手に委ね、全ての人のハートと人生において、いつも、いかなる時も、愛という神の意志が生み出していく奇跡を見守ります。そして、そうなっています。

謝辞

私の癒しと健康へ貢献してくれた全ての方たち、また他人への癒しのプロセスを、身をもって私に示してくれた全ての方たちへ感謝したいと思います。この感謝の気持ちはとても伝えきれるものではありません。共に仕事をした教師たち、メンターやグル、目に見えない存在のガイドたち、そして多くの医療に従事する方たちが光となって、私を含む多くの方たちの痛みを和らげ、優しく助けてくれました。

特に、イエス・キリスト、ヒルダ・チャールトン、カーラ・ゴーダン、聖母マリアとガイドたち、『奇跡のコース』、メヘル・ババそしてパラマハンサ・ヨガナンダが与えてくれた純粋な教えに、感謝の意を表したいと思います。彼らは皆、癒しについて、深く洞察できるように、私を導いてくれました。また、ヒーラーの模範であるブルーノ・グルーニング、エイブラハム‐ヒックス、そしてバシャールからもたくさんの直観と意欲を与えてもらいました。

プライベートな部分では、私と私の仕事をずっと支え続けてくれている、愛するパートナー、ディー・ウィンに感謝を伝え続けたいと思います。彼女の愛とエネルギーと思慮深いアイデアは、私にとって、公私にわたり、とても大きな祝福となっています。

私の原稿を確認し、提案をしてくれたアリッサ・フリーランドにも感謝を表したいと思います。また、キャサリーン・オコーネル博士、ペーター・ニーマン博士、フランセス・デラハンティ博士、テレサ・リード博士、マイケル・クラッパー博士、マット・ライアン博士、デバル・ドウシ博士、コリーン・ズッポ、ミシェル・ステリング、ヘザー・ハンは、快く依頼に応じ、証言し、私をサポートしてくれました。尊敬する医師たちである彼らにも感謝いたします。

デザイナーのエレナ・カロウンパリ、リアン・ベンダーはとても素晴らしい装丁とデザインをしてくれました。本書のテーマに調和し、読者が最高の体験を楽しめるようにと、芸術的な技術を駆使してくれたことにとても感謝しています。

最後に、癒しに自らを捧げている全てのヒーラーたちへ、また彼らの癒しの方法を通じて、全生命の源から恵みを喜んで受け取っている全ての人たちへ、尊敬と感謝の念をここに表したいと思います。

訳者あとがき

アランのコーチングセッションを初めて受けた時のことを、いまだに鮮明に覚えています。当時母が病をかかえて福岡で暮らしていましたが、私は東京に住んでいました。母と一緒に住むために、東京を引きはらって帰る決心がどうしてもつかない罪悪感いっぱいの私に、アランはこう言ったのです。

「真の愛の体験は、ボディでするものじゃなく、ハートとハートでするものなんだ。君のお母さんが本当に知りたいのは、君が近くに帰ってくるかどうかではない。君がお母さんを愛しているかどうかだけだと僕は思う」

その場で号泣し、その夜、母に思いを正直に伝えたのを昨日のことのように思い出します。「愛しています」という、日本人にとって恥ずかしさを伴うこの言葉を、勇気を出して発したとたんに、母も泣き始め、私たちの間にあった見えない壁がその場で消えたのです。

健やかさ。健全性。この言葉を口に出す時、まるで青空の下に立っているようなすがすがしさを感じます。これらの言葉の響きには静かで、強い落ち着いたエネルギーが宿ります。本書でアランが繰り返し教えてくれる健やかさと健全性、そしてそれをもたらす癒しとは、恐れから解放されて、自分らしさを回復することだと私は感じます。母に「愛している」と伝えた瞬間は、私にとってまさに母との関係を回復し、自分を回復した瞬間でした。そして、罪悪感からくるイライラと自己嫌悪の繰り返しのようなお互いの日々を、あっという間に本来の姿へと正してくれた癒しの瞬間でもありました。「癒しは伝染します」との言葉通りに、癒しが広がっていったのです。

人生は綱渡りのように感じる時があります。すぐに落ちてしまうから、何かをやり損なわないように、用心深く進んでいかなくてはならないと感じる時があります。しかし、本書はそんな私たちに、人生は広い道の真ん中を大手を振って歩いていいのだと教えてくれます。綱渡りこそが偽りであり、綱も深い谷も最初からないのだ、と。綱渡りの現実を選んでいるのが私たち自身だとしたら、風邪をひかないように、失敗をしないように、雨の日には頭痛にならないように、「〜にならないように」とそろりそろりと生きること自体をやめてもいいのだとしたら、どんなに気持ちいいでしょう。青空を見ながら気持ちの向くままに歩いていいのだとしたら、どんなにか素晴らしいことでしょう！　しかし、その反面、そんなに幸せでいいのだろうか、もっと頑張らなくてもいいのだろうか、と私はまた思ってしまいます。ですが、本書は、何度も肯定してくれます。それでいいのです、と。もともともっている幸せの権利を、健康の権利を思い出しなさい、堂々と自然な姿に戻りなさい、と何度も何度も根気強く納得させ、自分の人生の主導権を握るようにと励ましてくれるのです。

愛をまっすぐに表現した時の気持ちよさは、きっと誰もが味わったことがあるでしょう。恋人に愛を伝えるだけではなく、子供を抱きしめた時、素直に過ちを認めて謝れた時、「ありがとう」と目を見て口にできた時。さほど難しいことをする必要はなく、ここちよさに正直になって選択していけば、癒しの源泉となる愛をすくい取るチャンスは日常にいくらでも溢れていると本書はシンプルに教えてくれました。愛を表現するのは難しいことではない、なぜなら愛こそが私たちの本質なのだから、と本書は伝えてきます。健やかであるために、まず私たちはただ正直に、自分へも他者へも自然に愛を表現すればよいのかもしれません。自分がすでにもっている愛を心から信頼すればよいのかもしれません。

本書が届くべき方たちのもとに届けられ、読み返されることで、一人でも多くの方が内側にすでにある癒しの力に触れていただけることを心から願い、いつもその深い叡智からの大いなる愛と学びを与えてくれる著者アラン・コーエン氏、そして彼の最愛のパートナーであるディーさんに愛と感謝を贈ります。お二人との出会いは私の人生のギフトであり、祝福にほかなりません。また、いつも相談にのっていただき、快く本書刊行の機会を与えてくれたナチュラルスピリット社の今井社長にも深く感謝いたします。編集作業で大変お世話になった田中優子さん（みにさん・田中優子事務所）をはじめ、ナチュラルスピリット社の田中智絵さん、諏訪しげさん、湯川真由美さん、アラン・コーエン日本事務局のスタッフの仲間たち、事務局にいつも力とサポートを与えてくれるアシスタントティーチャーをはじめとするアラン・コーエン認定ライフコーチ卒業生の皆さん、人生の問題をいつも共に考えてくださった八木たか子先生、これまで私に笑顔と励ましと共にかかわってくださった全ての方たちにも心から感謝します。

そして、魂と魂を通して、常に温かい癒しのエネルギーを私に送り続けてくれている今は亡き両親にも、心からの感謝と愛を贈りたいと思います。

皆様、どうもありがとうございました。

赤司桂子

■著者プロフィール

アラン・コーエン　Alan Cohen

　これまでに数多くの著書を出版し、日本を含む世界30か国で翻訳されている。どれもが高い人気を得て、人々に啓発を与え、『今まででいちばんやさしい「奇跡のコース」』や『深呼吸の時間』をはじめ、その多くがミリオンセラー、ベストセラーや賞も獲得している。ニューヨークタイムズ紙の最高人気シリーズ『心のチキンスープ』の共著者でもある。ヘイハウス社の人気ラジオ「Get Real」のパーソナリティもつとめ、番組を通して10年以上ライブで、リスナーにコーチングを行っている。またFoundation for Holistic Life Coaching財団の理事長もつとめ、自ら世界各国のライフコーチの育成を手掛けている。

　国際的に出版されている月刊雑誌コラム「From the Heart」にも寄稿。CNNなどの米国トップレベルのテレビやラジオ番組、USA Today, Washington Postなどの著名誌にも取り上げられる。

　世界的ライフコーチとして「101 Top Experts that Make our Life Better」(より良い人生へと導くエキスパートトップ百人)の中にも名を連ね、「Finding Joe」をはじめとする多くのスピリチュアルドキュメンタリーにもプレゼンターとして出演している。
『神との対話』の著者ニール・ドナルド・ウォルシュ氏、『聖なる予言』の著者ジェームズ・レッドフィールド氏、日本では『ユダヤ人大富豪の教え』の著者である本田健氏とも親交が深い。その教えの深さと大きさから、多くのティーチャーもアランを訪ね、メンターのメンター「Mentor's Mentor」と呼ばれている。

　ハワイ在住であるが、日本での講義活動は19年目を迎え、ほぼ毎年来日してワークショップを開催している。さらに、日本ではホリスティックライフコーチ養成プログラムも開催し、コーチの育成などを通して、癒しと共に、日本人のスピリチュアルな成長を長期的に、積極的にサポートしている。

スピリットファースト / アラン・コーエン日本事務局：https://spiritfirst.com/

■訳者プロフィール

赤司桂子（アカシケイコ）

　福岡県出身。東京都在住。聖心女子大学英語英文学科卒業後、米国ワシントン州シアトル大学コミュニケーション学部に編入、学位取得。帰国後、英会話講師、外資系弁護士事務所、外資系海外不動産投資会社などで国際業務を経験。英文契約書及び法律文書の翻訳を任される。23年間の会社員生活ののち、自分の喜びに従うことを決意し、退職。その後まもなく、ふと目にしたアラン・コーエン認定ホリスティックライフコーチ養成プログラムの募集に直観に導かれて受講し、日本第五期の卒業生となる。現在は、ライフコーチ（桜水現実＜おうすいうつつ＞）として活動しつつ、同プログラムのアシスタントティーチャーのひとりとして、コーチの育成のサポートも行っている。また、同氏の日本での活動の窓口であるスピリットファースト／アラン・コーエン日本事務局の代表として、プログラムの主催、テキスト翻訳やエッセイ記事翻訳を行っている。文鳥とワインを愛し、美味しい食事と共に毎日を楽しんでいる。

内なる力が目覚める！
癒しのマスター・キー

●

2021年9月8日　初版発行
2024年5月15日　第2刷発行

著者／アラン・コーエン
訳者／赤司桂子

装幀・本文デザイン／斉藤よしのぶ
編集／田中優子（みにさん・田中優子事務所）
DTP／株式会社エヌ・オフィス

発行者／今井博揮
発行所／株式会社 ナチュラルスピリット
〒101-0051 東京都千代田区神田神保町3-2 高橋ビル2階
TEL 03-6450-5938 FAX 03-6450-5978
info@naturalspirit.co.jp
https://www.naturalspirit.co.jp/

印刷所／創栄図書印刷株式会社

ISBN978-4-86451-374-6 C0011